本书系江苏省教育厅高校哲学社会科学基金项目
(项目批准号：2012SJD750018)

诗意地筑造

——苏轼诗学思想的生存论阐释

孟宪浦 著

学林出版社

图书在版编目（CIP）数据

诗意地筑造：苏轼诗学思想的生存论阐释/孟宪浦著.
—上海：学林出版社，2013.12
ISBN 978-7-5486-0573-7

Ⅰ.①诗… Ⅱ.①孟… Ⅲ.①苏轼（1037~1101）—诗歌研究
Ⅳ.①I207.2

中国版本图书馆 CIP 数据核字（2013）第 245002 号

诗意地筑造
——苏轼诗学思想的生存论阐释

作　　者——孟宪浦
责任编辑——李晓梅
封面设计——周剑峰

出　　版——上海世纪出版股份有限公司　学林出版社
　　　　　　地址：上海钦州南路81号　　电话/传真：64515005

发　　行——中国图书进出口上海公司
　　　　　　地址：上海市广中路88号　　电话：36357888

字　　数——24万

书　　号——ISBN 978-7-5486-0573-7/I·88

《如发生印刷、装订质量问题，读者可向工厂调换。》

序

宪浦的博士学位论文《苏轼诗学思想的生存论阐释》即将付梓，要我为之写序。对于我来说，这是责无旁贷的事，当然也是令人十分高兴的事。我想，借此机会谈一谈对于这本专著的一些看法，也许对于读者是有益的。

宪浦的这个选题，是要借用海德格尔的基础存在论思想来阐释中国古代大师苏东坡的人生感悟及其诗学思想，要求作者自觉站在中西文化融合大背景下、站在当今人类思想的制高点上，对于古代大师做出新的诠释。这是个涉及中外和古今的大题目，是个需要较长时间积累才能完成的题目。选择和完成这样一个难度很大的题目，对于作者的胆识、胸怀、学养、表达能力来说，都是一次严格的考验。面对这样的课题，我们首先遇到的问题是：以西方20世纪的哲学家的思想来阐释中国古代大师的人生际遇及其思想，这是合理的和可能的吗？这是不是生搬硬套、削足适履呢？这中间彼此打通的基础何在？

海德格尔是20世纪西方最为重要的思想家之一，甚至被施特劳斯称之为"我们时代惟一伟大的思想家"。他的存在主义哲学带动了西方世界的哲学转向，并且引起东方思想界的极大震动。他的基础存在论开启了人们思考问题的新思路，也为我们研究文学活动提供了新契机。我们可以简单回顾一下西方思想史的演进过程，可以断定西方哲学中的先验本体论早在19世纪就已经走上了消解之途。此后各种不同的思潮、学派都在走向现实的、具体的人生生活。马克思对它进行了颠覆性的批判，走向了感性的物质生产；叔本华、尼采走向了意志和权力意志；以孔德为代表的实证主义思潮主张一切科学知识都是"实证的"和"证实的",不再要求知道事物的内在本性和本质原因,走向了现实的科学主义,都是把批判的矛头指向形而上学——先验本体论。进入20世纪,弗洛伊德走向了性欲和无意识;杜威的实用主义走向了感性的日常经验,标志着对于先验本体论的批判更加趋向深入。胡塞尔现象学的特点在于诉诸纯粹意识的分析,他从布伦坦诺得到启发,为了肯定逻辑的东西的普遍必然性,抓住了人的意识活动的意向性特点,认为意向指向的方式决定了意向对象的意义(即是其所是)的生成。海德格尔接受并且发挥了胡塞尔的现象学方法,但是他并不是局限于意识范围里看问题,而是认为人有意识地介入他所生存于其中的世界中去,人自身和世界双方都是在这一介入过程中"绽开"出来,是其所是,即获得其本质规定性。每一个"是者"都以其"是"的绽开方式"是其所是",并且不断地领悟自己的"是"(存在)的意义(人生价值)。在这里,"是"(存在)不再是抽象的逻辑范畴,而是现实生活中当下对于可能的生存状态的探寻和领会,是对于自己当下生存意义的感悟和体认。海德格尔把自己从人的生存状态来分析存在("是")的意义的理论,即此在介入其世界的方式的分析,称之为"基础存在论"(或译"基本本体论")。用基础存在论的生存论建构的方式来看待人生和世界,使我们突破了原先的主客二分的认识论框架,获得一个理解人生和世界的新角度和新空间。这也为我们思考文艺创作活动提供了新的可能。

  在颠覆形而上学的目标上,海德格尔视马克思为同道。在海德格尔眼里,马克思是超越他的老师胡塞尔的重要思想家。海德格尔也有误解马克思的成分,但是这并不影响他对于马克思的总体评价。同时我们也应该注意到,海德格尔仅仅是从个人的微观角度来探讨生存本体论的,他的那个处于"本真状态"的"此在",并不是生活在现实生活中我们身边的活生生的人,而是被他以独有的哲学语言抽象出来的理性化的"人的规定性";同时,由于他过分执意地避开主客体对象化的视野,极力追求"此在"在获得语言明确表述之前的情绪状态,因此他的分析总是带有神秘莫测的成分,在后期走向天道、谛听道说之后,更是使他陷入一种吞吞吐吐、无法说清楚的尴尬境地。而马克思"颠覆形而上学"的途径是从社会批判入手,他以解剖社会的内部结构、寻求社会改造的出路为己任,以整个人类社会发展的历史为视野,运用历史辩证法和社会唯物主义即彻底的历史唯物主义从宏观角度来阐明现实世界的内在发展逻辑。马克思与海德格尔,双方在视野、思路以及论述方法上都是大不一样的;但是,他们在不承认此岸现实世界之外还有另外的抽象本体这一点上却是共同的。这一共同点,为双方思想的沟通提供了必要的桥梁。

与西方形成的以"是"为核心范畴凭借逻辑建构起来的哲学本体论系统不同,中国思想史上只有探究天地万物产生、存在、发展变化的根本原因和根本依据的学说,应该称之为本原论或者本根论。中国的本原论,从根本上说不同于西方的本体论。本原论立意在于从人的感受出发在现实世界里面寻找一个本原;本体论立意在于为现实世界人为地设定一个外在根源。两者的思路从一开始就呈分道扬镳之势,走的是不同的路线。因此,西方的思想传统是两个世界:一个是现实世界,另一个是支配现实世界的超验的世界(理念世界或上帝的世界);而中国的思想传统是"一个世界",即现实世界。面对中国的思想传统,如果依然要追问世界的本体"是"什么的话,那就只能回答:本体即"是"人们的日常生活本身。中国的传统文化精神是建立在"一个世界"观念之上的情理中和的精神模式。虽然没有对于彼岸世界的追求,却是主张要突破眼前有限事物的局限,在精神上实现心灵的超越。儒、道、释各家,或从道德目标着眼,或从人格理想入手,或者追问时间,或者追问生死,或者强调人与自然合一,或者超脱一切挂碍达到"色即是空"……背景不同,重点各异,但是始终是在"一个世界"的范围内实现精神超越,皆可归入审美超越。而西方那种指向彼岸世界的形而上超越,宗教界的天堂乐土的虚幻世界,始终没有在中华大地上成为主流意识。这就是中国传统思想的审美超越特征。

上述海德格尔的基础存在论、马克思的社会历史生活本体论、中国的本原论以及儒道释各家的现世审美超越,在重视人的感性生存活动这一点上是完全一致的。在其基础层面上,彼此是完全相通的。由此,我们可以断言:今天,21世纪的中国学者,谁能够将上述三者互相打通,使之在人的生存活动的基础上从不同的视角相互观照,谁就是站在了人类思想的制高点上,就是站在了学术研究的最前沿。

宪浦的这本专著正是站在这样的学术高度上立论的。作者在原发构成的生存境域中,围绕着"道"、"意"、"物"、"言"对苏轼的诗学思想进行阐释,揭示出苏轼基于人的实际生存而对艺术的本质所做出的理论沉思,揭示出苏轼诗学思想的本己特征和内在意蕴,再加上它们在生存论上的内在关联及其在作品形态中的逻辑构架,勾画出苏轼诗学思想的潜在的体系化趋势。这虽然只是一种尝试和探索,有待于完善和深入,但是,这种探索本身已经使我们感到新意迭出、春风拂面了。

宪浦在攻读博士学位之前已经有多年的文艺学专业教学经验,基本功十分扎实。他视通古今,放眼中外,高屋建瓴,思虑缜密;言简意赅,常常一语中的,语言犀利泼辣,而又从容不迫,读起来既感到顺畅,又能发人深思。我是非常喜欢他的文风的。

上述所说,只能说是我的一家之言。究竟应该如何评说,还望读者诸君慧眼识珠、各取所需,而后自有定论矣!是为序。

夏之放
2013 年 6 月 19 日
于泉城牧牛山下之听涛居

目 录

导 论 ··· 1

第一章 道:艺术存在的生存论根基 ··· 1
  第一节 苏轼论"道"的特点与立场 ··· 3
    一、"道"的突破与解"道"之难 ··· 3
    二、批判的切入与立场的确立 ··· 6
    三、生存之域的敞开与"道"之融通 ··· 14
  第二节 苏轼之"道"的本真属性 ··· 20
    一、物生而阴阳隐:道之隐匿 ··· 21
    二、非性无以成道:道的非对象化 ··· 26
    三、莫之求以自至:道的非现成识度 ··· 30
  第三节 苏轼论"道"与艺术的生存论关联 ······································· 37
    一、"文与道俱"的背后:生存论的原初关联 ··································· 39
    二、"有道有艺"的创建:道在艺术中栖身 ····································· 49
  第四节 苏轼对诗人生存的本真筹划 ··· 56
    一、有为而作:入世为人 ··· 57
    二、无意乃佳:出世为诗 ··· 61
    三、不能不为:自然为文 ··· 67

第二章 意:文学艺术的本源 ··· 75
  第一节 "以意为主"的生存论探源 ··· 78
    一、从"有意"到"尽意":快意平生的生存论基底 ····························· 79

二、从"言志"到"缘情":意之遮蔽的历史现象 …………… 84
三、从"存意"到"寓意":率意为文的创作揭秘 …………… 94
第二节 "意"之为"诗意"的生成性特征 …………………… 102
一、自是一家:向来我属 …………………………………… 105
二、神与物交:即物而生 …………………………………… 109
三、博观约取:先行组建 …………………………………… 114
四、成竹于胸:整体性构成 ………………………………… 117
五、境与意会:境域化逗留 ………………………………… 122

第三章 物:艺术是对自然的应合 …………………………… 128
第一节 物之为物的生存论解读 ………………………………… 132
一、失己所存:物之患源于人之爱欲 ……………………… 133
二、无心而一:人与物的原初关联 ………………………… 137
三、静与空:物之为物的澄明之"镜" …………………… 141
第二节 苏轼论物的本然状态 …………………………………… 147
一、形:可见而有所隐 ……………………………………… 148
二、神:晦而不失其明 ……………………………………… 153
三、理:形神各当其处 ……………………………………… 159
第三节 苏轼论物与艺术的生存论关联 ………………………… 167
一、不"留意于物"而"寓意于物":意与物合 ………… 170
二、从"不留一物"到"身与竹化":以物为形 ………… 177

第四章 言:诗化的道说方式 ………………………………… 186
第一节 言止于达意:在恣意中道出自身 ……………………… 188
一、有意而言:言说之根基 ………………………………… 190
二、自伸其喙:说的自我性 ………………………………… 194
三、穷而后工:工夫在言外 ………………………………… 198
第二节 达于物之妙:在体物中敞显世界 ……………………… 203
一、使了然于口与手:在言说中物成其物 ………………… 205
二、亲到其处知语工:在吟咏中带出世界 ………………… 210
第三节 冲口出常言:在纵笔中入乎化境 ……………………… 217

一、以故为新,以俗为雅:返求寻常之本真 …………… 219
二、质而实绮,癯而实腴:臻达平淡之天成 …………… 229
结　语 ………………………………………………………… 239

参考文献 ……………………………………………… 245
后　记 ………………………………………………… 255

导论

苏轼(1037①—1101),字子瞻,号东坡,眉山人,北宋首屈一指的文学家和杰出的书画家,在诗、词、文、赋、书法、绘画等几乎当时所有的艺术门类中都自成一家,造诣颇高,同时又是颇多建树的文艺理论家。他从自己的创作出发,以自己的创作经验为基点,以历史及同时代人的经验为参照,更以他天才般的艺术感悟和理性思考,深入地探究了当时文艺创作中的一系列重要问题,独具慧眼地提出了一些具有理论研发价值和创作指导意义的美学见解,从而形成了独具特色的诗学思想体系,为今天的诗学理论研究贮备了极其丰厚的蕴藏。

本书撰写的目的,是尝试在生存论的观照下历史地考察与研究苏轼文艺创作与理论中的诗学思想,以期深入而系统地窥探苏轼诗学思想的构成机制及奥秘所在。生存论是西方现代思想体系中具有明显转向意图的哲学本体论,它的当代哲学研究正在进行中。在一种"仍然处于未完成状态"②的西方哲学理论的视域中,能否对中国古代的传统理论进行现代阐释,如何在阐释中避免生搬硬套、牵强附会的作法,是古代文论研究中较为棘手的难题。苏轼是中国文学研究史上屈指可数的大家,对他的研究向来较为集中,难以超越。材料上难以出新,问题域也难有新的拓展。然而,这些横亘于前的难题,不能成为阻碍深入研究的理由。无限风光在险峰,更何况面对的是素有"苏海"之称的苏轼呢?

苏轼是一位伟大的文学家,他拥有文学宝库中最为经典的佳作,

---

① 苏轼生于宋仁宗景祐三年(1036)十二月十九日,公历1037年1月8日。
② 邹诗鹏:《生存论研究》,上海人民出版社,2005年版,第5页。

他也是一位真正意义上的诗人。按照海德格尔的说法,他是一位真正"诗意地栖居"的艺术家。在苏轼眼里,诗歌不仅仅是一种单纯的文本呈现,更是他本真本己的生活态度和生存方式。他对于诗歌的独特思考代表了宋代,尤其是北宋诗学的最高水平,对于今天人们寻求诗意化生存选择,也有十分重要的现实启迪意义和理论价值。基于此,我们最终选择在生存论的视域里对苏轼的诗学思想进行阐释,以期能有更多的理论发现与人生启迪。

在阐释展开之前,有必要对本研究作几点说明:

一、研究目的

对苏轼文艺思想的研究,是一个老课题。但是在生存论理论的视域下对中国传统文论、美学的研究,还很少见;对苏轼文艺思想的研究,还未有过。生存论作为当今哲学发展最重要的转向,在许多领域内对人们的思想观念、思维方式乃至研究范式等诸多方面已经产生重要的影响。海德格尔作为理论探索的思想资源和哲学基础进入了中国学术界,引起了研究路向、思维方法的一些转变。海德格尔的思想及其影响,仍在研究之中。"他山之石,可以攻玉"(《诗经·小雅·鹤鸣》)。海德格尔以此在的生存论分析为"基础"去追问存在之思的哲学思想,是对西方"主客二分"形而上学传统的冲击,对以"天人合一"为核心的中国古代思想的研究,是有启发借鉴意义的。

本书是对苏轼诗学思想的个案研究,目的是在前人材料搜集、整理及基本解读的基础上,运用现象学的方法,从生存论的角度把苏轼关于艺术的思考和在艺术实践中表现出来的思想倾向置入纯构成的缘发境域,进行生存论阐释,以便挖掘和揭示苏轼诗学思想的本己特性和内在品质,为进一步全面、系统、深入地理解和评价苏轼的文艺思想奠定基础,为古代文论的现代阐释提供一种可供借鉴的研究范式和研究路向。

二、相关概念的界定

1."诗学"

这里"诗学"的概念,并不是在传统意义上使用的,它不是单纯指有关诗歌的学问或理论,而是指通过对诗性或诗意的追问和思考而形成的"文学性"理论。法国诗学教授瓦莱里认为,"从词源学的角度看,即把诗学看成是与作品创造和撰写有关的、而语言在其中既充当工具且还是内容的一切事物之名,而非狭隘地看成是仅与诗歌有关的一些审美规则或要求的汇编,这个名词还是挺合适的"。因而,"诗学"指的是"文学的整个内部原理"①。之所以如此界定,不仅因为"诗意"在普遍的情况下是对"艺术之所以为艺术"的核心品质的一种命名,诗歌"既不仅仅属于以分行排列的韵律文体为特征的语言艺术门类,也不只是指一种生活方式,而是指'既超越一切艺术又渗入一切艺术'(马里坦语)的,作为艺术现象的决定性要素的那个东西"②,"诗学"作为对整个文学现象研究的理论术语,已为大多数人所认同;而且因为苏轼是一位多种艺术的实践者和艺术综合论者,他以诗意为纽带对诗、词、文、赋、书、画等进行了综合的思考和成功的实践;更重要的是苏轼本人是一位真正的"诗意栖居"者,他以"诗意"的方式生活。因而,通过对苏轼诗学思想的研究,从生存论的视野把握苏轼的文学性思想,能够揭示出苏轼对于艺术、人生的总体思索与深层考量。

2."生存论"

"生存论"是最近流行的学术术语,但人们在它的内涵界定和学理把握上仍没有达成一致意见。本书所说的"生存论",指的是以海德格尔提出的"基础存在论"为主的理论。海德格尔把从人的生存来分析存在意义的理论,即此在介入其世界的方式的分析,称之为"基础存在论"(或译"基本本体论")。"基础存在论把存在论及存在者层次上的与众不同的存在者即此在作为课题,这样它就把自己带到了关键的问题即一般存在的意义这个问题面前来了。"③存在总

---

① [法]达维德·方丹:《诗学:文学形式通论》,陈静译,天津人民出版社,2003年版,第2页。
② 参见徐岱:《基础诗学——后形而上学艺术原理》,浙江大学出版社,2005年版,第160、157页。
③ [德]海德格尔:《存在与时间》,陈嘉映、王庆节合译,生活·读书·新知三联书店,2006年版,第44页。

是存在者的存在,必须通过存在者才能通达存在。但是,只有以对存在有所领会的方式存在着的人(此在),才能对存在发问,并通达存在。此在对存在有所交涉、有所领会的特殊存在方式,海德格尔称之为"生存"[Existenz]。"追问存在就得先对人的此在作一番追究,否则无论什么存在论都还是无根基的。此在的存在论是为追问存在问题做准备的,是存在论的必备基础,因此被叫做'基础存在论'。人的特殊存在方式被规定为生存。由是,基础存在论和生存论其实是一个意思。"①

"基础存在论",作为海德格尔早期提出的术语,一直受到学界质疑。海德格尔本人为避免误解,后期干脆"抛弃"了这个"称号"。但这并不意味着海德格尔抛弃了"此在之存在论分析"。他曾指出,"基础存在论所说的基础不承受任何上层建筑,而倒是要在揭示了存在之意义之后,更源始地并且以完全不同的方式来重演整个此在之分析"②。1969年,海德格尔接受理夏德·维塞尔的电视采访时说:"存在问题和对这一问题的展开恰恰以此在为前提,就是说,以人的本质规定为前提。我运思的基础思想恰恰是存在,确切地说,存在的开放需要人,反过来,只有人处于存在的开放中,人才是人。这样一来,我何以只专心于存在而忘记了人这个问题就迎刃而解了。不追问人的本质,就无法追问存在。"③因此,"基础存在论"之"基础",不是认识论意义上的"基础",而是存在论上的"先在"[apriori]。作为"此在之存在论分析"的"生存论",一直蕴含在海德格尔对存在之思的追问之中,成为隐而不显的"在场"者。

需要说明的是,不同于把"生存论"仅仅理解为"对此在的实际生存状态的分析"的观点,本书是在"对此在生存的存在论分析"的层面上使用"生存论"的。每一此在总是作为实际此在而存在的,但此在的这种"实际性",倘若在"事实上的现成存在"的意义下使用,

---

① 陈嘉映:《海德格尔哲学概论》,生活·读书·新知三联书店,1995年版,第104页。
② 海德格尔:《面向思的事情》,孙周兴译,商务印书馆,1996年版,第33页。
③ 奈斯克等编:《回答——马丁·海德格尔说话了》,陈春文译,江苏教育出版社,2005年版,第6页。

则对它的把握还须首先在生存论上予以清理。与此在实际生存状态的现实性相比,生存的可能性更为源始。较之于把"生存"理解为人的实际生存的现成状态,我们更强调"生存"本身的存在论意义。前者实际上是在存在者层次上的"生存状态论",后者才是真正意义的、存在论上的"生存论"。此在"事实性"的生活状况或具体的生存境遇,对"生存论"的分析来说,与其说是内容的现成化规定,毋宁说是一种"形式显示"或"形式—境域显示",以便在非现成化的、纯构成的源发境域或态势中,保持此在"实际生活经验"本身灵动而丰富的存在意义。因此,我们并不强调从苏轼具体的生活遭际(存在者状态)推演某一具体的命题,而是在生存源发境域的指引下展现其对文学的存在之思。

3. "阐释"

这里的"阐释"不可理解为在认识论的层面上主体对客体所做的诠释或一般技术意义上的解释,而是在存在论意义上使用的。"诠释学"一词是从希腊动词 hermeneuein 派生出来的,这个动词又和名词 hermeneus 有关。名词 hermeneus 与希腊神 Hermes(赫尔墨斯)相关联。赫尔墨斯是精神的使者,专司传播信息,hermeneutin 就是传播信息,或者使某物显现出来。① "阐释"正是在 hermeneutik 的初始意义上使用的,意为就其自身显现自身或让其展示自己。海德格尔用"Auslegung"去指这种存在论意义上的阐释,而用"Interpretation"指一般的解释。因此,我们暂时悬隔了传统对苏轼的影响以及苏轼对后世的影响,尽量避免以已有的理论模式和学术术语去比附,而是从原始文献出发去揭示苏轼诗学思想的内在品质,以便使其诗学思想能够就其自身而得到显现。

三、版本说明

有关苏轼著作的版本较多,本书使用版本主要是:
孔凡礼点校:《苏轼文集》(全六册),中华书局,1986 年版。
邹同庆、王宗堂著:《苏轼词编年校注》,中华书局,2002 年版。

---

① 张汝伦:《海德格尔与现代哲学》,复旦大学出版社,1995 年版,第 52—53 页。

王文诰辑注:《苏轼诗集》(全八册),中华书局,1982年版。
龙吟点评:《东坡易传》,吉林文史出版社,2002年版。
并适当参考其他版本,除需要特别说明外,苏轼的作品概出于此。为行文的方便,凡引用苏轼原文,只在文中引文之后标以篇名,别不加注。

第一章 道：艺术存在的生存论根基

作为中国传统思想中最高的哲学范畴，"道"是传统中国一切学术思想之圭臬，自然也是中国古代文论，尤其是诗学理论的核心范畴。关于中国诗学元范畴的讨论很多，但"道"作为最为重要的元范畴之一，应该是有共识的。如党圣元就把"道"作为中国文论体系的元范畴或逻辑起点提出来①，汪涌豪先生也把"道"确立为古代文学范畴体系的逻辑起点和理论基元之一②。

"形而上者谓之道"，作家或批评家把对文学的根本性体认冠以"道"之名，是中国文论的传统。尤其自刘勰《文心雕龙》以"原道"开篇论说文学以来，把文（诗）与道结合起来界说诗文之本质（或本源），已成为中国传统诗学的最为重要的标识。中唐以后，"原道"、"明道"、"贯道"、"载道"，甚至"害道"之说，更成为古文家、诗人、思想家的理论自觉。这意味着在中国古典诗学中，诗文从来不是单纯作为文字游戏或消遣娱乐、调节情绪的对象而存在的，它与"道"的终极化追求始终保持着密切的关联。

苏轼平生素以"学道人"（《与孙志同三首》）自谓，声称自己"穷不忘道，老而能学"（《上文潞公书》）。"与道俱融"（《採日月华赞》）可以说是他人生追求的终极目标。"道"是苏轼生存的终极意义所在，也是其衡量诗文价值的终极尺度。《文与可画墨竹屏风赞》有云，"与可之文，其德之糟粕。与可之诗，其文之毫末。诗不能尽，溢而为书。变而为画，皆诗之余"。《答陈师仲主簿书》称赞陈师仲

---

① 党圣元：《中国古代文论的范畴和体系》，载《文学评论》，1997年第1期。
② 参见汪涌豪：《范畴论》，复旦大学出版社，1999年版。

"诗文皆奇丽,所寄不齐,而皆归合于大道"。可见,书画诗文源出于"道(德)",而又"归合于大道"正是苏轼给予诗文的价值定位。秦观曾就"苏氏之道"作过很精当的概括:

> 苏氏之道,最深于性命自得之际;其次则器足以任重,识足以致远;至于议论文章,乃其与世周旋,至粗者也。阁下论苏氏而其说止于文章,意欲尊苏氏,适卑之耳。(秦观《答傅彬老简》)

苏轼之"道",首在性命自得,器识为次,而议论文章为末。仅就诗文本身来称赞其诗文,看似尊苏,而究其实是"卑苏"。追本溯源,"道"在苏轼诗学思想中具有本体论的地位。

"道",在中国传统思想中的含义极其复杂。它可以作为最高或最终的理论概括,可以作为事物存在的最后依据,或者作为自然万物化生之规律,作为人生求取之道路,甚至作为人生最终的价值目标。从不同的视角和不同的层面去理解"道",似乎都有不同的意义。

正是对"道"不同意义的把握,研究者在对待苏轼所论"道"的涵义问题上出现了分歧。有学者认为,苏轼不重"道"。如郭绍虞先生说:"三苏论文,本不重在道。"① 敏泽先生认为,"苏轼从来很少把'文'与'道'联系起来命题,倡导'文以贯道'之说"②。更早一些时候,罗根泽先生也认为苏轼"他没有说以道为文"③。重文轻道或"离经叛道"④成了苏轼文艺观念取得创新与突破的主要特点之一。台湾学者李贞慧认为,"由重'道'而尚'意',其实正是三苏,尤其是苏轼为宋代古文拓开新宇,而为北宋中期以后古文转变、分化的一个重要关键之处","以'意'取代'道',成为其(指苏轼)文学最主要的思想纲领"⑤。

---

① 郭绍虞:《中国文学批评史》(上),百花文艺出版社,1999年版,第302页。
② 敏泽:《中国文学理论批评史》(上),人民文学出版社,1981年版,第503页。
③ 罗根泽:《中国文学批评史》(三),上海古籍出版社,1984年版,第105页。
④ 成复旺等:《中国文学理论史》(二),北京出版社,1991年版,第354—355页。
⑤ 李贞慧:《苏轼"意""法"观与其"古文"创作发展之研究》,台湾大学2002年博士论文,第61页。

然而，此种转变、分化或取代之所以可能，却正是源于苏轼对"道"所做出的"划时代的理论解释"①。倘若不是对"道"做出了批判式的阐释，则"文统"之建立与"尚意"之转捩如何成为可能，就无法得到合理的解释。郭绍虞先生认为，苏轼"即便有言及道者，其所谓道，也是道其所道，非惟不是道学家之所谓道，抑且不是柳、穆、欧、曾诸人之所谓道"②。敏泽先生亦云，"苏东坡……在一定程度上舍弃了唐宋以来古文家所极力倡导的道统"③，罗根泽先生则指出，"苏轼的思想……不再步趋韩欧的卫道辟佛，也不再步趋韩欧的文以载道……苏轼所谓道的含义非常广泛"④。可见，苏轼论"道"的突破，是其诗文得以创新的基础，"道"仍是苏轼论文说诗的终极尺度。更何况"东坡之所谓'道'，其性质盖通于艺"⑤。"由文以致道"、"因道以成文"，是苏轼的文学境界，也是其诗学思想的精髓。因此，对苏轼论"道"的理解，不仅关系到苏轼哲学思想的解读，也关系到对其文学思想的定位和挖掘。"道"，是对苏轼诗学思想进行考察、阐释和评价的基础。

本章从苏轼论"道"处出发，揭示苏轼"道"论的不同之处，而后尝试描述出苏轼之"道"的本真状态，力求呈现出"道通于艺"思想的生存论蕴含，揭示出"诗"、"艺"在根基处与"道"的存在论关联，并进一步揭示出诗人在学道、致道的人生路途中的生存价值及其意义。

第一节 苏轼论"道"的特点与立场

一、"道"的突破与解"道"之难

北宋初年，晚唐浮靡骈体文风尚存，"嘲风月、弄花草"的西昆体诗赋兴起。为抵制内容贫乏空洞、形式典雅绮丽的形式主义流弊，欧

---

① 朱靖华：《朱靖华古典文学论集》，吉林文史出版社，2003年版，第325页。
② 郭绍虞：《中国文学批评史》（上），第302页。
③ 敏泽：《中国文学理论批评史》（上），第504页。
④ 罗根泽：《中国文学批评史》（三），第105页。
⑤ 郭绍虞：《中国文学批评史》（上），第303页。

阳修继柳开、王禹偁之后提出了"志于为道"的文学口号,主张文学作品要有思想内容,要为"道"服务,切忌"弃百事不关于心"①。这些主张既切中了颓败文风的要害,又在一定程度上维护了文学载"道"传统,大大推动了北宋诗文革新运动的发展。然而,"欧阳子论大道似韩愈"(苏轼语),欧阳修基本继承了唐代古文运动领袖韩愈的"道统"观念,"其道,周公、孔子、孟轲之徒常履而行之者也;其文章则六经所载而取信者也"②。欧阳修之"道",专指儒道,这与他"切于事实"③的创作愿望相悖离。文坛求深务奇之习日炽,出现"余风未殄,新弊复作"(苏轼《谢欧阳内翰书》)的局面,与欧阳修置"文"于"儒道"之从属地位有一定关联。

苏轼继欧阳修之后主盟文坛,以"救时行道"(苏轼《六一居士集叙》)为己任,举起北宋诗文革新运动的大旗继续前行。而东坡所论"道",与欧阳修不同。苏轼不像古人,"文"、"道"连用,连常被引用的"吾所谓文,必与道俱"一语,也是转述,常给人"论文不重道"的印象。但"文统"之独立,却源自于他对"道统"观念的突破。换言之,苏轼对"道统"观念的改变,是文学取得独立价值的基础。从这个角度看,"文"依然与"道"存在着某种深层的关联,并非如后人所批评的那样,"文自文、道自道"。

苏轼之所论"道",既有"圣人之道"、"王道"、"天道"、"人道",有"大道无为"、"道术"、"散人之道",也有"佛之道"、"禅师道眼"等,不拘一义。他论"道",越出了儒家之"道"的界域,杂取杨、墨、佛、老、庄及纵横之说,反对以一家之说绳人,提倡出入百家、独立思考,故能博采众长,集儒释道精华,熔成一家之言。

> 孔老异门,儒释分宫。又于其间,禅律相攻。我见大海,有北南东。江河虽殊,其至则同。(《祭龙井辩才文》)

---

① 欧阳修:《答吴充秀才书》,载《文忠集》卷四十七。
② 欧阳修:《与张秀才第二书》,载《文忠集》卷六十六。
③ 同上。

这种儒释道"三教合一"的观念不唯是时代精神的体现,更是苏轼一生"学道"、"践道"所得,是其思想演进历程的写照。其弟苏辙在《东坡先生墓志铭》中说:

> 初好贾谊、陆贽书,论古今治乱,不为空言。既而读《庄子》,喟然叹息曰:"吾昔有见于中,口未能言,今见《庄子》,得吾心矣!"……后读释氏书,深悟实相,参之孔墨,博辩无碍,浩然不见其涯矣。

儒释道三家思想融合,是苏轼论"道"或其思想的重要特征或主要内涵,这是毋庸置疑的。但问题在于,这种融合或者熔铸了儒释道精华的"道"或思想是什么,除了依然从儒、释、道各家条分缕析,还能以什么样的方式去理解?离开了儒、释、道的现成的理论话语系统,该如何阐释?把从现成理论框架下剥离出的不同观点"混合"或"杂糅"起来的思想,还是一种独立和完整的思想么?或者说,根据境况与倾向的不同,或佛、或释、或道,分层分级分场合,进行定向化、程序化、机械化处理的思想,还是一种思想么?

朱靖华先生在《反思与建构——论苏轼思想的"自己构成自己"》一文中,驳斥了这种总在儒释道圈子里为苏轼思想做定量、定性、似方程式的分析研究方法,认为此种做法,"未能从苏轼整体思维的发展规律上去分析研究他的思想变革,于是,便始终未能真正理清苏轼思想的脉络,未能真正揭示出苏轼思想的特性和实质,这不能不说是当今学术界的一大憾事"①。

我们认为,从儒、道、释三教融合出发研究苏轼之"道",过多地渲染了已有理论本身的逻辑严密性和知识体系性,忽略了个体生存的独立性和价值立场;以几种理论的现成化模式简单替代了苏轼丰富而灵动的生存领会与生存决断,遮蔽了苏轼论"道"所原发从出的生存论根基,从而使得苏轼"道"论淹没于相互纠结却又各自封闭的"三教合一"的"浪涌"中,失去了鲜活的个性和原发的创造力,而成

---

① 朱靖华:《朱靖华古典文学论集》,第461页。

为印证儒、道、释原有理论的材料。正如吴炫先生所认为的,"从苏轼研究中去挖掘'儒、道、释'的材料,……不是对苏轼为什么会成为苏轼的原创性研究,忽略'整体'的苏轼究竟是什么这个问题,不是严格的文学性研究"①。

二、批判的切入与立场的确立

有学者提出,"如果跳出这个圈子(即'用大家习惯的儒、道、佛三家的话语来诠释苏轼哲学的特点'——引者注),我们就会看到全新的哲学状态"②。对于苏轼思想的研究来说,这的确是很有启发意义的,但研究的难度不小。因为苏轼的"道"论同样是在经典的解读与阐释中确立和显形的,他本人并没有建立自己明确而独立的思想体系,除了沿用传统术语、概念范畴之名(如"道"、"理"、"造物主"等),添加新意外,并无别的命名。

马克思曾经把费尔巴哈的失误,归结为"他还是一位理论家和哲学家"。也就是说,费尔巴哈在根本上"仍然停留在理论的领域内"③。这阻断了他向现存世界感性基础继续返回的企图。与之相比,苏轼从来不是作为"理论家"而出现的。他的关于"道"的言论,像他的《易传》、《书传》和《论语说》一样,并不止步于确立自己的"理解"或"解释",而有着"有益于世"(《与滕达道》)的直接目的和希冀"吾辈必济"(《志林·记过合浦》)的现实愿望。因此,阐释苏轼之"道"的涵义,当务之急,是返回到这个现实的目的,找到思想的出发点和立场。

与接受一种理论相比,批评这种理论或许更能彰显出他思想的价值立场。因此,我们把视野转向苏轼对儒、道、佛思想的批判④上,

---

① 吴炫:《"同归而殊途 一致而百虑"——徐中玉先生访谈录》,载《文艺研究》,2005年第12期。
② 冷成金:《苏轼的哲学观与文学观》,学苑出版社,2004年版,第22页。
③ 马克思、恩格斯:《马克思恩格斯选集》(第1卷),人民出版社,1995年版,第97,78页。
④ 苏轼所批判的儒、道、佛思想不是就其本源而言的,而是指在"经典"化过程中被现成化、教条化的后世之学。因而,苏轼的批判是以回返到儒、道、佛源发所从出的构成境域为指归的。

以期赢取苏轼批判的视角和生存的立场。

（一）对"儒家"学说的指责

一般认为,儒家是苏轼思想的核心,这可以从其生平资料与本人言论中找到大量的佐证。作为一名封建社会的文人,苏轼生活在以儒家思想作为主要意识形态的北宋社会,深受儒家思想的影响,这并不奇怪。难得的是,苏轼对儒家学说有着自己的思考。这种思考使得他身在儒家思想的层层浸染中依然跟儒家的某些"信条"保持着清醒而独特的距离,不远离、不抛弃,也不盲从,更不"卫道"。

苏轼在《与王庠书》一信中说:

> 轼少时好议论古人,既老,涉世更变,往往悔其言之过,故乐以此告君也。儒者之病,多空文而少实用。贾谊、陆贽之学,殆不传于世。老病且死,独欲以此教子弟,岂意姻亲中,乃有王郎乎?

王庠（1074—1126）,字周彦,四川荣州人,苏辙的女婿,苏轼的侄婿。这封信是写给后生晚辈的,有更多自己的生存体验。"多空文而少实用",是苏轼对儒家思想,尤其是孔子之后的儒家思想的批评。

所谓"多空文",是指儒者言"道","虽不叛于圣人,而皆泛滥于辞章"（《策总叙》）,"论其著者,鄙滞而不通；论其微者,汗漫而不可考"（《中庸论上》）;更有甚者,"务为不可知之文","相欺以为高,相习以为深",言浮其意,敷衍成篇,"谈心性高明之极,涉世务空疏之至",以至于将"道"置于一种空言、空谈的境地,因而,使得儒者所言之"道","不适于用"（《策总叙》）,无补于世,失却了关注现实、干涉实际生活的实践功能,距"圣人之道,日以远矣"（《中庸论上》）。

造成这种"世衰道微"、"空言衍文"之弊的最根本原因,苏轼认为,在于"道"之"难明"、"难见"与"难言",在于"道"本身的原因使然。而直接的原因则在于,儒者往往强不知以为知。"昔之儒者,求为圣人之道而无所得,于是务为不可知之文,庶几乎后世之以我为深知之也。后之儒者,见其难知,而不知其空虚无有,以为将有所深造乎道者,而自耻其不能,则从而和之曰然"（《中庸论上》）。无论今昔，儒者言"道"，其实都是一些不懂装懂、言过其实、甚至哗众取宠的空言，并无实际的意义。这种批评与指责，无论是在当时，还是现在，都是非常尖锐的，它几乎颠覆了儒者言"道"的存在价值。不仅如此，苏轼更进一步指出，这样言"道"有祸乱天下之虞，"天下之患，莫大于不知其然而然，不知其然而然者，是拱手而待乱也。"（《策略一》）

"举先贤之言，而猎取其近似者，以自解说其无能而已矣"（《策略五首》之四）。不懂装懂，以"似之乱真"（《墼谗说珍行》），对于儒者如此"似近而非"的论"道"之言，苏轼是深恶痛绝的。他认为其祸患远远大过于道之难言，并以"德之贼"詈之。即便对于如孟子、扬雄、韩愈等名士大儒，苏轼也认为其"为论不求其精，而务以为异于人"（《子思论》），以至于"纷纷之说"，不识"道真"，层出于世，不知所止。苏轼多次指责孟子之学多有"未至"之处，如《东坡易传》中有云：

> 昔者孟子以善为性，以为至矣，读《易》而后知其非也。孟子之于性，盖见其继者而已。夫善，性之效也。孟子不及见性，而肩负见夫性之效，因以所见者为性。（《东坡易传》卷七）

《子思论》中亦有几乎同样的论述：

> 子思之书，皆圣人之微言笃论，孟子得之而不善用之，能言其道而不知其所以为言之名……故夫二子之为异论者，皆孟子之过也。

同样，苏轼说"韩愈之于圣人之道，盖亦只好其名矣，而未能乐其实"（《韩愈论》）。

表面看来，苏轼指责孟子、非议韩愈，是北宋"疑经、辨孟、非韩"蔚然成风的学术思潮所致，其实深层仍有苏轼本人"明道"立场之考量。衡量自孔子之后的儒家思想传承谱系中的学说，并做出"虽近而非"或"虽似乱真"的判定，没有一个超越的思想理论视角是不可能的。从上面的分析中，我们能够剔出苏轼本人提出的"实"或"实用"来暂且标识这个视角。但"实"或"实用"在理解上仍显单薄空疏。比如那些程式文字，虽"专为应举"，有"趋时"之用，却为苏轼所厌、所悔。仅仅依凭"实用"为标识，就把孟子、韩愈之说剔出"实用"之外，冠以"空言"之名，的确过于草率、武断。因此，"实"与"用"掩盖下的确切立场仍然有待厘清。

（二）对"道家"思想的批评

苏轼深受道家思想的影响是学界的共识。与其他学说相比，苏轼对老庄思想和道家教义更加偏爱。如他自幼读《庄子》书，即惊呼"得吾心矣"。其后一生的诗文，尤其在谪贬期间，屡引老庄思想之故实，借以自况。晚年更有"用道书方士之言，厚自养练"（《与秦太虚书》），"斋居养气"（《与宝月大师书》），习炼丹和蓄服丹砂法，自创"闭息法"（《与王定国书》），学道养生颇为执著。按照钟来因《苏轼与道家道教》的说法，"崇道"是苏轼一生的追求。与"苏轼是大儒"、"东坡居士是禅宗信徒"这些流行的说法相比，苏轼更是"一个虔诚的崇道者"①。不过苏轼对道家思想虽青睐有加，却并非一味遵从，仍不时发出批评的声音。

苏轼对道家思想的批评，不像对待儒、佛那样直白，而是迂回式的，不仅低调，言辞也比较委婉、含蓄，以至于有"苏轼对道士、道经从未有过不敬之词"②的评论。然而他批评的态度却并不含糊，也不暧昧。我们以《雪堂记》中所发的一大段议论为例。借助"苏子"与"客"关于"拘人"与"散人"的辩论，苏轼在文中表达出对道家的明确态度和鲜明立场。文中之"客"，实是道家观点的代表。他指出人要摈除心智，形如槁木、心同死灰，方能达到天地万物同一的境地，而"苏子"建筑雪堂和绘画雪壁是一种自我"蔽蒙"的行为，是无法达到这种境界的。为此，他要授"苏子"以"散人之道"，并邀请"苏子"去做"藩外之游"，以脱"拘人"之"智"。这里所谓的"散人"，指崇仙习道的方外之士；所谓"拘人"，指崇尚儒教、趋趋利害的迂腐之辈。"苏子"听了之后，客气地说：

---

① 钟来因：《苏轼与道家道教》，台湾学生书局，1990年版，第335页。
② 同上，第312页。

子之所言是也，敢不闻命。然未尽也，予不能默。此正如与人讼者，其理虽已屈，犹未能绝辞者也……子之所言者，上也。余之所言者，下也。我将能为子之所为，而子不能为我之为矣。譬之厌膏粱者，与之糟糠，则必有怨词。衣文绣者，被之皮弁，则必有愧色。子之于道，膏粱文绣之谓也，得其上者耳。我以子为师，子以我为资，犹人之于衣食，缺一不可。

苏轼认为"客"所谓的"散人之道"的确是高论，充满了诱惑。然而，这种令人"理屈"而"辞不绝"的言论却也有不足之处。道家的问题并不是出在"子之所言"非"是"，而在于"子之所言，上也"。苏轼以"糟糠"、"皮弁"喻"下"，而以"膏粱文绣"喻上，其意是说"子之所言"，是不同于"糟糠皮弁"这些寻常之物的高明之论。然正如"膏粱文绣"在日常生活中并非常有，亦并非常人所能拥有的，只能作为一种"心向往之"的幻想。这种高高在"上"的"道"，既没有"糟糠皮弁"方便适用，也无法脱离"下"之"资"。"资"者，资助、供给、蓄积、贮备也。"子以我为资"，是说"下"为"上"之本，"上"以"下"为基。"上"虽好，却不可缺少"下"之资备。没有了"下"之基础的"上"之"道"，如同道家所称颂的"至人"、"圣人"、"神人"，在现实生活中是不存在的。与一般人的想法不同，苏轼不以为高高在上的"道"是常人不能及、不能为的。由于此"道"对现实采取高高在上的回避态势，不计利害，也没有矛盾，因而人人可能轻易为之，所以苏子说"我将能为子之所为"。相反，食"糟糠"而无"怨词"，衣"皮弁"却不"愧色"，不离"下"之本，又不入"下"之庸，不脱现实又不拘泥现实，却不是人人可以做到的。尤其是那些信奉"藩外之游"的"散人"，在现实与矛盾面前却有可能是个懦者，无法过真实和正常的生活，"子不能为我之为矣"。人不可脱离现世而去，或者说人即使做"藩外之游"，却依然无法逃脱尘世之事。苏轼对道家思想的批评，其实是站在"世事"立场上，委婉地指出了道家之"道"缺乏现实根基的虚幻性。苏轼曾质疑过陶渊明的《桃花源记》。他说"世传桃源事，多过其实"（《和陶〈桃花源〉》），也就是说，世外桃源，是不存在的，若有，也"已化为争夺之场久矣"，不复存在了。

高明却不实,精深却不能用,一种过于追求完美、圆融的纯粹理论往往如此。苏轼虽然没有正面与"道"家一辩,却在根基处否定了道家思想作为"人世"、"世事"之"道"的可能性。这样,我们就可以理解为什么苏轼自幼便心存"好道"之想,终生出入佛老,却也始终没有去做道士、和尚或者隐士,只把它当作一种"独取其粗浅假说以自洗濯"的理论;也能够理解为什么苏轼一生熟记老庄之言,深受影响,却依然能够始终保持着清醒的头脑。"道理贯心肝,忠义填骨髓","谈笑于生死之际"(《与李公择十七首》之十一),出入于世事之间。"莫从老君言,亦莫用佛语。仙山与佛国,终恐无是处"(《和陶神释》),是苏轼对道家思想的最终评价:道家之学,不适于世。

因此,苏轼告诫人们要对道家思想要保持着警惕和慎重的态度。"学佛、老者,本期于静而达,静似懒,达似放,学者或未至其所期,而先得其所似,不为无害。仆常以此自疑,故亦以为献。"(《答毕仲举二首》之一)求道不得,反而只能学点皮毛、仅得貌似,期于静达,却导致懒散与放纵,这就不仅无益,而且有害了。

(三)对"佛家"思想的拒斥

不同于儒家、道家对苏轼的影响,佛家对苏轼的影响,或曰苏轼对待佛教的态度,学界并未达成共识。一种意见认为,佛禅思想给予苏轼的影响,无论是生活历练、文学创作,还是思想意识,都赫然可见。如林语堂《苏东坡传》多次强调苏轼是"佛教徒",并称苏轼常炼"印度瑜珈术",俨然把苏轼看作是一位虔诚的佛教信徒。李赓扬、李勃洋著《苏轼禅学》则详细描绘了苏轼文人与禅相结合的一生,苏轼作为禅学家的形象亦呼之欲出。另一种意见则认为,苏轼"归诚佛僧"纯属误会,苏轼不信佛。如钟来因在《苏轼与道家道教》中认为,林语堂所谓苏轼是佛教徒、瑜珈修行者的言论,"都是捕风捉影式的立论"[1]。朱靖华先生也是这个意思[2]。我们认为,之所以有如此相异的看法,是所采取的视角或立场不同的缘故。以佛教慧眼视之,苏轼确有佛缘。他说自己常"暂借好诗消永夜,每逢佳处辄参

---

[1] 钟来因:《苏轼与道家道教·前言》,第 4 页。
[2] 朱靖华:《朱靖华古典文学论集》,第 478 页。

禅"(《夜直玉堂,携李之仪端叔诗百余首,读至夜半,书其后》)。尤其是被贬黄州后,苏轼更是时常出入寺观,焚香读经,"不复作文字,惟时作僧佛语"(《与程彝仲六首》之六)。遭逢祸灾悟禅机,苏轼与佛禅的确有一种不同寻常的关联。而跳出佛禅之外来看,则苏轼似乎从未亲躬实践过佛法,也未把自己当真看作是一位虔诚的信佛者。

其实,苏轼对佛家的驳斥,较之对儒、道两家,态度更鲜明,立场更明确。上文在论述苏轼对道家思想的批评时,已经涉及苏轼对佛的态度。苏轼常把"佛""老"连用,指出它们虚妄不实的共同特性。"莫从老君言,亦莫用佛语。仙山与佛国,终恐无是处"。在《答毕仲举书》中,苏轼更是清晰地表明了自己对佛禅的态度:

> 往时陈述古好论禅,自以为至矣,而鄙仆所言为浅陋。仆尝语述古,公之所谈,譬之饮食龙肉也,而仆之所学,猪肉也,猪之与龙,则有间矣,然公终日说龙肉,不如仆之食猪肉实美而真饱也。不知君所得于佛书者何耶?为出生死、超三乘,遂作佛乎?抑尚与仆辈俯仰也?(《答毕仲举二首》之一)

陈述古的佛禅之论,如同"终日说龙肉"一般,完全是空谈。因为世界上根本没有"龙",当然也就不存在"龙肉"。"饮食龙肉"更是自欺欺人的"画饼充饥",反不如自己"食猪肉","实美而真饱",来得实在又实惠。苏轼不相信佛禅真的能够"出生死、超三乘",达到所谓的"极乐世界"。"若世之君子,所谓超然玄悟者,仆不识也!"(《答毕仲举二首》之一)世上并没有这样"跳出三界外,不在五行中"的人。这就从根本上否弃了佛禅的现实性。较之对道家"膏粱文绣"的比喻,"龙肉"之说不是更能彰显出佛禅之道的虚妄不实么?

由于认识到"佛之道难成"的道理,苏轼常常明确表示自己是不信佛的。《中和胜相院记》中说,"吾之于僧,慢侮不信如此",因为

> 吾尝究其语矣,大抵务为不可知,设械以应敌,匿形以备败,窘则推堕滉漾中,不可捕捉,如是而已矣。吾游四方,见辄反复折困之,度其所从遁,而逆闭其涂。往往面颈发赤,然业已为是

道,势不得以恶声相反,则笑曰:"是外道魔人也。"

之所以仍有人选择信佛,"弃家毁服坏毛发者之多也",苏轼认为,并非由于佛道本身的原因,而是由于各地长老"治其荒唐之说",欺骗愚夫愚妇的结果。

这种不信佛的态度,直到临死,苏轼也没有丝毫改变。惠洪《石门文字禅》记载:

> 东坡以建中靖国元年七月二十七日殁于常州。时钱济明侍其傍,白曰:"端明平生学佛,此日如何?"坡曰:"此语亦不受!"遂化。①

《清波杂志》中亦有记载,苏轼临终失去听、视能力时,"琳(惟琳长老)叩耳大呼:'端明勿忘西方!'(东坡)曰:'西方不无,但个里著力不得。'语毕而终"。② 弥留之际,苏轼也不改初衷,因为他根本不相信会有佛教里所谓的极乐世界,即便有,也只是个虚妄无稽、自欺欺人的骗局。这足以表明苏轼一生至终对佛教的决绝态度。

因为此,苏轼还曾与其最知心的弟弟苏辙发生了激烈的争执。在信中苏轼说,"(子由)近日忽作禅语,岂世之自欺耶"(《与子由弟十首》之二),直接指责弟弟"作禅语"是"自欺"行为,与他平日为人"心不异口。口不异心"的原则是相悖的。

对于佛教信徒们学佛、信佛的行为,苏轼更是一针见血地指出其虚假、自欺的本性。《盐官大悲阁记》中云:"而其徒或者以为斋戒持律不如无心,讲诵其书不如无言,崇饰塔庙不如无为。其中无心,其口无言,其身无为,则饱食而嬉而已,是为大以欺佛者。"(《盐官大悲阁记》)在给苏辙的信中,苏轼也曾直接斥责学佛者的愚昧行径:

---

① 惠洪:《跋李豸吊东坡文》,载《石门文字禅》卷二十七,据《文渊阁四库全书》。
② [宋]周煇撰:《清波杂志校注》卷三《坡入荆溪》,刘永翔校注,中华书局,1994年版,第123页。

而世之昧者,便将颓然无知,认作佛地。若如此是佛,猫儿狗子,得饱熟睡,腹摇鼻息,与土木同,当恁么时,可谓无一毫思念,岂可谓猫儿狗子已入佛地?(《与子由弟十首》之二)

若作为一种"避世"或"离世"的纯粹玄想,佛教或许可以达到一时"自慰自幸",或暂时"解烦释憝"的麻醉效果。然而,佛家思想终是虚幻假说,"暗塞不能通其妙",执著不得,亦深信不得,只能"独时取其粗浅假说以自洗濯"(《答毕仲举书》)。苏轼用"不可知"、"无知"、"荒唐"、"欺"、"昧"等字眼对佛教进行驳斥,无非是表明其立场是实用于世的。

通过从反面批判切入的论述,我们可以知道,苏轼对儒、道、释三家思想均保持着一种弹性的张力。这种张力使得苏轼能够出入三家,既不迷信,也不归附任何一家,始终保持着清醒的头脑。在批判中接受,在反思中吸纳,因时、因地制宜,把有补于世、有益于己的各家思想养料,融通为自身崭新而真实的思想意识。这种张力的获得,与苏轼思想所源出的立场是分不开的。苏轼没有采取那种移形换步、不断更替立场的方式。以一家学说为凭批驳另一家学说,又以另一家学说为据指责这家学说,"这山望着那山高"或者"拆东墙补西墙"式的立场游离,不可能获得这种有韧性的张力。只有站在超越或更为本源的立场之上,才可以如此灵活不居地游走于各家教义,不滞隅、不固守,融通百家精粹,"遇事则应,施则无穷"(《祭龙井辩才文》)。苏轼以"实用"作为衡量各家学说的标尺,因此,在进一步深入阐明之前,我们暂时以"实用"二字来标记苏轼进行思想建构所源发从出的立场。

三、生存之域的敞开与"道"之融通

"实用"立场的确立与坚守,使苏轼获得了一个游刃于儒、道、佛三家而不滞、"驰骋百氏"而不拘的视野,使他可以采取一种超越的姿态重新思考与建构"道"的涵义。然而,论述至此,问题似乎并没有得到彻底的澄清,反而显得更加复杂。这不仅因为只采用"实用"

的视角就完成了对作为中国传统文化精髓的儒、道、释思想的超越，显得过于草率。而且因为"实用"二字义项繁多、涵义空疏而难以把握确切的内涵。这个使用时"不言自明"的概念，却言人人殊，缺乏明确的界定，容易导致相左甚至相反的理解。如，人们可以因"实"有"果实"、"财货"、"富足"、"实惠"的涵义而将"实用"理解为"功利主义"，可以因"实"有"现实"、"实际"等含义而将其阐释为"经验论"，也可以因"实"有"充实"、"确实"、"证实"等义项，将其解读为"实证论"等等。无论是以经验论、实存论的视角，抑或功利主义的态度来看待苏轼思想的超越，都是一种简单化、庸俗化的误解，甚至是矛盾的误置。因而，为避免歧义衍生、真意遮蔽，仍然需要对苏轼使用的"实用"之涵义进行深度阐释。

苏轼自己没有明确地界定过"实用"的涵义，确切地说，他甚至很少使用"实用"两个字，但这并不影响可以从他的言论中搜寻到它的意义。苏轼使用它，不是仅仅作为命名的符号，而是作为实用本身来运用的。"用法即意义"（维特根斯坦语），恰恰就在不言自"名"的使用中，保留了"实用"的真实和本初的意义，如苏轼所说"故其类可以意推，不可以言解也"（《诗论》）。

通过检索我们发现，苏轼一共有5处使用过"实用"一词，其中3处是与其他词语对举使用的。除上文引用过的批评儒者"多空文而少实用"外，另有"晋士浮虚无实用"（《孟嘉与谢安石相若》）、"今虽名目具存，责其实用，不逮往日"（《乞增修石箭社条约状二首》）等语。把"实用"与"空文"、"浮虚"、"名目"对立起来，可以推知苏轼赋予"实用"一词的意义指向。苏轼曾经说过："今观所示议论，自东汉以下十篇，皆欲酌古以驭今，有意于济世之（实）①用，而不志于耳目之观美，此正平生所望于朋友与凡学道之君子也。"（《答虔倅俞括一首》）可见，济今日之世，正是苏轼所谓"实用"的旨归。苏轼反对空洞抽象的说教，反对虚无浮幻的玄谈，也反对只有形式、而无实质的名分。总之，他反对一切把思想引向虚幻无稽的做法。坚实的现实人生是一切思想所从出和终极的，明白和做到这一点才是苏轼所

---

① "实"字原缺，孔凡礼点校《苏轼文集》据郎本补。

谓的"明"——"辨其所从生,而推之至于其所终极,是之谓明"(《中庸中》)。所谓的"实用"首先是实际在世之用,此其一。

佛道思想,是特定历史时代的产物。然而,它们虽根源于社会人生,却并不倡导积极入世,而是把人导向避世、遁世乃至于弃世,把其所从出的现实根基,当作异己的对象予以离弃、抛置或者超脱,而皈依于一种虚幻乌有空无之境。如果说,暂时避开世间之烦务,聊以自娱自乐,在特定的社会和生活环境中,还可以勉强为之的话,那么,完全的弃世、离世,则是不可能的,只能是自欺欺人的假想。苏轼认为,道家之避世或遁世,如"膏粱文绣",虽然美妙,却并不常有;佛家教人弃世,也如"龙肉"一般欺罔无稽。更兼有随着社会时代的变迁,生活事物的兴废,本来就不把目光投向现实人生的佛道思想,更是距世事人生愈来愈远,逐渐蜕化为"空文"、"名目"、"律条",以至于"虚浮"之极,不适于用,无补于世,反而有害。苏轼举例说,"昔王衍好老庄,天下皆师之,风俗凌夷,以至南渡。王缙好佛,舍人事而修异教,大历之政至今为笑"(《议学校贡举状》),所以"晋以老庄亡,梁以佛亡"(《六一居士集叙》)是已经被历史证明了的沉痛教训。对于个人而言,乐佛好道,虽不至于亡身灭命,于"道"却无益。苏轼在给友人的信中说,"某近颇好丹药,不惟有意于却老,亦欲玩物之变,以自娱也"(《与程正辅七十一首》之五十五),又曾言"老拙慕道,空能诵《楞严》言语,而实无所得"(《与程全父十二首》之五)。看来,苏轼只是把它们当作娱乐、消遣的对象。"但晓夕默坐作少乘定,虽非至道,亦且休息"(《与程正辅七十一首》之六十一)。

三家之中,儒家最为讲究经世致用,却依然有"空文不实"之责。除了上面所说历史变迁的因素之外,后世儒者不知变通,一味因循守旧,故而造成"循表涉澭"、"刻舟求剑"之行径,是主要症结所在。后世之儒只守名目,不从实处考量,或不溯本求源,却逆本而观,把"圣人之道"看成现成化的教条。无论知与不知、乐之与否,追其似、窃其名,以至于追名逐利,把功名利禄作为求知学道的目标,或者"学谈理空性,以追世好"(《答刘巨济书》),从而遮蔽了"圣人之道"所从出、所终极的现世人生,故而只能浪得虚名,不仅离圣人之道愈来愈远,而且因利生忌,反而获口舌之祸。苏轼本人的经历也证明了这

些,他反悔道:

> 轼少年时,读书作文,专为应举而已。既及进士第,贪得不已,又举制策,其实何所有。而其科号为直言极谏,故每纷然诵说古今,考论是非,以应其名耳,人苦不自知,既以此得,因以为实能之,故说说至今,坐此得罪几死,所谓齐虏以口舌得官,真可笑也。(《答李端叔》)

> 仆老拙百无堪,向在科场时,不得已作应用文,不幸为人传写,深可羞愧,以此得虚名。天下近世进人以名,平居虽孔孟无异,一经试用,鲜不为笑。以此益羞为文。自一二年来,绝不复为。(《答刘巨济书》)

对于追名尚谈之"道",苏轼并不认为就是"道",只是"道之似"。这种"似"看似相近,实则迥异。苏轼曾引古语"恶紫,恐其乱朱也,恶莠,恐其乱苗也"来表达对"似"的厌弃(《中庸中》)。"逝者如斯,而未尝往也"(《赤壁赋》),世事人生是不断变化的,当初那些因时而生的"圣人之道"、"散人之道"或"佛之道",因时过境迁,徒具空名、道术和戒律,已不是真正的"道"了。"指衣冠以命儒,盖儒之衰,认禅律以为佛,皆佛之粗。"(《苏州请通长老疏》)无视世事的变化是把"道之似"看作"道"本身的最重要原因。苏轼认为,"盖将自其变者而观之,则天地曾不能以一瞬"(《赤壁赋》),"物不可久,势将自穷。欲民生而无倦,在世变以能通",只有循时以动,以变为不变而观之,"适推移之用,乐生兴事,故无怠惰之民"(《通其变使民不倦赋》),"则物与我皆无尽也"(《赤壁赋》)。"人生一世,如屈伸肘"(《后杞菊赋并叙》),贫、富、美、陋等都不是固定的,"人生如梦"(《念奴娇·赤壁怀古》)、"悟此生之泡幻"(《洞庭春色赋并引》),所抒发的无非也是世事变化无常,不可能有现成化的人生可以执守的感叹。因而把"道"看作是现成的抽象规定性或者固定的观点、理念予以坚守,结果所达到的只能是"道之似"而已,并不具备"实用"价值。因此,所谓的"实用"应是应世变化之何所用,而不是对某种具体而现成事物(或目标、价值、状况、方式等)的执守或死用,此其二。

"吾欲乘风归去,又恐琼楼玉宇,高处不胜寒,起舞弄清影,何似在人间。"(《水调歌头》)苏轼如此执著于尘世人生,并非由于人间的美好。恰恰相反,苏轼的大部分人生充满了劫难,基本上是在被压制、贬谪和流放的岁月中度过的。"乌台诗案"后,苏轼被贬黄州,贫病交加,穷困潦倒,到了令人惨不忍睹、闻之唏嘘的地步。苏轼曾在屈原庙前感叹道:"自子之逝今千载兮,世愈狭而难存。"(《屈原庙赋》)较之令屈原投江而死的"溷浊"之世,苏轼觉得自己"余生之褊迫"(《菜羹赋并叙》),有过之而无不及。但即便如此,苏轼也没有最终选择归隐田园或者皈依佛门,仍然念念不忘"有益于世"(《与滕达道》)。他在《雪堂记》中解释说:"吾非逃世之事,而逃世之机。吾不知雪之为可观赏,吾不知世之为可依违。"其意为,我不是逃离世事人生,而只是抛弃了投机取巧的俗世之心,就像不知道白雪为何为美一样,世事为何好得可依恋或恶得可违弃,也是不可知晓的。无论人生是好,还是坏,"世之事"不可逃,可逃的只是"世之机"。因为,所谓的"世"并不是一个外在于人的对象世界,人可以出入其间,而就是人所在之世,人就活在世中。世为人之世,人为世中人,无论出世入世,只要活着,就在世中。南华长老有"世间即出世间,等无有二"的观念,苏轼说"诺",简短有力地表达了自己的意见。(《南华长老题名记》)

世间终究是人之世间,活着的人是不可逃脱的,究其因,这是由人之"性"决定的。苏轼坚决反对儒家以"善恶"论人"性"的做法。他认为,"夫善,性之效也",孟子以善为性,"盖见其继者而已","不及见性,而肩负见夫性之效,因以所见者为性",这就好比"未尝见火,而指天下之熟物以为火"一样。"性者,其所以为人者也,非是无以成道。"(《东坡易传》卷七)"性"是人之所以为人的本质,是"尧舜不能加焉,桀纣不能亡焉"的,无论是善,还是恶,都是可以"修"、可以"消"的。而"性"是任何人都不能有所更动,有所依违的。"性"无所谓善恶,"由此观之,则夫善恶者,性之所能之,而非性之所能有也"(《扬雄论》)。苏轼说:"溯而上至于命,沿而下至于情,无非性者。"(《东坡易传》卷一)"性",不可知其何以为"性","如手之自用","莫知其所以然而然","所以寄之命也";虽不可见,却并非不存在。"方其散而有为,则谓之情耳"。"情者,性之动也。"(同上)"性"因"情"而显,"情"因"性"而发。这就是说,"性"不可知,因其已然如此,即只要有人生,只要人生而在世,"性"就已然存在,与人为一,如"天命";"性"又不可识、不可见,因其无法以现成之物显形,即只要人在世间,"性"就处于变动不居的过程中,并以"情"通。因此,"性"虽不可知其所以然,又不可见其然(样子、形状),却也不是乌有。苏轼以"真存"谓之,即是说,"性"是实实在在的、真正的存在,可以(必然)通过人的感性、具体的生存活动而呈现出来。如"饥渴之所从出,岂不有未尝饥渴者存乎?于是性可得而见也"(《东坡易传》卷七),"饥"则食,"渴"则饮,不待学而能之。由"饥渴"之情状溯而上,可以推知其所以然者。"未尝饥渴"而令"饥渴"然者,即是"性"。"饥渴"是"性"之"效"(显现),"性"为"饥渴"所从出之"初"(本源)。只有如此,人才成其为人。苏轼说"夫以食色为性,则是可以求得也"①,所蕴含的就是这个意思。这个标识着人之本质的"性",究竟如何解释,苏轼并没有进一步深入,只是"试言其粗"。从生存论的角度来看,这个已然如是、不知可依违、不断生成变动、因"情(状)"而显的"性",不就是"人生在世"这一人活着最基础的本质么?不就是生存这一人之存在最源始的本性么?人,首先必须活着,这是不可违逆的事实与前提。人的本性即是人的在世生存本身,这种理解似乎并非新奇高明之论,然而它却由于肯定现世生存的境遇状态而堵塞了将人性归结为先验的、超验的抽象规定性之一切可能,从而通向了人的生存事实本身。与把"性"解读为一些抽象的、概括化、本质化、现成化的某种属性相比,感性的、真存的、活生生的、时机化的人之生存不是更能符合苏轼关于人"性"之"粗言"么?于是,苏轼所谓的"实用"便具有了最终的本根涵义:人生在世之用,生存本身之何所用。此其三。

因此,我们可以说,苏轼以"实用"所标识的立场,所敞开的其实就是人实际在世的立场,所开启的正是人的生存之域。苏轼眼中的"实用"所指向的恰恰是人之生存,或者说,所谓的"实用"就是"生存

---

① 据余允文《尊孟续辨》卷下引苏轼《论语说》。

之何所用"。生存,是人之本性,是人之所以为人的出发点和归宿,因而也是一切思想所从出和终极之域。"性所以成,道而存存也。尧、舜不能加,桀、纣不能亡,此真存也。存是,则道义所从出也。"(《东坡易传》卷七)苏轼正是站在生存的视域中,来思考"道",来衡量儒、道、佛三家思想的,并将三家之"道"融通为一。他叹道:

> 呜呼。孔老异门,儒释分宫。又于其间,禅律相攻。我见大海,有北南东。江河虽殊,其至则同。虽大法师,自戒定通。律无持破,垢净皆空。讲无辩讷,事理皆融。如不动山,如常撞钟。如一月水,如万窍风。(《祭龙井辩才文》)

在这里,我们可以把这个能够包容、汇通东南西北江河之水的大海,理解成为一切思想所源发和终归的生存之域。百川归海,一切事理俱融其中,儒、道、佛殊途同归,融为一体。"性"如不动之山,"情"似撞钟之响;生存像长流不息之水,映阴晴圆缺之月,"道"若拂行万窍之风,鸣清浊缓急之声。喻(名)者为二,实则为一。这个"一"即是儒、道、佛在人生在世之域合流融通之后的苏轼之"道"。

第二节 苏轼之"道"的本真属性

苏轼以人的生存之域作为思想"所从出"和"所终极"的出发点和归宿。他不满于那种追求抽象的、永恒的本体世界而绝弃现实世界的做法,同时也不主张那种"必其所见而后知"(《东坡易传》卷七)、以其所观察或所经验到的东西作为事物之本的思维方式。这样看来,苏轼的思想既不同于形而上学,又与"实证主义"、"经验主义"划清了界限。因此,对于苏轼之"道",我们既不能从抽象的规定性出发去理解,也不能把它作为确定的客体来认知。而这一点,恰恰为许多尝试对苏轼之"道"的内涵做出界定和解释的学者所忽略,他们或者把"道"作为"客观事物的自然规律"[①],或者将其视为"自然

[①] 目前学术界多持此说,如郭绍虞、顾易生、徐中玉、颜中其、成复旺、郑荣基等。

之全体的抽象总名"①,甚至以"封建伦理道德"②释之。这些研究的共同之处在于,预先把"道"设定为一客观现成的对象,而后从某种抽象的规定性出发对之进行解读和阐释。这种研究,不仅与苏轼本人对"道"的思考背道而驰,因而无法得到苏轼之"道"的真正内涵,而且以某些抽象的规定性为"道"下定义,是传统的"本质主义"的做法,已被现代哲学证明是一种割裂和对立的思维方式,因而这种"属加种差"的界定方式除了对"道"采取简单化的概括或抽象外,并不能敞显出"道"的整体与本真状态。

既不导向抽象的规定性,也不落实为现成实在的对象,而是"朝向事情本身",呈现(直观)出活在现象中的本质,这是现象学思想的精髓。我们发现,苏轼对"道"的思考似乎与现象学的思想存在着一定的耦合。这种耦合为寻求苏轼之"道"的解读带来了启发,因此,不依著儒、道、佛三家现成理论之外,不采用下定义的方式,而通过现象学描述的方法,有可能找到一条通往理解苏轼之"道"的道路。下面,我们就尝试来描述一下苏轼之"道"的本真状态。

一、物生而阴阳隐:道之隐匿

"道可道,非常道;名可名,非常名",老子《道德经》首句就揭示出的"道"之不可言说的特性,对此苏轼深信不疑。他不止一次地说过"道之难言也"。他在《中庸论下》中感叹"嗟夫,道之难言也",在《东坡易传》中又借圣人之名云"圣人知道之难言也"(《东坡易传》卷七)。对于苏轼来说,"道"是超越语言的有限性的,"夫道之大全也,未始有名"(《东坡易传》卷八)。"道"只不过是一个单纯的名称,其本身是不可概念化的存在,可意会而不可言传。之所以如此,苏轼认为,源于"道之难见"。

> 生而眇者不识日,问之有目者。或告之曰:"日之状如铜盘。"扣盘而得其声,他日闻钟以为日也。或告之曰:"日之光如

---
① 王水照、朱刚:《苏轼评传》,南京大学出版社,2004年版,第197页。
② 熊莘耕:《论苏轼的创作思想》,载《常德师专学报》,1983年第2期。

烛。"扪烛而得其形,他日揣籥,以为日也。日之与钟、籥亦远矣,而眇者不知其异,以其未尝见而求之人也。道之难见也甚于日,而人之未达也无以异于眇。达者告之,虽有巧譬善导,亦无以过于盘与烛也。自盘而之钟,自烛而之籥,转而相之,岂有既乎?故世之言道者,或即其所见而名之,或莫之见而意之,皆求道之过也。(《日喻》)

苏轼借"生而眇者不识日",来喻指"道"之难见的特性。由于"道"不能以物的形状或以"象"的姿态直接为人所见,人们在现实生活中自然永远无法窥见"道"的形态。这就好比生下来就眼瞎的人永远无法看见太阳一样,即便用巧妙的比喻和高明的引导,也犹如用铜盘和蜡烛来比喻太阳,虽然极其相近、极为精妙,但也只能是"道之似",而无法接近"道"本身。比喻或引导,虽"似"而非,甚至"似之乱真",结果必然如同把"钟"、"籥"当作日一样,得出相距甚远的结论。因此,采取"即其所见而名之,或莫之见而意之"来言说"道"的方式,是错误的。"道"不可见,所以不能把"道"当作一个可见的客观物体。但也不能对"道"随意加以猜想,把"道"作为可以主观揣度的某种意识。在这里,苏轼批评了两种错误的言说"道"之方式。他提醒人们,把"道"作为实有的客观对象来认知和作为抽象的主观意识来体验,对于"道"本身,都是南辕北辙的做法。这种歧路,在理解和阐释苏轼之"道"时,是应予以摈弃的。

尽管苏轼一再强调"道"之"难见"、"难言",以至于"难明",并且否定了对"道"进行客观认知与主观臆想的努力,但他并不以为"道"不存在。"道"不是为人所能看见的客观实物,却也不是为人所无法知道的虚无之物,"不可谓之无有","道""有","道"的的确确存在着。既然"道"不是主观幻想和臆断出来,就不能把"道"当作抽象的概念来探讨,既然"道"实实在在存在着,有着非常实际的内涵,"道"就能够为人们所知:

必有所见而后知,则圣人之所知者寡矣。是故圣人之学也,以其所见者推至其所不见者。天文地理,物之终始,精气游魂,

可见者也。故圣人以是三者举之。(《东坡易传》卷七)

苏轼肯定了知"道"的可能性,也点明了知"道"的必要性和重要性。"以其所见推至其所不见者",遂成为苏轼知"道"的独特方式。同时,名道之"名",也具有了不同的意义,"夫'名'者,取众人之所知,以况其所不知。"(《东坡易传》卷八)。

表面看来,苏轼所谓的"以其所见推至其所不见者"或者"取所知以况所不知"的知"道"、言"道"的方式,与之前所论述的苏轼反对"即其所见而名之"的行为无异,其实不然。"即其所见而名之"是把"道"作为一个所见者来直接命名、言说的。而这里却是把"道"作为一个所不见者来推求、追问和言说的。所谓的"推",本意为"手向外用力使物体移动或向前移动",它须借助可依附的物体并使之运动才算完成这一动作;所谓的"况",做名词有"情形"、"境况"之意,可引申为"境域"使用,做动词,则有"比拟"、"比喻"、"光顾"、"访问"的意思。无论是"推",还是"况",都含有借助物体或境域以达到另一"目标"之意。因此,"以其所见推至所不可见者",是指根据事物的可见"迹象"来推求事物背后所不可见者。"取众人之所知,以况其所不知",可以理解为,通过对人们的所知进行境域化处理,达到比附所不知的目的。较之"比拟"、"比喻",把"况"作为"光顾"、"访问",以及由之引出的"追问"、"探求"之意来理解,似更符合苏轼的本意。

问题的关键是,究竟是把"所不见者"或"所不知"理解为"可见者(物体)"之上或"所知"(境况)之外,还是将它们理解为就在"可见者"之中或"所知"(境况)之内?所"推"或所"况"的究竟是不同的物体或境况之间的关系,还是就同一个物体、同一种境况所做的探求与追问?知"道"之路不是两种不同物体或境况之间的推理或比附。苏轼在论"性之难见"时,明确指出:

古之言性者,如告瞽者以其所不识也,瞽者未尝有见也,欲告之以是物,患其不识也,则又以一物状之。夫以一物状之,则又一物也,非是物矣。彼惟无见,故告之;以一物而不识,又可以

多物眩之乎？(《东坡易传》卷一)

这跟前边所引《日喻》中关于"道之难见"的论述异曲同工。无论是"道"，还是"性"，其本身难见，都不能通过以"一物"状"另一物"的方式来认知。由此可以断定，苏轼所谓知"道"的方法，不能理解为两种物体或两种境况之间的更替与跳跃，而是在同一个物体、同一种境况中由所见、所知向所不见、所不知进行的推求和追询，所见与所不见，其本于一。他说：

> 道者，器之上达者也；器者，道之下见者也。其本一也，化之者道也；裁之者器也；推而行之者，一之也。(《东坡易传》卷七)

这里的"上"、"下"所表达的是事物本身的道器关系，不是事物之间的空间关系。由器向道的推行，是同一者的变化。正是在这个意义上，苏轼认为"道"是可名、可知、可"得而见"的，甚至可"似"。

苏轼这种知"道"的方式，是由"道"本身的特性所决定的。在看似矛盾的态度和观念中，掩藏着对"道"本身极其深刻的领会，"道"之本真状态在矛盾张力的撕扯中呼之欲出。苏轼在解释"一阴一阳之谓道"时，极为精到地论述道：

> 阴阳果何物哉？虽有娄、旷之聪明，未有得其仿佛者也。阴阳交，然后生物；物生，然后有象；象立而阴阳隐矣，凡可见者皆物也，非阴阳也。然谓阴阳为无有可乎？虽至愚知其不然也，物何自生哉？是故指生物而谓之阴阳，与不见阴阳之仿佛而谓之无有者，皆惑也。圣人知道之难言也，故偕阴阳以言之，曰"一阴一阳之谓道"。一阴一阳者，阴阳未交而物未生之谓也。喻道之似，莫密于此者矣。阴阳一交而生物，其始为水。水者，有无之际矣。始寓于无而入于有矣。老子识之，故其言曰："上善若水"。又曰："水几于道"。圣人之德虽不可以名言，而不囿于一物，若水之无常形，此善之上者，几于道矣，而非道也。若夫水之未生，阴阳之未交，廓然无一物，而不可谓之无有。此真道之

似也;阴阳交而生物,道与物接而生善,物生而阴阳隐,善立而道不见矣。(《东坡易传》卷七)

无论是以"阴阳",还是以"水"言"道",都只是"喻道之似","几于道"却非"道"。以其所共似者揣之,可知取阴阳、水之运动变化之势,来喻"道"生生之始;而以其所非者反推之,不以一物状之,却以阴、阳谓之,不以所不可见者为喻,而以水若之,足见"道"不是囿于物、物之间的运动。阴、阳非物而生物,物象生而后知其有。所谓"'象'者,可见之谓也"(《东坡易传》卷五),就其所见者而言,指物以为阴阳本身,或者不见阴阳而谓之无有,都是错误的。"物生而阴阳隐,善立而道不见","可见"与"不可见",是物与阴阳、善与道的区别,并不是判断阴阳、道之有无的标准。阴阳、道恰恰是以所不可见的状态而有,以一种隐匿的方式存在着。"天之生物不可见,既生而刚强之者可见也"(《东坡易传》卷五),换句话说,就是化物而不物化,即"道"("阴阳")化生出有形有象之物,其自身却逸出于形器之表,不具物象之形,以一种无形的方式支配或决定着物之变化。"万物之中有妙于物者焉,此其神也"(《东坡易传》卷九),所以苏轼说,"道,神而不显"。以一种自行隐逸而"莫适为之"(《东坡易传》卷七)的方式化物而生,是"道"之本性,也就是人们常常形容的"神":

"神之所为",不可知也,观变化而知之尔。天下之至精至变,与圣人之所以极深研几者,每以"神"终之,是以知变化之间,"神"无不在,因而知之可也,指以为"神"则不可。(《东坡易传》卷七)

物生而隐,隐匿而在,因物而知,这就是"道"之神性、本性。借助海德格尔"在场"与"不在场"的说法,所谓的"神"就是不在场的在场,所谓"道"的隐匿性就是隐蔽于事物(变化)之中而不在场的在场性。

在这里,我们可以清楚地看到,苏轼言"道"、知"道"的方式,即从所见推至所不见,从所知况其所不知,也就是从"显"到"隐",从

"明"到"晦"的过程,其实就是从当前在场的现实事物追究到隐匿于在场背后的不在场的、然而又是现实的东西(即"道")。不同于从现实具体事物到抽象永恒的本质、概念的"纵向超越",张世英先生称这种从在场到其背后不在场的追根问底的方式为"横向的超越"①。苏轼言"道"、知"道"的方式是一种"横向的超越"。这种超越不是由一种事物进入另一个事物或者借助别的事物作为中介来达到对事物本身的超越,而是对事物本身的超越。"道"隐匿于当前呈现的事物中而不见,知"道",就是对事物本身进行横向的、由所见向所不可见的超越。更通俗地说,苏轼的知"道",就是在事物的隐与显、本与末、道与器之间所做的由在场向不在场的位移。

二、非性无以成道:道的非对象化

苏轼对"道"之隐匿性的领会,"道"生物而隐,化物而不物化,在今天看来,至少有两个意义:其一,是把"道"实在化。"道"因此不是一种既成的、先验的、虚玄的主观臆想,而就在现实之中、在事情本身,为不在场的本源和根据,使事物得以出场,成象、成形显现为可见之物。其二,"道"隐蔽于现实事物背后,"神而不显",却依然作为事物所从出的本原而存在着,即以隐匿的方式在场,使得人对道的领会、言说成为可能,从而使人们对"道"的领会、言说有了可经验的"客观性"依据。

接下来的问题似乎是,这个隐匿在事物背后、不在人的内在世界中的"道",是作为独立于人之外现成的客体而被人凝视、认识的么?如果是这样,那么,这个异己的客体如何能够走进人的内在心灵成为"道心",或者说,人如何能够走出心灵世界与这个外在化的客体合二为一呢?如果不是这样,那么,"道"的实在化与"客观性"又如何理解,"道"如何能够作为既不在内,也不在外的存在呢?

这只是我们今天逻辑思辩的结果,在苏轼眼里,它们根本就不成其为问题。也就是说,主客二分、非此即彼的思维模式,只是今天人们惯常的思维定势。按照张世英先生的说法,"主客二分"的思想一

---

① 张世英:《进入澄明之境——哲学的新方面》,商务印书馆1999年版,第8页。

直到明末清初王船山那里才得到较为明确的阐发①。因此，苏轼不会采取主客二分的思维方式来思考道与人（性）之间的关系。在苏轼及其同时代的文人（如王安石、程颐、张载等）的眼中，"天地良心"合一，天道论与人性论是一致的，"探讨事物的所然、所以然，目的仍在于规定做人的所当然"②。"性即道"，论"道"就是论"性"。不把"道"与"性"割裂对立起来论述，的确是他们思维的特点。但是，"道"、"性"既名为二，又焉能混而为一，视为同一个东西呢？它们之间的关系究竟如何？对此，苏轼有一个非常经典的比喻来表达对两者关系的领会：

> 敢问性与道之辨？曰：难言也，可言其似。道之似，则声也；性之似，则闻也。有声而后有闻邪？有闻而后有声邪？是二者果一乎？果二乎？孔子曰："人能弘道，非道弘人。"又曰："神而明之，存乎其人。"性者，其所以为人者也，非是无以成道矣。（《东坡易传》卷七）

这段文字蕴含有非常深刻的哲学思想，他所提出的问题即便在今天也是哲学中至为重要的问题之一。对问题的不同回答形成了不同流派的哲学思想，它所包孕的思想至今仍然蔽而不显，远远不是一句"天人合一"所能鉴定了事的。论题所限，本书无意展开阐述，只阐发苏轼关于"道"与"性"关系的领会。

"道"若"声"，"性"似"闻"，"声"即声音、声响，"闻"即"听"、"听到"之意。这里似乎不能直接把"闻"译为"听觉"，当作感觉声音的生理官能或生理属性，"闻"是听觉所听，更倾向于听到的结果。如《说文》里就有"闻，知声也"的解释，所谓"听而不闻"、"充耳不闻"，也是这个意思。先有声音发出，而后才能听到，这是人们通常的理解。因此，"声"被当作第一位的客观存在，而"闻"就作为"声"之反应，被作为主观的感受，是第二位的。但从另一角度来看，没有

---

① 张世英：《天人之际》，人民出版社，1995年版，第11页。
② 王水照、朱刚：《苏轼评传》，第175页。

"闻"如何能确定"声"之"有"?"声"之为"声",如何"有"?离开了听觉所听,则"声"还成其为"声"么?"声","从耳从殸","声"的字源,泄露出"声"须先行依赖人之所听而成"声"的秘密。然而是否可以从此出发,得出"闻"为先而"声"为后的判断呢?亦似不可。"有声而后有闻邪"与"有闻而后有声邪",其实是一种解释学上的"循环阐释"。借助这两句反问,苏轼想要表达的并非谁先谁后、非此即彼的问题,而是说"声"与"闻"是相互关联,相互依存,不可分离,融为一体的。即,"声"为"闻"之"声","闻"为"声"之"闻",无"声"则无"闻",无"闻"则无"声","声"因"闻"而有,"闻"因"声"而存。因此,对于"道"与"性"关系的态度,苏轼既不满意那种视"性"为"道"、以"道"为"性",把二者简单混而为一的做法,也对那种将"道"与"性"截然分立、彼此二分、孰先孰后的做法表示质疑。换言之,既不是完全的"道"、"性"合一,也不是完全的"道"、"性"为二。那么,二者之间存在的这种关系究竟如何理解?"一"与"二"之间如何能够协调、统一?对于这样刨根问底式的追问,苏轼并没有作答,给出一个明确的答复。因为重要的不是知"道",而是成"道"。或者说,由于人能"弘道"、成"道",故而人才能知"道"、辨"道"。"人能弘道",犹如此在敞开存在,存在之论才会有意义,存在意义才会澄明。思辨层面的追问,远不及生存层面的事实来得实在、本源。因此,苏轼认为,"性者,其所以为人者也,非是无以成道矣"。"性"作为人之所以为人与道成其为道的生存关联,把人与"道"拴联起来。进一步说,"道"与人之"性"相互勾连、相互依存,"道"须在人"性"的"基础"上才能成其为"道","道"的实在化和"客观性"须在人"性"所敞开的生存之域中方能显现。因此,对人(之生存)来说,"道"的实在化和"客观性"远不是其成为一个异己的、外在于人的对象的理由。相反,"道"本身及其特性都必须根源于人(之生存)方可得到解释和彰显。

"道"的非对象化特性使得"道"在保持自身现实纯粹性的同时,又不远离人"性"之根基(即生存),异化为外在的、异己的对象或客体。所以人学"道"、成"道",不是把"道"当作外在的、异己的目标来追求,以求得与"道"的某些价值、规范(即苏轼所谓的"道之继")

的外在符合,而是"反求诸身",从自身做起,从人与"道"的原初关联做起,修其身养其性,方可成其"道"。苏轼说:"性所以成,道而存存也。尧、舜不能加,桀、纣不能亡,此真存也。存是,则道义所从出也。"(《东坡易传》卷七)成"性"即可成"道","性"存则"道"存,说的就是这个道理。苏轼曾以学习射箭的经历为例,形象地传达出"道"之非对象化的特性:

> 吾尝学射矣,始也心志于中,目存乎鹄,手往从之,十发而九失,其一中者,幸也。有善射者,教吾反求诸身,手持权衡,足蹈规矩,四肢百体,皆有法焉,一法不修,一病随之,病尽而法完,则心不期中,目不存鹄,十发十中矣。(《仁说》)

目标在外,心往就之,目往适之,手往从之,十发而九失,期而不合。而反求诸身,从自我做起,修法祛病,心不驰外,目不存鹄,就能够十发十中,不期然而然。

同时,由于"道"是现实中的存在,又使得这种"反求诸身"行为不至于一味向内,使"道"成为心理主义的目标或异化为内在的对象,成为主观随意化的东西,从而失去成"道"所依的价值标准。苏轼在给陈师仲的信中说:"此自世间奇男子(指陈师仲),岂可以世俗趣舍量其心乎!诗文皆奇丽,所寄不齐,而皆合于大道,轼又何言者。"(《答陈师仲主簿书》)虽然苏轼有"用舍由时,行藏在我,袖手何妨闲处看"(《沁园春·赴密州早行马上寄子由》)的感叹,也有"人生如朝露,意所乐则为之,何暇计议穷达?"(《答陈师仲主簿书》)的决断,但苏轼认为"合于大道"却不是个人的主观随意的选择。"世俗趣舍"、趋时就俗等庸俗的价值取向应该是学"道"、成"道"所必须摆脱和弃绝的。相反,不以外在的社会准则为目标,不以内在的私欲杂想为取舍,立足于生存之域,执著于现实人生,"意所乐则为之",才是君子行"道"的真正途径。"君子有责于斯世,力能救之则救之……力能正则正之……既不能救又不能正,则君子不敢辞其辱以私便其身……君子居明夷之世,有责必有以塞之,无责必有以全其身而不失其正。"(《东坡易传》卷四)。因此,苏轼所谓的

"反求诸身",不能简单地理解为放弃或躲避社会人生,一味反归内心,而应该理解为反躬自问人生中的真正的本己,"默自观省"(《答李琮叔书》)"有责于斯世"之"身",正所谓"洗濯磨治,复入道德之场"(《黄州上文潞公书》)。换句话说,"反求诸身","意所乐则为之",既为本己人生观的追求目标,亦与万物自然化生之法暗自合契,是为人生的一大境界——达道而已。

苏轼有一首关于琴声的诗,可以让我们再次体味到"似声"之"道"的非对象化蕴味:

若言琴上有琴声,
放在匣中何不鸣?
若言声在指头上,
何不于君指上听?
——(《琴诗》,《东坡诗集注》卷三十)

琴声既不在匣中"琴上",又不在人的"指上",而在以"指"触"琴"的生发中,这不正是"道"的非对象化状态最好的描述么?"道"不在外,也不在内,"道"在人生在世的生成变化中。"道"既不是客观的实体,也不是主观的理念。"道"就是"道","道"是其本身的隐现,"道"就是自然而然,"道"即自然。

三、莫之求以自至:道的非现成识度

"道"隐匿在事物背后而不具形器,虽不可见,但其隐而"实在"的特性决定了学"道"、成"道"的方式决不是蹈空入虚的玄想,即决不是放弃对在场者的追问与探求而直接凭空切入对不在场者的幻想。同时,"道"的非对象化特点,又根本上切断了直接把"道"当作外在的或内向的对象化目标加以追求的道路。因此,由可见者切入所不可见者,由在场导向不在场的探幽寻秘就成为学"道"、成"道"的入口或台阶。

"道大如天不可求,修其可见致其幽。"(《代书答梁先》)不从漫无边际的虚无开始,而从可见的实处起步,使苏轼的学"道"、成"道"

的方式与那些空谈性理的玄学家有了最根本的区别。现实人生百态,吃穿住行、坐卧起居、是"道"的栖身处,饮食男女、休闲娱乐、升迁贬谪、羁旅穷途、衣褐用粝、餔糟啜醨、目见耳闻,皆可学"道";凡物不分大小、精粗,金石、草木、丝麻、五谷、六材、象犀、珠玉、怪珍、山川、河流等等,都可得"道"。显然,这受到庄子所谓"道在尿溺"、禅宗"禅"在"担水劈柴"思想的影响。

"阅世走人间,观身卧云岭"(《送参寥师》),立足于现实人生,周围的寻常事物、身边的普通生活无不潜藏着得"道"、成"道"的时机。"凡物皆有可观。苟有可观,皆有可乐"(《超然台记》),苏轼这么说,也这么做,或者反之,他正是如此做的,所以才有如此一说。如倅杭之时,"湖上四时看不足",流连而忘返;移守密州穷壤,"释舟楫之安,而服车马之劳,去雕墙之美,而庇采椽之居,背湖山之观,而行桑麻之野",同样能体验到安适的乐趣。他登上"超然台","台高而安,深而明,夏凉而冬温。雨雪之朝,风月之夕,余未尝不在,客未尝不从。撷园蔬,取池鱼,酿秫酒,瀹脱粟而食之,曰:'乐哉游乎!'"(《超然台记》)贬谪黄州,他在给司马光的信中说:"寓居去江无十步,风涛烟雨,晓夕百变,江南诸山,在几席上,此幸未始有也。"(《与司马温公》)对上官彝也说:"所居临大江,望武昌诸山如咫尺,时复舟纵游其间,风雨云月,阴晴早暮,态状千万。"(《答上官长官二首》之二)远贬海南,他不以为悲,亦能发现无穷之境:"朝阳入北林,竹树散疏影。短篱寻丈间,寄我无穷境。旧居无一席,逐客犹遭屏。结茅得兹地,翳翳村巷永。数朝风雨凉,畦菊发新颖。俯仰可卒岁,何必谋二顷。"(《新居》)身处穷陋之地,生活境况日窘,却愈显旷然天真的情怀,"谴居穷陋,往还断尽,雪斋清境,发于梦想,此间但有荒山大江,修竹古木,每饮村酒醉后,曳杖放脚不知远近,亦旷然天真,与武林旧游,未见议优劣也"(《与言上人一首》)。

杞菊、胡麻、菜羹、浊醪、飓风、怪石、闲鹤,甚至黠鼠,凡苏轼所闻、所见、所食、所用都是他悟"道"、得"道"的依凭之物。如他曾用汤中之肉戏禅,"已熟之肉,无复活理。投在东坡无碍羹釜中,有何不可。问天下禅和子,且道是肉是素,吃得是吃不得是,大奇大奇,一盋羹,勘破天下禅和子"(《禅戏颂》)。也曾因羹而悟真味,"甘苦尝从极处回,醎酸未必是盐梅。问师此个天真味,根上来么尘上来?"(《东坡羹颂并引》)。前面曾经说到苏轼以饮食"猪肉"来批评佛家的虚妄空谈,其实正是他以生活中的寻常之物参禅悟道的真实写照。"净洗锅,少著水,柴头罨烟焰不起。待他自熟莫催他,火候足时他自美。黄州好猪肉,价贱如泥土。贵人不肯吃,贫人不解煮,早晨起来打两椀,饱得自家君莫管。"(《猪肉颂》)物美价廉、实美真饱的"猪肉"成为回击与驳斥玄学之士好论禅谈道最犀利的武器,让人忍俊不禁之余,又启人深思。

苏轼坚持认为,"古之学道,无自虚空入者。轮扁凿轮,伛偻承蜩,苟可以发其巧智,物无陋者"(《送钱塘僧思聪归孤山叙》)。执著于现实尘世人生,植根于人的生存世界及其对生存世界的领悟,成为苏轼学"道"、成"道",甚至是论"道"的基础和途径。尽本己之性,无事而不自适,"循万物之理,无往而不自得"(《东坡易传》卷九),四库馆臣说"轼之说多切人事"①,实妥帖之论。

然而,若把这一切统统当成"道"本身予以坚执,当作现成化的目标予以追夺,则又得不偿失,离"道"渐远。苏轼指出,"故世之言道者,或即其所见而名之,或莫之见而意之,皆求道之过也"(《日喻》)。把"道"当作一个可见的或臆想的对象予以追索,是错误的。因为"道"本身化物而不物化,物生而自行隐逸,出形器之表,不可见,亦无法对象化,不能被当作一现成的目标来看待。人们日常所见皆"道之似",而非"道"自身,"昧者乃指以为道,则过矣"(《东坡易传》卷七)。"道"呈现于千变万化之中,或云"道"即变化,因而"道"本身具有拒斥固守化、对象化的态势。无法现成化、非现成性是"道"化万物最重要的枢机。苏轼认为,"善为天下者不求其必然,求其必然乃至于丧"(《东坡易传》卷三)。"必然"者,执意于心目中之必然结果而不知随机应变也。他告诫统治者,莫以如此固守不化之法以求天下之"道"。"天下各治其道术,自以为至矣,而支离专固,不适于中"(《东坡易传》卷七),东坡批评天下治道之术,"自其继者始"(《东坡易传》卷七),蔽于有形,囿于所器,因而学"道"不全,求

---

① 载《东坡易传·提要》,据《文渊阁四库全书》。

"道"未至。"夫瞩目于无形者,或见其意之所存,故仁者以道为仁,意存乎仁也;智者以道为智,意存乎智也。贤者存意而妄见,愚者日用而不知,是以知君子之道,成之以性者鲜矣。"(《东坡易传》卷七)这里的"仁"和"智",苏轼解释为"其已然之迹也"。"用"释为"其所以然也"(《东坡易传》卷七)。这句话的意思是说,以"仁"、"智"、"用"等这些已经成为事实的有形可见之"继"、之"效",作为"道"本身来执守,成"道"的几率是很少的。

是否把"道"作为一现成化的目标予以遵从、坚守,是苏轼区别于同时代其他文人的最为重要的思想之一。如在"道"与"性"的理解与阐释上,王安石与苏轼多有一致之处,但王安石却是"执""道"为"一"。王安石虽然认为"道"大为"一",但主张法"天"之"一"而令人心专一于道德自律,认为只有"致一",才能达到"一道德以同天下之俗"①的目标。苏轼则认为"天下之理未尝不一,而一不可执"。他批评王安石"好使人同己"、"欲以其学同天下"的做法,"正如脱槊,案其形模而出之,不待修饰而成器耳"(《送人序》),最后只能导致如"荒瘠斥卤之地,弥望皆黄茅白苇"(《答张文潜县丞书》)般思想文化萧条荒芜的景象。对于程颐的"主敬"思想,苏轼更是极力斥之,还常常在公开场合就予以讽刺挖苦、冷嘲热讽。程颐"主敬"的思想,就是以用现成化的礼义规范去要求和约束人外在的容貌举止和内在的思虑情感。对古礼的现成化执守,而对现实人情的克制,是程颐"主敬"理念的核心,难怪苏轼要说他"不近人情"。《宋史纪事本末》卷十记载:"颐在经筵,多用古礼,苏轼谓其不近人情,深疾之,每加玩侮。"②

"道"的非现成化识度,是苏轼悟"道"思想中最为闪光的火花之一:超越现成化的阈限,从万事成物的变化中展现出不在场的东西,从事物的在场跨越到事物不在场的本源生发之地;或者知万物之幽明、不以变化为乱,晓死生之无常、不为祸福所劫,存鬼神之不测、不以无知为惑,此之谓不为眼前之物所障,无蔽于天地之理;或者不离

---

① 王安石:《答王深甫书》(二),载《临川文集》卷七十二。
② [明]冯琦原编,陈邦瞻增辑:《洛蜀党议》,载《宋史纪事本末》卷十。

"似",不执于"似",不弃现实生活,又不局限于世务琐事;或者寓意于物,以物为乐,却不滞留一物,因物而累;或者博览群书,读经务学,却不满足于书中所言,不为经史所囿,不为典籍所溺,而寻言外之旨,出己之意等等。非现成化的思想及其思维方式渗透在苏轼一生的方方面面,成为他世界观与人生观的根本观念。他的为官处事、待人接物、求学问道等等,无不闪烁着非现成思想的光辉。如他在政治生活中所表现出的卓尔不群,不迎合、不奴从,心底无私,无所偏挟,胸怀大节,不为好恶利害所夺,"清明在躬,志气如神"(《东坡易传》卷七)的人格魅力和人格力量,就与他彻底的非现成的观念有密切的关联。

苏轼借助对孔子"思无邪"的领会而得出的"无思之思"体"道"观念及其对世事"无待"的人生信念,都应该从"非现成"的角度予以理解。"无思之思",并非如土木一般无所思,而只是无所执之思。"遇事则发"(《思堂记》),物至思则发,不滞停于现成的思虑;"若有所思而无所思",任由外物如其所是的自由敞显,思"随其所当应,无不得其当",因而能"受万物之备",于是得道。而所谓的"吾生本无待,俯仰了此生",并非常人所理解的那样,或者不依赖任何外物而生存,或者舍弃了对世事人生的一切依赖,因为舍弃了对外物的依赖(物质基础),人还能够生存么?"无待",不是不待,而是不执待,即不把人生看作是对确定的某种目标的追逐过程,不以一成不变的价值标准来衡量灵动不居的人生。人生如梦,如泡如影,变幻无常,是不可能有现成化模式的。苏轼认为,穷也罢,达也罢,晴也罢,风雨也罢,都是如朝露般短暂人生的变化形态,既没有时间去议论是是非非,也没有必要以不变的标准去计较孰对孰错。人生一世,应该"任性逍遥、随缘放旷",应该"群居不倚,独立不居"(《墨君堂记》),放弃对任何既成标准的执倚与滞居,沉浮于大化流行的变动不居之中,随机调适、缘化而行,才能够应万物之变、俯仰于如寄人生。"回首向来萧瑟处,归去,也无风雨也无晴。"人生并非真的无风无雨无晴,而是不再以风雨为风雨、不再以晴为晴;一切都在变化,不执守现成状态,随缘而化,适意而行,于是得"道"。

苏轼把这种非现成化的学"道"、成"道"的方式,不称其为

"求",而称之为"致"。《日喻》云:"苏子曰:道可致而不可求。何谓致?孙武曰:'善战者致人,不致于人。'子夏曰:'百工居肆以成其事,君子学以致其道。'莫之求而自至,斯以为致也欤!"前引"道大如天不可求,修其可见致其幽",也是把"求"、"致"对立使用。"致"不是"求",那么"致"如何理解呢?颜中其先生将"致"释为:"原有推而极之的意思,这里作认识掌握讲。"①曾枣庄先生把"致"作为"长期的实践,自然而然地掌握"来理解,而把"求"理解为'达者告之'"②。朱靖华先生则把"致"理解成为"一种'循序渐进',平时积学,自然得'道'的意思",引申为"平时不断的实践",而把"求"当作"急于求成"来解③。王水照、朱刚则把"致道"之"致"引申为一种包涵"直觉提升"的身心"体验",以区别于"知性"之"求"(即"求"是从认知角度来获取"道"的)④。这些理解都有启发,但都是引申出来的意义诠释,不是本义的直接解释,因而难免会生衍义。

苏轼在《东坡易传》中曾对"致"进行过直接的解释。他说:"'致',极也;极则一矣。其不一者,盖未极也。"(《东坡易传》卷八)从这里,我们可以推知,苏轼赋予了"致道"以"与'道'合一"的涵义,而"求道"则属于"与'道'不一"的"未极"状态。联系《日喻》中眇者以达者所告之"巧譬"求日而不得的寓言,可以知道,所谓的"求道",就是把"道之似"作为"道"本身来追求。换句话说,即把"道"执为一现成化的目标("似")去追求,所求皆道似,非道也。反之,所谓的"致道",就是不以"道似"为"道",不把"道"当作一外在的现成对象,而是身融于道中,与"道"合一。换言之,就是不求于外,而是投身于天地运行之中,与造物者游,赞天地之化育,因此达到"道"不求而自至的境界。譬如,南方之人,日与水居,之所以能得水之道,苏轼解释说,是由于"知其所以浮沉而与之为一,不知其为水"(《东坡易传》卷八)的缘故。即是说人与水居时,不

---

① 颜中其:《苏轼论文艺》,北京出版社,1985年版,第40页。
② 曾枣庄:《三苏文艺思想》,四川文艺出版社,1985年版,第92页。
③ 朱靖华、柯象钟撰:《日喻》之鉴赏文,见吕晴飞主编:《唐宋八大家散文鉴赏辞典》,中国妇女出版社,1991年版,第1433—1434页。
④ 王水照、朱刚:《苏轼评传》,第221—223页。

是把水看作是一外在的认知对象，而是应水之变，随之浮沉，与水合一。而北方之人，虽可求得水之所以浮沉的道理，也能够得到游泳的技术，但却"未有不溺者"。究其原因，在于他们只是把水之道或游泳的技术当作一现成的知识，把"水"当成异己的对象，不能与水合一，故水溺之。

苏轼指出：

> 夫"刚柔相推而变化生"，变化生而吉凶之理无定。不知变化而一之，以为无定而两之，此二者皆过也。天下之理，未尝不一，而一不可执。知其未尝不一则莫之执，则几矣。是以圣人既明吉、凶、悔、吝之象，又明刚柔变化，本出于一。而相摩、相荡，至于无穷之理。（《东坡易传》卷七）

天下万物皆出于"道"，"道"为一，但"道"却不能作为现成的目标来执守，"道"在变化生成中。"吉"、"凶"、"悔"、"吝"之象，能够为人所见，但也不能被看作是彼此独立的、相互分别的现成之象。因为它们是刚柔变化呈现之象，未尝不出于"道"之变化。只有在相摩相荡的变化生成中才能够得万物无穷之理，才能够得"道"。因此，所谓的"致道"之"致"，就是由可见者的现成状态，进入到相摩相荡的"道"之生发构成境域，跨越到其背后不可见者的不在场之在场，与"道"同一，随变化浮沉。用苏轼的话说，就是"与造物者游"（《乐全先生文集叙》）。"道大如天不可求，修其可见致其幽"，到这里，这句诗的真正涵义才得以全部彰显。

"君子学以致其道"，苏轼以"务学"作为"致道"的途径或条件，除了"学以致用"的现实需要之外，还有"学"本身所具有的"非现成化"因素与"道"之非现成识度存在关联的缘故。因为学习是一种革故鼎新、破执弃旧的开放性过程。张祥龙先生认为，"学一定处于已知与未知还未从逻辑上割分的状态，即一种原发的过去与未来相交而维持着的当下之中。"[①] 如果这样理解"学"不为过的

---

① 张祥龙：《从现象学到孔夫子》，商务印书馆2001年版，第235页。

话,那我们就更能领会苏轼"学"以致"道",终生以"学道人"自居的用意了。

通过以上描述,我们可以较为清楚地领会到苏轼之"道"的本真状态:隐匿地在场、对客体化、对象化的拒斥以及变化不居的非现成态势。当"道"在承继与传播的"道说"中逐渐被玄学化、理学化,被视为完全形而上的概念化对象或者伦理化的实体时,其本身所蕴含的在场性、超越性、缘发构成与灵动不居的特性也被完全遮蔽,"道可道,非常道","道"之言说的悖论,成了不可违逆的宿命。维特根斯坦说过,"凡是不可说的东西,必须对之沉默"①,让不可说的东西保持最原初的状态不被侵扰,沉默当然是对"不可说的"最好的保护。然而,沉默不是我们的生存本性,保护沉默不能成为我们自己沉默的理由。苏轼说"道之难言也",但同时认定"其必有道矣",因此,"以吾之所知,推至其所不知"(《虔州崇庆禅院新经藏记》),"辨其所从生,而推之至于其所终极"(《中庸中》),可以知"道"、明"道","圣人之道"可以"略见"(《中庸上》)矣。较之于把"道"直接作为抽象的对象或超验的"实体",立足于人的生存之域,从在场向不在场的横向超越、由其所从出推至其所终极的策略,更能敞显"道"之本真状态。如果不得不把"道"作为言说的对象来论说,非把"道"予以对象化不可的话,大多数情况下,苏轼情愿以"造物者"呼之,以便保持"道"生物的在场性、化物的源发性②以及造化的灵动性。这也许是苏轼对"道"没有沉默,同时又很少直接以"道"论文、论诗的原因和理由吧。

第三节 苏轼论"道"与艺术的生存论关联

苏轼关于"道"的领悟,极其深刻地影响了苏轼对于文学艺术的

---

① 维特根斯坦:《逻辑哲学论》,载涂纪亮主编:《维特根斯坦全集》(第一卷),陈启伟译,河北教育出版社,2003年版,第263页。
② 即苏轼所谓的"辨其所从出生,而推之至于其所终极"之至。

看法。自荀子①起,"道"作为万物之本,作为圣人治理天下的根本之理,就是诗文价值之本原。荀子有言:

> 圣人也者,道之管也。天下之道管是矣,百王之道一是矣,故《诗》、《书》、《礼》。《乐》之归是矣。《诗》言是,其志也;《书》言是,其事也;《礼》言是,其行也;《乐》言是,其和也;《春秋》言是,其微也。故《风》之所以为不逐者,取是以节之也;《小雅》之所以为《小雅》者,取是而文之也;《大雅》之所以为《大雅》者,取是而光之也;《颂》之所以为至者,取是而通之也。②

儒家所奉行的几种基本经典都是"道"的载体,只不过它们所载的是"道"的不同形态而已。诗文因表现"道"、有了"道"的灌入才能获得价值。其后,以"道"论诗文,赋予诗文以合理合法的神圣而崇高的地位与权力,成为儒士文人骚客内心挥之不去的或显或潜的情结。郭绍虞先生曾引用苏洵《上欧阳内翰书》中学文经历的自述,以证明苏洵"所取于《论语》、孟子、韩子及其他圣人贤人之文者,不过重其文而已,不过好其辞而已"。"从作风品格衡量文的价值,而不复拖泥带水牵及道的问题",郭先生认为是"三苏文论重要的地方"。苏洵"学其文而不学其道"确是事实,但由此得出"三苏论文,本不重在道"③的结论则过矣。苏洵父子学文做诗,绝非以成为今天意义上的纯粹文学家或作家为鸿愿,就"文"学"文",不是他们的目的,只是他们不满足于古人所谓之"道",而欲"道其所道"(同上)而已。故"三苏文论不重在道",似应改为"三苏文论不重在前人之道"更为妥帖。苏洵"晚岁读《易》,玩其爻象"(苏辙《亡兄子瞻端明墓志铭》),"作《易传》百余篇","不恋恋于一官",而欲推致"自有《易》以来未始有"之理④,从中透露出苏洵"学其文而不学其道"背后追求"至道"

---

① 学术界一般认为正式提出文道关系问题是从荀子开始的,如李春青在《在文本与历史之间——中国古代诗学意义生成模式探微》中所持的观点。
② 《儒效篇第八》,载《荀子》卷四,据《文渊阁四库全书》。
③ 郭绍虞:《中国文学批评史》(上),第302页。
④ 苏洵:《上韩丞相书》,《嘉祐集》卷十三,据《文渊阁四库全书》。

的情愫。因此,把"道"推至终极处,"道其所道"正是他们不同于道学家及其他古文诸家不同之处。"道"仍然是他们论文说诗潜在的评判坐标和终极性价值追求。

"道其所道",把"道"置于自己的生存视野予以言说,故苏氏父子之"道",超越了道学家所谓的现成之"道",突破了儒、道、佛的固有体系,其结果恰恰给当时的诗文革新运动注入了鲜活的生机和活力,使得诗文创作得以摆脱自韩愈以来的"道统",走上了独立发展的"文统"道路。"道"不是诗文创作时先行预设的现成主题或标的,而是在"莫之求而自至"行文中自然而然呈现(道说)出来的。因此,对于苏轼而言,"道"之理念并不拥有对于诗文创作高高在上的优先权,它与诗文一道植根于作家"日与水居"的生存之域。"未尝有作文之意"(《南行前集叙》),"遇物而应"(《与滕达道书》),"杂然有触于中",则"道"不求而自至,"文""不能不为之工"(《南行前集叙》)。在生存论的层面上,"道"不是诗文"先行"的创作动机或"后证"的创作意图。就其与感性生存活动的提升层次与言说的难易程度而言,诗文创作似乎比"道"之理念的获得更享有生存状态上的亲近权。因此,在这个意义上,与其说,苏轼关于"道"的观念影响了苏轼的诗文创作,是苏轼论文说诗的基础,毋宁说苏轼的诗文创作及其理论影响了苏轼关于"道"之理念的最终形成,是其正确理解、阐释"道"之内涵的有益来源。朱靖华先生就认为苏轼是"从'文'的角度,对'道'提出了划时代的理论解释"①的。

从苏轼之"道"切入苏轼文论诗学思想,只是论说的策略,并不意味着"道"具有绝对的优先地位,但"道"依然是苏轼论文说诗潜在的坐标。这是我们在继续论述之前以及论述过程中所必须予以说明和注意的。

一、"文与道俱"的背后:生存论的原初关联

如敏泽先生所言,"苏轼从来很少把'文'和'道'联系起来命题,

---

① 朱靖华:《苏轼是北宋诗文革新运动的真正完成者》,载《朱靖华古典文学论集》,第325页。

倡导'文以贯道'之说①。被朱熹引用并加以批驳的"文与道俱"一语,也并非出于苏轼本人:

> ……公曰子来,实获我心。我所谓文,必与道俱。见利而迁,则非我徒。又拜稽首,有死无易。公虽云亡,言如皎日。(《祭欧阳文忠公夫人文(颍州)》)

"吾所谓文,必与道俱",实是苏轼拜见欧阳修时,欧阳修对苏轼的谆谆教导。"俱"作"走到一起"、"在一起"、"一起"讲。欧阳修的这句话是说,"我所说的文章,是一定要与'道'联系在一起的"。观下文"有死无易"与"言如皎日"等语,可知苏轼是将其铭记于心的。

实际上,苏轼论文说诗时经常提及"道",甚至直接将"文"("诗")、"道"成对使用。如:

> 文起八代之衰,道济天下之溺……自东汉以来,道丧文弊……(《潮州韩文公庙碑》)

> 聪能如水镜以一含万,则书与诗当益奇。吾将观焉,以为聪得道深浅之候。(《送钱塘僧思聪归孤山叙》)

> 西汉以来,以文设乎而文始衰,自贾谊、司马迁,其文已不逮先秦古书,况其下者。文章犹尔,况所谓道德者乎?(《与王庠书》)

> ……及读所惠诗文,不数篇,辄拊掌太息。此自世间奇男子,岂可以世俗趣舍量其心乎!诗文皆奇丽,所寄不齐,而皆归合于大道,轼又何言者。(《答陈师仲主簿书》)

> 得所惠书,词章温雅,指趣近道,庶几昔人,三复喜甚……(《与江惇礼五首》之一)

> 十论、十二说已一再读矣,不独叹文辞之美,亦以见尽诚求道之至也。科举数不利,想各有时。穮蓘不废,三年可必也。(《与江惇礼五首》之五)

---

① 敏泽:《中国文学理论批评史》(上),人民出版社,1981年版,第503页。

黄君道辅讳儒,建安人。博学能文,淡然精深,有道之士也。(《书黄道辅品茶要录后》)

其他尚有不直接言"道",而用"德"、"理"、"教"或"造物者"等词语的,其实暗含的亦是"道"的意思。如:

与可之文,其德之糟粕。与可之诗,其文之毫末。诗不能尽,溢而为书。变而为画,皆诗之余。其诗与文,好者益寡。有好其德如好其画者乎? 悲夫! (《文与可画墨竹屏风赞》)

物固有是理,患不知之,知之患不能达之于口与手。所谓文者,能达是而已。(《答虔倅俞括一首》)

平生不学作诗,如风吹水,自成文理。而参寥与吾辈诗,乃如巧人织绣耳。(《书辩才次韵参寥诗》)

自昔一代之余,文教衰落,风俗靡靡,日以涂地。(《谢欧阳内翰书》)

公今年八十一,杜门却扫,终日危坐,将与造物者游于无何有之乡,言且不可得闻,而况其文乎。(《乐全先生文集叙》)

其后过李公择于济南,则见足下之诗文愈多,而得其为人益详,意其超逸绝尘,独立万物之表,驭风骑气,以与造物者游。(《答黄鲁直五首》之一)

……又惠新词,句句警拔,诗人之雄,非小词也。但豪放太过,恐造物者不容人如此快活,一枕无碍睡,辄亦得之耳。(《与陈季常十六首》之十三)

上述之所以不厌其烦地引用,意在证明苏轼虽然没有在理论层面上直接以"道"论诗文,但通过他评价他人及社会的遣词用语,可以窥探出他的"诗文"观中有明显的"道"的痕迹,甚至"道"是他评诗论文或者创作诗文的主要价值标准所在。因此宋孝宗赵昚在《苏轼文集序》中评价苏轼道:

成一代之文章,必能立天下之大节。……养存之于身,谓之气,见之于事,谓之节。节也,气也,合而言之,道也。以是成文,刚而无馁,故能参天地之化,关盛衰之运。不然,则雕虫篆刻童子之事耳,乌足以论一代之文章哉!

虽是君王之论,有意识形态的味道,但是苏轼的文论诗学思想及其诗文作品中倘没有"道"的依凭,纵是一国之君,亦不能虚捏硬套,否则如何服众?以谥号"文忠"赠苏轼,绝不是仅仅奖掖其在纯粹文学上的贡献。

可知,欧阳修"文与道俱"的理念,苏轼不但铭记于心,而且是真正认同并付诸实践的。但这是否意味着,苏轼对于"文与道俱"的理解与欧阳修如出一辙呢?

《答吴充秀才书》是欧阳修文艺思想的总纲。在文中,他提出了"道胜者其文不难而自至"的观点。他要求诗人不可仅仅满足于做一"文士",那种"吾文士,职于文而已"的看法是错误的。他反对沉溺于纯粹之文而"弃百事不关心"的态度,指出文人若只着眼于文而不为道,必然导致"愈力愈勤而愈不至"的结果。对于当时文人内心深处渐渐萌发的作一纯文士的自觉意识,欧阳修保持着相当警醒的认识。因此,他认定只有"道充"才能写出"纵横高下皆如意"的文章[1]。对此,他曾反复申说,"知古明道,而后履之以身,施之于事,而又见于文章而发之,以信后世"[2];又云"心定则道纯,道纯则充于中者实;中充实,则发为文者辉光"[3]。

"有德者必有言","道"先"文"后,以"道"为本是儒家的一贯主张。欧阳修关于"文"、"道"关系的看法实源出于对韩愈"道统"之继承与倡导。韩愈关于"文"、"道"关系的观点,可以用他的门人李汉在《昌黎先生集序》中开宗明义的一句话来概括:"文者,贯道之器也。"[4]也就是说韩愈是把文学当成"道"的承载工具来看待的。自

---

[1] 欧阳修:《欧阳修全集》第二册,中华书局,2001年,第663页。
[2] 欧阳修:《与张秀才第二书》,《欧阳修全集》第三册,第978页。
[3] 欧阳修:《答祖择之书》,同上,第1009页。
[4] 李汉:《昌黎先生集序》,载《东雅堂昌黎集注》,据《文渊阁四库全书》。

韩愈之后，从其弟子李翱对"文以明道"的强调，直到欧阳修的"文与道俱"主张，其中意思虽有变化，但把文章当作道德教化的工具，"必先道德而后文艺"的思想倾向是一直沿袭的。平心而论，无论是韩愈，还是欧阳修，以"道"为先，充"道"为文，对于清除柔弱靡丽、华而不实的形式主义的病态纠缠，倡导文学沿着"言之有物"的健康充实之路发展，的确是功不可没的。

正是在这个意义上，苏轼对欧阳修大加赞赏：

> 愈之后二百余年而一得欧阳子，其学推韩愈、孟子以达于孔氏，著礼乐仁义之实，以合于大道。其言简而明，信而通，引物连类，折之于至理，以服人心，故天下翕然师尊之。自欧阳子之存，世之不说者，哗而攻之，能折困其身，而不能屈其言。士无贤不肖不谋而同曰：欧阳子，今之韩愈也。
>
> 宋兴七十余年，民不知兵，富而教之，至天圣、景祐极矣，而斯文终有愧于古。士亦因陋守旧，论卑气弱。自欧阳子出，天下争自濯磨，以通经学古为高，以救时行道为贤，以犯颜纳说为忠。长育成就，至嘉祐末，号称多士。欧阳子之功为多。呜呼，此岂人力哉？非天其孰能使之！（《六一居士集叙》）

然而，这种理论本身就具有矫枉过正之嫌。以"道"为先，以"道"为本，重"道"之余必轻"文"。尽管作为文学家而言，韩愈、欧阳修都能因实际创作经验，对"文"给予一定程度的关注，也曾有"文道同一"的目标，但"文"的附庸地位似乎并无彻底改观。更兼之，他们对于"道"的理解先天不足，仅以儒家仁义道德为核心。如欧阳修就曾这样明确来解释他所谓的"道"："其道，周公、孔子、孟轲之徒常履而行之者是也。"这种以现成的儒家思想作为"文"之根本，必定会将"文"限制在为特定的伦理观念和道德规范而摇旗呐喊的樊篱之内，充当传"道"的承载工具，"文"也就失去了本身独立的地位和价值。于是，一方面，由于"非三代两汉之书不敢观，非圣人之志不敢存"[①]，文章以

---

① 韩愈：《答李翊书》，载李汉编：《东雅堂昌黎集注》卷十六。

"六经所载而取信",致使文学局限于"古道"而远离现实生活,重新熏染上追模古意、追求新奇的教条主义、形式主义的文风;另一方面,由于以现成的、僵化的道德律令为衡量尺度,严格限制文学自身特性的彰显,仅仅把文学当作一种装饰物,"文"只有服务功能而其本身无实际意义,或者认为"道即是文,文即是道"而取消文学的存在,甚至演变成为"文以害道"说,干脆将那些逸出"心性义理"外的"文"驱逐出视线之外。

对于这种种倾向,苏轼都给予了倾力而明确的驳斥。他说韩愈之于圣人之"道",仅"知好其名矣,而未能乐其实",批评韩愈"其论至于理而不精,支离荡佚,往往自叛其说而不知"(《韩愈论》)。他力批道学家"多学谈理空性,以追世好"、"论其著者,鄙滞而不通;论其微者,汗漫而不可考"的弊病,呼吁人们抵制道学家"将率天下之人流为矫虔庸之习"①的颓风。对于单纯强调服务和载道功能的、千人一律的"程式文字",苏轼也保持了相当的警惕,称之为"文字之衰,未有如今日者也"。

苏轼并没有直接批评欧阳修的言论,其中是否有出于师生之情而避讳的原因,我们不得而知。实际上,欧阳修所谓"道"的观念,较之韩愈,已有所松动,有更新的诠释。欧阳修在《与张秀才第二书》中曾明确表述道:所谓的"圣人之道",即是"古道",也就是周公、孔子、孟轲时代的"百事"。具体地说,就是"亲九族、平百姓,忧水患"(《尚书》),或"教人树桑麻,畜鸡豚"(《孟子》)等古代现实生活中的礼乐刑政、治理百姓之事。这样看来,把"圣人之道"落实于"古圣人"之"百事",从而提出文章要"中于时病而不为空言"的主张和"诗穷而后工"的观念,已经反映了欧阳修赋予"道"、"文"以务实内容和现实主题的倾向。同时,他能从文学的创作实践和诗文鉴赏中体味到文学所特有的艺术感染力,对"文"情有独钟,并以"能文"为骄傲,并不视"文"为害"道"之物,在一定程度上维护了文学的相对独立性。

较之他的业师欧阳修,苏轼不仅彻底打破了儒家之"道"作为

---

① [宋]沈作喆:《寓简》卷五,据《文渊阁四库全书》。

"道"本身的现成化桎梏,而且更加明确地张扬"诗"、"文"给人的生存带来的艺术享受,充分肯定"诗文"在"体道"、"致道"、"归合于大道"以及"与造物者游"方面不可或缺的独特魅力和价值。

苏轼立足生存之域,对儒家之"道"的超越已如前述。他对于文学之情感性、审美性的青睐亦几欲到了无以复加的地步。据何薳《春渚纪闻》记载,苏轼一生以作文为乐,他曾经说:"某平生无快意事,唯作文章,意之所到,则笔力曲折,无不尽意,自谓世间乐事,无逾此者。"①即便因文字获罪,几致丧命,也仍然不改初衷。"乌台诗案"结束后出狱的第二天,他就信笔写下:

> 百日归期恰及春,残生乐事最关身。出门便旋风吹面,走马联翩鹊啅人。却对酒杯浑是梦,试拈诗笔已如神。此灾何必深追咎,窃禄从来岂有因。平生文字为吾累,此去声名不厌低。(《十二月二十八日蒙恩责授检校水部员外郎黄州团练副使复用前韵二首》)

明知"平生文字为吾累",却又"试拈诗笔已如神",可见对文学的喜爱完全不是一种生命的装饰或人生的点缀,而早已经深入骨髓、融为生命,成为他富有特色的诗意生存方式本身了。他在《密州通判题名记》中说:

> 余性不谨言语,与人无亲疏,辄输写肺腑。有所不尽如茹物不下,必吐出而已。

苏轼每每因读他人诗文而情不自禁,甚至以诗治"病"的例子,更是举不胜举。如读晁君成的诗时说:"君之诗清厚静深,如其为人,而每篇辄出新意奇语,宜为人所爱。"《晁君成诗集引》)读陈师仲的诗文,"不数篇,辄拊掌太息"(《答陈师仲主簿书》);得米元章之诗,

---

① [宋]何薳撰:《文章快意》,载《春渚纪闻》卷六,张明华点校,中华书局,1983年版,第84页。

"置之怀袖,不能释手"(《与米元章二十八首》之二);获李通叔《通言》二篇及新诗碑刻,则曰"废学之人,徒知爱其文之工妙,而不能究极其意之所未至,钦味反复,不能释手,幸甚! 幸甚!"(《与李通叔四首》之一)贬逐岭南海外,他读到他儿子苏过的文章,则不无欣慰地说:"在海外孤寂无聊,过时出一篇见娱,则为数日喜,寝食有味。以此知文章如金玉珠贝,未易鄙弃也。"(《答刘沔都曹书》)

把写诗著文作为自己平生最快意之事,当作"九死而犹未悔"的追求,当作自己生活中最不可缺少的精金良玉、珍馐珠贝,甚至当成生命本身,当成是现实生活中本己、本真也最为快乐的生存状态,这才是本色的苏轼。他把文学艺术在生存状态中的地位和价值强调到了如此本己的地步,渲染到如此空前的高度。他既是一个置身于凡人琐事及斗争漩涡之中的现实生存者,又是一个悠游于超越现实的文学艺术审美境界之内的诗意生存者。应该说,苏轼是中国历史上少有的超然生存于诗意之中的诗人之一。

苏轼在《东坡易传》中解释"天下文明"时说:"以言行化物,故曰文明。"所谓的"化",清代黄生在《字诂义府合按》中解释道:"《吕氏春秋》云'纣剖孕妇,欲观其化',化字甚新,盖指腹中未成形之胚胎也。按《大戴记》云:'男十六然后精通,然后其施行。女十四然后其化成';又《淮南子》云:'众雄而无雌,又何化之能造乎?'义并同此。又人死亦谓之化,《孟子》'且此化者无使土亲肤。'《庄子》:'无怛化。'腹中之化,化无而之有;人死之化,化有而之无也。"① "化"字,古为"匕",会意,甲骨文,从二人,像二人相倒背之形,通常理解为"一正一反,以示变化",倘理解为"一阴一阳"、"一男一女"并会意为"孕娠"之义,似更为原始。依据这里的解释,可知"化"即无中化有、化有为无的变化。作为宇宙万物生生不已的通则,"化"其实说的是万物所从出及所终归的大化流行的诸环节。而所谓"明",依苏轼自己的解释,即"辨其所从生,而推之至于其所终极,是之谓明"(《中庸中》)。因此,"以言行化物,故曰文明",可以理解成为:在语言和生存行为中敞显或传达出万物所从出和所终归的生生不息、自

---

① 黄生撰、黄承吉事按:《字诂义府合按》,中华书局,1984年版,第220—221页。

生自化的过程,即是所谓的"文明"。

如果就此断定这是苏轼对"文与道俱"之"文"所做的形而上的终极思考,似乎略显武断。值得注意的是,苏轼对"文"的领会不仅仅特指"文学"(或"诗文"或再泛一些的"文章")之"文",还包含"文明"、"文化"之"文"。因此,反过来说,把"文学"之"文"置于"文化"甚至"文明"的背景中,在一个更广、更宽、更宏大的视域里,思索"文学"之"文"所从出的本源及其是其所是的本质,较之那些就"文"说"文"、就"诗"论"诗",把诗文仅仅当作技艺工具或形式符号的做法,不正显示了苏轼对"文学"之"文"更为深邃的、更为本源的思索么?这种思索与那些把"文"作为"道"的依附或附庸,借此抬高和维护"文人"的合法地位的鼓吹也不相同。在苏轼这里,"文"在敞显或澄明大化流行之境方面本身就具有生存本体论的地位。"道"无"性"则不成,"道"无"物"则不在,同样,"道"无"文"则不明。苏轼认为,与"穷理尽性"达万物之理而"与道合一"一样,"文与道俱"之"文"同样可以达"万物之妙"而进入"与道合一"的大化之境。因故,"文与道俱"不能理解成为从"道"里演绎出"文"的逻辑推理,或"文"因攀附为"道"的附庸而存在,而是说"文"在敞显或澄明"道"本身方面具有的存在论关联,即无"文"则"道"不显,语言是存在的家园。

苏轼在《祭张子野文》说:"搜研物情,刮发幽翳。微词宛转,盖诗之裔。"党圣元先生称"搜研物情、刮发幽翳"这一命题,是苏轼的创见,在诗学史上无人道过①。所谓的"物情"指的是事物显现出来的、可见的形态或因之而起的、可感的情状,而"幽翳"则指的是事物之中(或背后)隐匿的、晦暗的、不具形状、看不见的东西。这个命题的意思是说,"诗之裔",诗的本质、诗的疆界,在于用含蓄而有限的语言,透过可见可感之"物情",剥离迷惑的表面形态,直接展开或敞显出隐而不显的"幽翳"。很显然,这个"幽翳",就是万物之理,就是"道",也就是我们前边所阐发苏轼所谓通过在场超越不在场的"致道"之义。党圣元先生据此认为,苏轼的诗学观中增添了本体论的

---

① 党圣元:《苏轼诗学观平议》,载《延安大学学报》(社会科学版)1993年第2期。

成分。他说,"苏轼在此接受了一种源于古老《易经》的哲学意识,主张诗的精神应与人类的追求本体的过程相贯通,诗美应接受宇宙、自然精神的沐照,诗人应把自己安放在这样的世界之中"①,这是相当有见地的。

把诗文作品与人的某些生存行为一道推至其所从出的终极本源来考量,正是苏轼运思方式之指归。因诗文、因人的行为而显造化之秘,可以在苏轼的言论中屡屡见到,即苏轼反复提及的"与造物者游"。如他称赞黄庭坚:

> 然观其文以求其为人,必轻外物而自重者,今之君子莫能用也。其后过李公择于济南,则见足下之诗文愈多,而得其为人益详,意其超逸绝尘,独立万物之表,驭风骑气,以与造物者游。(《答黄鲁直五首》之一)

这是因读黄庭坚的诗文而想见其"独立万物之表"、"与造物者游"的艺术境界。又如他称赞韩琦:

> 方其寓形于一醉也,齐得丧,忘祸福,混贵贱,等贤愚,同乎万物,而与造物者游。(《醉白堂记》)

这是因韩琦之"醉"的行为而赞其"同乎万物,而与造物者游"的人生境界。前边我们说过,"造物者"是苏轼关于"道"之本真状态的描述和对"道"的命名,因此,因诗文、因人的行为而呈现出大化流行的奥秘,就是"致道",就是与"道"合一,就是"不求而自至"的"道"之境。

从"日与水居"、"与造物者游"的生存行为(活动),到以语言敞显出造化之秘、达到与"道"同一境界的"诗文",苏轼赋予了"诗文"以生存本体论的地位。同本真的生存方式一样,诗、文同样具有本体论的意义,而不是欧阳修等人所理解的工具论的价值。"文"与"道"

---

① 党圣元:《苏轼诗学批评之义理及其特点》,载《陕西师范大学学报》(哲社版),2003年第6期。

在本根处相互关联、系在一起,才是苏轼接受并认同"文与道俱"背后的秘密所在。

二、"有道有艺"的创建:道在艺术中栖身

朱熹对于苏轼引欧阳修"文与道俱"的说法,有一段纲领性的批判:

> 道者,文之根本;文者,道之枝叶。惟其根本乎道,所以发之于文,皆道也。三代圣贤文章,皆从此心写出,文便是道。今东坡之言曰:"吾所谓文,必与道俱。"则是文自文而道自道,待作文时,旋去讨个道来入放里面,此是他大病处。只是他每常文字华妙,包笼将去,到此不觉漏逗。说出他本根病痛所以然处,缘他都是因作文,却渐渐说上道理来;不是先理会得道理了,方作文,所以大本都差。欧公之文则稍近道,不为空言。如唐礼乐志云:"三代而上,治出于一;三代而下,治出于二。"此等议论极好,盖犹知得只是一本。如东坡之说,则是二本,非一本矣。
>
> 才要作文章,便是枝叶,害著学问,反两失也。①

这段话体现了朱熹文学理论的核心,即"文从道中流出"的文道合一的理念。在朱熹看来,道是世界的本体,万事万物都是道的表现,文当然也不例外。圣贤以道为心,圣贤之文只是"道心"的自然流露,正如从根上长出的枝叶、从源中流出的水一样,不可能离开"道"而存在。在这个意义上,"文"就是"道",是"道"的显现形态之一。

粗粗地看,朱熹所提倡的"文道合一",似乎与苏轼的"文与道俱"思想相近。其实不然,二者观点相乖。朱熹是以"文道合一"为武器,对苏轼"文与道俱"思想进行批判的。朱熹认为,"文"既然是"道"的枝叶,是"道"的外在表现形式,是不可能脱离"道"的,正如影子不能离开物体一样。而"文与道俱"则把"文"当作"道"之外的独立存在了,把"影子"当成独立于物体而自存的了,"文与道俱"实

---

① [宋]黎靖德编:《朱子语类》卷一百三十九,中华书局,1986年版,第3319页。

际上表达的是"文道割裂"、"文道二分"的主张。从逻辑论证的角度来看,朱熹"文道一体"的思想,较之苏轼"二元割裂"的观点,似乎更加严密、更为合理。其实不然,正如郭绍虞先生所言"实则此语丝毫不曾道着苏氏痒处"①。朱熹所谓的"文道合一"是以剥夺"文"的独立存在,将"文"作为依附于"圣人之道"的影子为代价的。"文从道中流出",朱熹只承认有圣贤之文,而不肯认定那些离经叛道之文也是道的表现。"道外无文",在朱熹看来,并非不存在那些非圣贤之文,只是这些文不具备合法性而已,它们属于否定和消除的对象。"道"为既有的圣贤之"道","文"为特定的圣贤之"文"。朱熹"文道合一"的观念不仅已预先设置了道学家固有的价值标准与判断,而且更与"文以害道"的观点潜流暗通、不谋而合。"文道合一"是以道学家正统的现成化之"同",取消了"道"与"文"相互发见、相互构成的合和而生之"和"。朱熹"文道一本"的背后,恰恰隐藏着"文"与"道"相互对立、誓不相容且僵化而荒谬的鸿沟。

不过,朱熹说苏轼"文与道俱"是"大本都差",确是"慧眼"。因为朱熹清楚地看到了苏轼"文与道俱"的关键并不仅仅在于"文""道"之关系,而在于对"道"本身的突破性理解。他说苏轼"语道学则迷大本",就是这个意思。他与苏轼的分歧,的确体现在对"道"之"本"理解的差异上。朱熹把自然、社会和人全部统一于仁义道德之"理",把这个有现成内容和固定形式的道德规范提升为宇宙的根本原则,亦即"道"。以"道"为本,就是以固有的圣贤之"理"为本。而在苏轼看来,这样的"理"根本不是"本",不是"道",不是"万物一理"之一"理",而只是"道"之"继"(或"效"),是"道"的"已然之迹"(《东坡易传》卷七)。苏轼说:"仁者见道而谓之仁,智者见道而谓之智,夫仁智,圣人之所谓善也。善者道之继,而指以为道则不可,今不识其人而识其子,因之见其人则可,以为其人则不可……性之于善,犹火之能熟物也。吾未尝见火,而指天下之熟物以为火,可乎?夫熟物,则火之效也。"(《东坡易传》卷七)把"道之继"或"性之效"指以为"道"或人的"本性",就如同见到儿子就当成父亲,指着熟食就以

---

① 郭绍虞:《中国文学批评史》(上),第303页。

为是火一样荒唐。朱熹以圣贤之理作为"万物一理"之"道",自然是"自其继者始",是不全和不彻底的。反过来,在朱熹看来,苏轼不以先贤之道为本,"语道学则迷大本,论事实则尚权谋,炫浮华,忘本实,贵通达,贱名检",的确有"害天理,乱人心,妨道术,败风教"①之嫌,对于伦理纲常的危害是巨大的。这就难怪朱熹要把苏轼之害看得超过王安石之"祸",并与臭名昭著的蔡京之"所为"相提并论了。

这样看来,朱熹的批判不但没能搔到苏轼"痒处",反而更加彰显了苏轼"文与道俱"思想之异彩。一方面,确如郭绍虞先生所言"东坡之所谓'道'其性质盖通于艺,较之道学家之所谓道,实更为通脱透达而微妙"②;另一方面,苏轼之所谓"文"(或"艺"),因与道俱,较之追古趋时之所谓"制文",亦更显精深华妙而圆融。

由于"道"本身隐而不显,无形而在,不能作为有形的和固定的"实体"而存在,因而,对"道"进行的对象化、现成化活动,都与指熟物以为火的行径无异。正确的知"道"、"致道"的方式,是从事物之在场到不在场的"横向超越",从而进入"与造物者游"的澄明之境。苏轼认为,"古之学道,无自虚空入者。轮扁凿轮,伛偻承蜩,苟可以发其巧智,物无陋者"(《送钱塘僧思聪归孤山叙》)。人之"学道"、"致道",并非是要证明和守护一个先验的或超验的"道"之实体的存在,而是要在人的现实生存中体悟出"道",领会到"道"的存在,并使之成为生存的价值目标,寄寓人生的终极性关怀。缺失了与人之生存的关联,或者说"道"不能在人的生存中得以栖身、显现,"道"之有无就失去了存在的意义。较之朱熹等道学家为了坚守"道"与"理"而采取"灭人欲,存天理"的主张,苏轼所谓的"有道"更加凸显出人之生存对于"道"的基础地位。生存本身成为体"道"、悟"道"乃至守"道"的中心和枢纽,人如何生存,如何成为自身,或者说人如何如其所是地生存就成为"有道"的标识。

应该承认的是,苏轼虽是一个文学家,但他并没有因此而大肆鼓吹诗文等艺术在得"道"中具有中心地位或唯一选择。相反,他更看

---

① 朱熹:《答汪尚书》,载《晦庵集》,卷三十,据《文渊阁四库全书》。
② 郭绍虞:《中国文学批评史》(上),第303页。

重一种"独存"得道的境界,即那种不借外物而自适其适、安贫乐道的人生境界。然而,这种境界虽然高明,却并不容易达到。苏轼认为,古往今来,"不假外物而有守于内者,圣贤之高致也,惟颜子得之"(《题笔阵图》)。对孔颜乐处的这种看法,苏轼、苏辙兄弟二人的观点是一致的。苏辙也曾说过,颜回能够"饮水啜菽,居于陋巷,无假于外,而不改其乐",这一点连孔子也"叹其不可及也",而其余的人则必有所寄寓,"必寄于物以自遣"①。苏轼自知无法达到颜子那种不假外物而独存的境界,所以他借张旭寄酒以书来表明自己"亦未免此事"(《书张长史草书》),承认自己不能避免暂借外物以"聊寓其心"(《题笔阵图》)的选择。其实,无论是孔颜独存而自乐的日常人生审美化的生存境界,还是苏轼选择的艺术人生化的艺术境界,其实质都是通达人生审美的至道境界,对于"学道"、"致道"而言,它们是殊途而同归的。

在苏轼看来,人生如寄亦如梦②,生命极其短暂而仓促,虚幻无常而又无所持。倘若不能如颜子那样独存得道、自得其乐,假外物寄寓身心以自遣、自适、自娱、自乐于一时,也是有限人生不错的选择。与那些悦人却移人、好之则役人的珠玉怪珍之物相比,诗文书画等艺术则成为聊度人生最佳的寄寓之所。晁补之云:"宅道之奥,妙在独存。有不得已,文乃其藩。"(晁补之《祭端明苏公文》,《济北晁先生鸡肋集》卷六十一)其言下之意为,文艺是不耐"独存"之枯槁时,可以遨游其中、借以得道的优先选择。苏轼说:

凡物之可喜,足以悦人而不足以移人者,莫若书与画。(《宝绘堂记》)

悦于人之耳目而适于用,用之而不弊,取之而不竭,贤不肖之所得,各因其才,仁智之所见,各随其分,才分不同,而求无不

---

① 苏辙:《答黄庭坚书》,载《栾城集》卷二十二。
② "吾生如寄"、"人生如梦"是苏轼反复吟唱的主旋律,据钟来因先生不完全统计,仅在苏轼诗中相关的句子就达24处之多。参见钟来因:《苏轼与道家道教》,台湾学生书局,1990年版,第359—363页。

获者,惟书乎!(《李氏山房藏书记》)

笔墨之迹,托于有形,有形则有弊。苟不至于无,而自乐于一时,聊寓其心,忘忧晚岁,则犹贤于博弈也。(《题笔阵图·王晋卿所藏》)

老拙百念灰寂,独一觞一咏,亦不能忘①。(《与朱行中十首》之二)

诗酒之乐,恨不日陪接也。(《与朱行中十首》之六)

如果一个人不能长醉不醒而忘却世间烦事,也不能睹万物为无有而耐"独存"之寂寞、枯槁,同时又不愿沉迷物欲而颠倒错缪、失其本心,更不愿见利而迁、世务夺志而忧患缠身,而是想不弃世却能超然于世,罹祸患而又不失其正,"得志,遂茂而不骄,不得志,瘁瘠而不辱。群居不倚,独立不惧"(《墨君堂记》),苏轼用他自己及其朋友的经验告诉人们,艺术是最佳的选择和最好的栖身之所。"自言此中有至乐,适意不异逍遥游。近者作堂名醉墨,如饮美酒销百忧。"(《石苍舒醉墨堂》)

对于苏轼来说,"有道"很大程度上就是寓居于诗文书画的逍遥游,兴来挥洒,骏马星驰,适生存之情态,销尘世之忧愁,在自由与快意中体验人之为人的"至乐"。艺术的自由境界通向了人生的自由境界,成为人生"有道"最重要的标识。在苏轼这里,"有道"走向了"有艺","有艺"也即构成了"有道","艺"与"道"在人的生存境域中达到了完美的和谐统一。

苏轼在《书李伯时山庄图后》中说:

居士之在山也,不留于一物,故其神与万物交,其智与百工通。虽然,有道有艺,有道而不艺,则物虽形于心,不形于手。吾尝见居士作华严相,皆以意造,而与佛合。佛菩萨言之,居士画之,若出一人,况自画其所见者乎?(《书李伯时山庄图后》)

---

① 此条和下一条是苏轼蒙文字惨案之后的表白,可见苏轼对"诗"的笃爱。

这段话是说，李伯时画的《山庄图》之所以合于天机，是因为李伯时在山中能够不受任何具体事物的羁绊，达到了与万物神游、万物了然于心的自由明澈的"道"之境界。在这里，苏轼特别提出了"有道有艺"的命题。从字面意思来理解，"物形于心"，即是"有道"；"物形于心"又"形于手"即是"有艺"。在《与谢民师推官书》中，苏轼也有类似的表达。他说："求物之妙，如系风捕影，能使是物了然于心者，盖千万人而不一遇也。而况能使了然于口与手者乎？""物了然于心"，就是"物形于心"，就是"有道"，"了然于口与手"，就是"物形于手"，就是"有艺"。

"有道"，苏轼解为"物形于心"，也就是"物了然于心"。"有道"，即是心中有"道"或"道"在心中。"道"在心中的这种状态若"不假外物而守于内者"，苏轼称之为"独存"境界。若不假外物又不能守于心者，就是苏轼描述的"道心屡起，数为世务所移夺"（《与参寥子二十一首》之十九）或者"平居自视了然而临事忽焉丧之"（《文与可画筼筜谷偃竹记》）的状况。这当然不能称之为"有道"。"独存"得道者，"有道"而不需"艺"，或者说"有道"本身即是"有艺"人生，苏轼说，这样的境界"惟颜子得之"，常人是难以企及的。而"平居自视了然而临事忽焉丧之"者，又尚算不得真正的"有道"。至于苏轼所说的"有见于中而操之不熟者"或者"心识所以然而不能然者"的情况，也不纯然是"有艺"与否的问题。苏轼在解释其中原因时说："内外不一，心手不相应，不学之过也。"只要稍稍联系一下苏轼关于内、外，心、手相应的言说，如"一人而千心，内自相攫攘，何暇能应物。千手无一心，手手得其处。稽首大悲尊，原度一切众。皆证无心法，皆具千手目"（《成都大悲阁记》）等，就可以推知此处所需学习的不限于"有艺"，更有如何得而"有道"的问题。

那么，是否就可以因此推断苏轼关于"胸有成竹"的论述，讲的是在"有艺"之先存在着这样一个单独的"有道"阶段呢？让我们先来看看苏轼对绘画过程的两处艺术构思与传达的详细描述：

故画竹必先得成竹于胸中，执笔熟视，乃见其所欲画者，急起从之，振笔直遂，以追其所见，如兔起鹘落，少纵则逝矣。《文与可画筼筜谷偃竹记》

始知微欲于大慈寺寿宁院壁，作湖滩水石四堵，营度经岁，终不肯下笔。一日，仓皇入寺，索笔墨甚急，奋袂如风，须臾而成。作输泻跳蹙之势，洶洶欲崩屋也。《画水记》

从"急起从之"、"兔起鹘落"、"少纵则逝"、"仓皇"、"须臾而成"等这些表示时间词语的描述中可以探知，无论是"有道"还是"有艺"，即便作为一个阶段也是稍纵即逝、极其短暂的。而"振笔直遂"、"追其所见"与"奋袂如风"的描绘，与其理解成为前后两个阶段的承接，不如理解为同一个过程的持续。在这个短暂而持续的过程中，心手相应、内外合一，"有道"与"有艺"融为一体。在苏轼看来，"有道"就是"有艺"，"有艺"也就是"有道"。从万物变化的神游中得到"道"，是人生自由的审美境界，从得心应手的艺术表现中达到"道"，也是审美人生的自由境界，在致道而自乐的人生至境中，它们是一体相联的。

在苏轼看来，确有一个不需假于"艺"而独存的颜子式的"有道"境界，然而对于绝大多数人来说，这个境界并不能达到。大多数人所能达到的，往往是那些临事而丧、屡为移夺、稍纵即逝的"道心"，无法持守亦无法寄寓。倘若这些短暂起灭的"道心"假于"艺"而保留下来，得以持存和呈现，人们就能够于其中寄寓其心而自适其乐。因而，"有艺"是对"有道"的持存和保留，这种持存和保留与其说是对"有道"的传达和表现，毋宁说是对"有道"的一种创建。"道"因为这种创建而有所显现、有所展开，人们在这种展开中寄寓平生；"艺"因为这种创建而成为"道"的栖身之地，成为人们聊寓其心、乐而忘忧的审美生存之域。超越工具论的思维定势，摈弃"有道有艺"二元分立的区分，植根于人的生存之域，着眼于人的生存选择，或许只有这样，我们才能更贴近苏轼的思想，才能够更深刻感受他寄寓平生的诗文书画作品、理解他寄意于诗文书画的艺术化人生。

第四节　苏轼对诗人生存的本真筹划

人生到处知何似,应似飞鸿踏雪泥。
泥上偶然留指爪,鸿飞那复计东西。
老僧已死成新塔,坏壁无由见旧题。
往日崎岖还记否?路长人困蹇驴嘶。(《和子由渑池怀旧》)

嘉祐六年(1061)年八月,苏轼与弟弟苏辙同举"贤良方正能直言极谏"科制策,苏轼以"文义灿然"入三等(最高等),授大理评事凤翔府签判。十一月,苏轼辞父离京赴任,苏辙送至郑州西门。之后,苏轼别弟继续西行,路过渑池,忆起初次入京应试的情景,感慨万千,遂写下这首著名的诗。诗云:人生一世,如同来鸿去雁般飘忽无定,偶然驻足,亦如雪地上留下指爪的点点印痕,随即就飞走了、逝去了。茫茫天地间,无处可依、无迹可寻?死者形已消,生者迹亦灭。然纵是此身如寄、飘逸无踪,生存之旅却仍充满坎坷、倾侧不平,路长人困顿,马死跛驴鸣。整首诗虚实相生、意境恣逸,人生无定之慨、人世蹇涩之叹弥漫字里行间。"雪泥鸿爪"作为人生之喻,更成为一句历久弥新的成语,令人遐思。此时,苏轼还不到二十六岁,少年得志、名动京师,仍难掩他对人生深沉的思索。这首诗所表达出的对人生的慨叹,奠定了苏轼对生存感悟的基调,贯穿了他的一生,也伴随了他的一生。正是在"雪泥鸿爪"般人生领悟的根基处,苏轼开始了他颠沛流离、经风历雨的"如寄"生涯,同时也打开了他作为诗人、文学家诗意化、艺术化的人生画卷。

无论荣辱、穷达,还是福祸、得失,苏轼在默默地咀嚼着种种人生况味之时,对人之在世始终保持着清醒的态度。这种态度使他能够超越具体的生存状态,而直视人之生存的本性。顺境与逆境、得意与失意、希望与失望、轩冕荣华与踽踽独处,在他看来,皆如鸿爪印雪痕般缥缈,似梦境般虚幻。"万事到头都是梦,休休,明日黄花蝶也愁"(《南乡子·重九涵辉楼呈徐君猷》)。寄身于尘世人生,浸渍着"涉世多艰"的苦与痛,又将一切看穿、看透。"身外傥来都似梦"(《十拍子》(白酒新开九酝)),一切悲欢离合、炎凉升沉都只是身外的。"此灭灭尽乃真吾"(《六观堂老人草书》,《诗集》),苏轼坚信,梦幻泡影除净处,人生便会有内在的"真吾"存在。在痛苦中解脱,在营营中忘却,苏轼将沉溺于其中的具体的生存状态推至虚幻之处,在烦忧世务面前抽身而出,走上了一条"任性逍遥,随缘放旷,但尽凡心"的"真吾"之路:以"无私"之心循万物之理,应万物之动,栖身于本真的生存世界,以与"造物者"同游。

寄寓人世而又超越尘外,苏轼的"真吾"之路,是一条诗意化的人生之路。作为诗人,这又是一条最本己、本真的生存之路。对于苏轼来说,诗文创作正是植根于人之生存感悟基础上本己的选择和本性的流泻,"譬之候虫时鸟,自鸣自已,何足为损益"(《答李端叔书》)。

一、有为而作:入世为人

诗人,首先是一个活着的、生存着的人。生存作为人的原初事实和本然状态,总是已经先行到此,无法选择,亦无法逃避。无论自觉不自觉、愿意不愿意,这都是人思考和解答一切问题的立足点和出发点。"从人的现实生存出发来思考问题,而不应该从脱离人的现实生存的'抽象规定性'出发"①,是一切研究与思考的基点。正如海德格尔所言,"此在总是从它的生存来领会自己本身:总是从它本身的可能性——是它自身或不是它自身——来领会自己本身。此在或者自己挑选了这些可能性,或者陷入了这些可能性,或者本来就已经在这些可能性中成长起来了。只有此在以抓紧或者耽误的方式自己决定着生存。生存问题总是只有通过生存活动本身才能弄清楚"②。

"实用"立场的确立,为苏轼文论诗学赢获了生存论的根基。立足并投身于人的现实生存之域,是诗人及其作品所从出和所终极的

---

① 夏之放:《论块垒——文学理论元问题研究》,人民出版社,2007年版,第175页。
② 海德格尔:《存在与时间》,第15页。

本然状态。从这个最为切近、也最为坚实的根基处出发，主张艺术创造必须"有为而作"，就不仅仅是苏轼自觉倡导的诗文创作原则，更是诗人本真生存的必然选择。

苏轼自小就有救时、济世的现实情怀，"早岁便怀齐物志，微官敢有济时心"（《和柳子玉过陈绝粮》）。关注现实，求为当世之用，是他读书做人、求仕写作的基本原则。生之于世，求生于世，并力求用之于世，立足于世，其实是人之为人最本己，抑或最本能的生存选择，并非儒家独有。一提入世、用时的现实情怀，就说成是儒家思想的熏染，其实是一种教条主义的标签做法。从一种"抽象规定性"出发，而不是从人之现实生存出发，正是这种贴标做法的通病。恰恰是这种从某种思想的现成规定性出发的行径，为苏洵父子所不齿，斥之为"慕远而忽近，贵华而贱实"，并担心如此下去，会出现文章虽"日工"，而"道将散矣"的结果。苏轼说：

> 昔吾先君，适京师与卿士大夫游，归以语轼曰："自今以往，文章其日工，而道将散矣！士慕远而忽近，贵华而贱实，吾已见其兆矣！"以鲁人凫绎先生之诗文十余篇示轼曰："小子识之，后数十年，天下无复为斯文者也。"先生之诗文，皆有为而作，精悍确苦，言必中当世之过，凿凿乎如五谷必可以疗饥，断断乎如药石必可以伐病。其游谈以为高，枝词以为观美者，先生无一言焉。其后二十余年，先君既没，而其言存。士之为文者，莫不超然出于形器之表，微言高论，既已鄙陋汉唐，而其反复论难，正言不讳，如先生之文者，世莫之贵矣。（《凫绎先生诗集叙》）

诗文创作要"有为而作"，"言必中当世之过"，才能达到救济时弊，即"可以疗饥"、"可以伐病"的作用。而脱离实际的空谈和浮华不实的言辞，不仅无补于世，反而是诗文自身衰败的先兆。他在《题柳子厚诗二首》中也明确指出："诗须要有为而作，用事当以故为新，以俗为雅。好奇务新，乃诗之病。"（《题柳子厚诗二首》）不为空言高论，不追雅务奇，不慕虚名，紧紧贴近现实，直面人生百态，有感而发，是诗文创作所从出的丰厚源泉。苏轼认为,只有针对现实、有为而作,才能做到"言必中当世之过",才能固守气节,成就文学。

为此,苏轼强烈批判文人儒士"多空文而少实用"的形式主义文风,深刻揭露慕名远实、回避现实、遮蔽本根的诗文写作所带来的危害。他忧心忡忡地说:"某闻人才以智术为后而以识度为先,文章以华采为末而以体用为本。国之将兴也,贵其本而贱其末;道之将废也,取其后而弃其先。用舍之间,安危攸寄。"在一个宣扬文治武功的封建社会,脱离当世之实用,架空文章的现实价值,苏轼所言的确不是危言耸听、故做鼓吹。苏轼认为,导致这种恶果的原因有二:一是科举考试所带来的弊端。"自汉以来,世之儒者,忘己以徇人,务射策决科之学,其言虽不叛于圣人,而皆泛滥辞章,不适于用",汲汲为科举考试之私利,附和圣哲先贤之语录,忘"救时行道"之己任,写文章成为谋取功名利禄的手段,"以文设科而文始衰",作品成为加官晋爵的工具,从而遮蔽了其所从出的本源。如此,诗文鲜有不衰乎?二是由于文人骚客主动放弃了对现实的执守。"游谈以为高,枝词以为观美",或逐私利,或慕虚名,甚至以"润色鸿业"为己任,慑于权势,粉饰太平,屈身以事人。甚至如苏轼所讥"马融既依梁,班固亦事窦"那样,受其影响的就不单纯是文风,而是人格了。苏轼指出,"士不以天下之重自任久矣。言语非不工也,政事文学非不敏且博也,然至于临大事,鲜不忘其故、失其守者,其器小也"。因小器失大节,因工于文而忘其本根、失其坚守,文人之操守由此可见。作文即做人,"有为而作",不单是作文赋诗的衡量标准,也与人生存的尺度紧密关联。在这里套用一句"风格即人",也许是最合适不过的了。

这里有两个问题需要澄清。

一是有人认为,"有为而作"是强调诗歌为政治、伦理、道德服务的教化功能和社会学价值,作为衡量作品的准绳,太过绝对和狭隘。如何绍基认为,"有时小题乘兴,而所见者远大,则不必有为而作"①,

---

① [清]何绍基:《与汪菊士论诗》,载《东洲草堂文钞》卷五,同治六年长沙刻本,转引自郭绍虞:《中国历代文论选》(四),1980年版,第36页。

杨夔生也认为,"诗虽有为而作,然古人多以自写其性情,或遇物兴思,即事生感,原不以讥嘲非刺为能事也"①,等等。

二是有人认为,"有为而作"更显然是针对那些史论、制策、奏议等应用文体而言,而不是针对作为抒情性、审美性的诗文艺术作品的,兼之苏轼后期常"悔其少作",因此"有为而作"、"有补于世"并不是苏轼对于诗歌创作的要求。

这两种观点,其实是同一种艺术价值标准预设后的判断,即把"乘兴"与"自写性情"型作品所蕴含的情感性、抒情性,预先设置为诗歌艺术的本己特性,而后再把"有为而作"看作是对文学的功利性运用而加以标识和警示。倘若仅仅着眼于社会效果,以"言必中当世之过"来要求诗歌作品,做这样的理解和判断,大抵是不错的。然而,这种"推其逆而观之"(《中庸中》)或者"循其迹而求其味"(《中庸下》)的做法,是苏轼一贯反对和抵制的。在苏轼看来,"言必中当世之过"是"有为而作"之"效",强调"有为而作"是强调诗文创作之"本",而把"有为而作"理解为诗文教化的功能,正是苏轼所批评的"不循其本,而逆观之于其末"的做法,是不可能识其然而又能知其所以然的。更何况,无论政治、道德,还是情感、审美,都是人生在世而现身的一种生存方式。它们源出于人之生存本性,从出于苏轼所言的"尧、舜不能加,桀、纣不能亡"之"真存",并组建成人生存的整体世界。从人的生存现实出发,就是要返本存真,就是要返回人之生存的根基处。从本根处推其所从生,"有为而作"、"有为于世"无疑是根植于生成本源对诗人及其诗所做出的本真领会和本己回归。因个人喜厌好恶而预先把生存的整体世界加以区分、对待,而后再依类加以理解、阐释、规定,其实并不是从生存现实出发的做法,恰恰是从"抽象规定性"出发的结果。以"游谈"为高,以"枝词"为尚,以文学的某些现成规定性或独立性为目标,"志于耳目之观美",争奇斗妍,正是从文做诗之"病"。当年为苏轼所深恶痛绝的思维定势,并未绝迹,至今对于从事文学创作和文学研究的人仍有警醒作用。

从人之为人的本性出发,自觉沉入生存根基处,苏轼能够正视现

---

① [清]杨夔生:《鲍园掌录》卷上,啸园丛书本。

实,直面人生,重视生存环境的实际触发和生活阅历的深刻影响。游历、逃难、流放、耕田,无不有益于文学境界的提升和文学成就的提高,他的诗文作品因而洋溢着浓郁的生活气息和深沉的生存意蕴。如,"游遍钱塘湖上山,归来文学带芳鲜"(《送郑户曹》),"诗人例穷苦,天意遣奔逃"(《次韵张安道读杜诗》),"谪仙窜夜郎,子美耕东屯,造物岂不惜,要令工语言"(《次韵和王巩》)等等。鲁迅先生曾经指出,"中国的文人,对于人生——至少是对于社会现象,向来就多没有正视的勇气"①,这一点在苏轼身上是看不到的。相反,未有目见耳闻、身临其境之亲身经历与切己感悟,苏轼是绝不臆断而贸然下笔。"轼未到桥所,难以想象落笔"②说的就是此意。尽管苏轼在写作中也有炫示才学、嬉笑怒骂、议论过多的倾向,但由于他多从最本己的生存领会出发,作品以其深厚的生存领悟为底蕴,所以,他的诗文作品与那些单纯向故纸堆中讨取"点铁成金"的生活"质料"、创作"灵感"的作品并不相同。

入世为人,就是寄寓于世中,尽性存真,复归真吾。对于苏轼来说,只有入世为人,诗文才能"有为而作","有得乎吾心,则其辞不索而获"③,诗歌才能成为真正有价值的诗歌;而诗文只有"有为而作",才能不"以言徇物,以色假人"(《乐全先生文集序》),诗人才能成为真正意义上的诗人。虽"性刚才拙,与物多忤"(《和陶诗序》),然"褰裳疾走",犹能"常合大道"。否则,"无目而随人,则车轮曳踵,常扑坑阱"(《送钱塘僧思聪归孤山序》)。

二、无意乃佳:出世为诗

按照海德格尔的理解,"生存"作为人("此在")的本质,其特征有二,一在于它总是"去存在",二在于生存"总是我的存在"④。人虽已然生存于世、寄身于世,但这并不意味着生存着的人都能如其所

---

① 鲁迅:《坟·论睁了眼看》,载《鲁迅全集》(一),人民文学出版社,2005年版,第251页。
② [宋]洪迈:《何公桥诗》,载《容斋随笔·三笔》卷十一,据《文渊阁四库全书》。
③ 苏洵:《太玄论》,载《嘉祐集》卷八,据《文渊阁四库全书》。
④ 海德格尔:《存在与时间》,第49,50页。

是地成为自己。常人总在去成为("是")自己的过程中先行迷失了自己,在实际的生存中我已不再是我。

"成为自己",即是本真、本己地存在,按照苏轼的说法,即是"存性"。苏轼曰:"性者,其所以为人者也。"(《东坡易传》卷七)又曰:"性所以成,道而存存也。尧、舜不能加,桀、纣不能亡,此真存也。存是,则道义所从出也。"(《东坡易传》卷七)可知,所谓的"性"就是人之"真存",就是苏轼在《广成子解》中所提到的"真我"(《广成子解》)。"存性"就是"独存""真我",就是在寄寓于世的实际生存中真正成为自己。成为真我,才能与天地同一,与道并行。上文所说的"入世为人",就是这个意思。但人在实际的生存中,却常常"丧其所存"(《江子静字序》),我非真我,因而无法与"道"合一。

究其原因,苏轼认为,首先在于人总是为物所蔽。他说:

> 天地与人,一理也。而人常不能与天地相似者,物有以蔽之也;变化乱之,祸福劫之,所不可知者惑之。变化莫大于幽明,祸福莫烈于死生,所不可知者,莫深于鬼神。知此三者,则其他莫能蔽之矣。夫苟无蔽,则人固与天地似也。(《东坡易传》卷七)

人本来和天地一样,源出"道"化,为"道"化生,同于一理。一旦赋形于天地之间,人却常常不能与天地齐同。这是由于人之本性被"物"所蒙蔽的缘故。苏轼认为,物之蒙蔽表现形态有三:一是幽明变化之乱,二是死生祸福之劫,三是鬼神不测(知)之惑。此三者,是人所不能幸免的,既无法掌控,亦不能逃离。人在实际生存中与之遭遇,结果为其所惑乱、袭劫,从而随波逐流,渐愈远离人之本性。

其次,原因还在于"我"总是为人所挟。人生于世,其实就是生活于社会群体之中,即总是已然与他人共在,人常常自觉不自觉地以他人的观点、标准、体验等来替代本己的生存领会。苏轼说,"挟人以往固非也"(《广成子解》),以人之所是为是,以人之所非为非,抑或"捐世俗之所争,而拾其所弃者"(《书六一居士传后》),都不是"真我"的表现。因为"可见、可言、可取、可去者,皆人也,非我也"(《广成子解》)。挟人以自制,则我失"我"。

若要复归真存,成己之本性,"与天地相似",苏轼认为必须"无蔽"于物、亦无挟于人而独存真我。要做到"无蔽"于物,既不能采用据为己有的占有方式,也不能通过弃之不用的规避策略。"挟五物①而后安者,惑也。释五物而后安者,又惑也"(《书六一居士传后》),这正是苏轼的高明之处②。苏轼借评论"六一居士"欧阳修之得道,进一步说:

> 且物未始能累人也,轩裳圭组,且不能为累,而况此五物乎?物之所以能累人者,以吾有之也。吾与物俱不得已而受形于天地之间,其孰能有之?而或者以为己有,得之则喜,丧之则悲。今居士自谓六一,是其身均与五物为一也。不知其有物耶,物有之也?居士与物均为不能有,其孰能置得丧其间?故曰:居士可谓有道者也。虽然,自一观五,居士犹可见也。与五为六,居士不可见也。居士殆将隐矣。(《书六一居士传后》)

物本身是不能主动"累人"的,"美恶在我,何与于物"(《答毕仲举二首》)。人之所以常为物所累,并非缘于物本身,而是由于人"有心"。"天下之物,不能感人之心,而人心自感于物也。天下之事,不能移人之情,而人情自移于事也。"(《渔樵闲话录·上篇》)正是因为人"自觉"有随意拥有、处置、掌控物的权利,所以无论是占有之"挟",还是放弃之"释",在苏轼看来,都只是"先我而后物"的"有心"而"自移"之表现。物和人一样,皆受形于天地之间,因"道"而生,化"道"而去,不可永有,当然亦不可拥有。"不得已"三字更加彰显出这一事实的不可逆转与不可选择的特性。一旦人有"有"物之心,则得丧之间有所喜悲,结果必因物而丧己之本性,不能得"道"。只有

---

① 欧阳修自号"六一居士",其自释云:"吾家藏书一万卷,集录三代以来金石遗文一千卷,有琴一张,有棋一局,而常置酒一壶。"又云:"以吾一翁,老于此五物之间,是岂不为六一乎?"见欧阳修《六一居士传》,载《欧阳文忠集》卷四十四,据《文渊阁四库全书》。
② 毋庸置疑,苏轼的这种思想是深受庄子影响的。

"无心"于物,亦"无心"于我,则不见"有"物,亦不见"有"我,才能不为物所累,不为物所蔽,"有心"之我隐,而"无心"之我存。

对于无挟于人而自存,苏轼在解读《庄子》时说得更加干脆:

> 夫挟人以往固非也,人、我皆丧亦非也。故学道能尽死其人,独存其我者,寡矣!可见、可言、可取、可去者,皆人也,非我也;不可见、不可言、不可取、不可去者,是真我也。近是则智,远是则愚,得是则道矣!故人其尽死而我独存者,此之谓也。《广成子解》

若要成就"真我",则必尽祛他人现成的生存模式,不执其所见、不随其所言、不就其所取、不弃所去,方能发见己之本性。然而,人已然为他人所渍染,我常为"人"之我,故"丧我"才能得"我",只有丧他人之"我",才能得"真我"之"我"。

在苏轼看来,入世为人,成就自我,并不是简单容易的事。只有无蔽于物、无挟于人,即无心于物,亦不执信他人,才可以做得到。而尘世之人则往往有心于物,亦随人以行,如以拥有物之珍稀为富,以缺财少物为穷,以高出众人之位为尊,以声名显赫为达,以趋时追新为尚,以党同伐异为私等等,结果物物而又物于物,役人而又役于人,自我本性为物所蔽、为人所挟而尽丧。苏轼在引用俚俗语"处贫贱易,耐富贵难;安劳苦易,安闲散难;忍痛易,忍痒难"之后说:"人能安闲散,耐富贵,忍痒,真有道之士也。"(《俚语说》)正是苏轼看到了"闲散"、"富贵"等世俗生活更能移人情性而使人不易安然处之所发的感慨。较之于这般步入尘世,"无心于物"、"亦不执信他人"的做法,更容易被看作是一种无心于世、亦无为于世的生存筹划,即超越尘世对物的现有态度和对人的现成规范,摆脱物之桎梏与他人之束缚,独存自我之本性。这样的入世,其实无异于出世。以如此出世之法行世间事,正是苏轼借以尽性存真、复归真我、成为自己,而与天地同一、与造物者游的入世之法。南华长老明公曾经对苏轼说:"宰官行世间法,沙门行出世间法,世间即出世间,等无有二。"(《南华长老题名记》)对"世间即出世间"的说法,苏轼非常赞赏与认同,也就不足为怪了。

"无心"（类似的还有"无私"、"无思"、"无待"等说法），作为尽性存真的生存领会，在苏轼的诗文中多次提及，几乎可以算是苏轼待人接物行事的处世法则。表现在诗文书画创作上，即是他所反复强调的"无意为文"、"无意乃佳"的主张。他说：

> 自少闻家君之论文，以为古之圣人有所不能自已而作者，故轼与弟辙为文至多，而未尝敢有作文之意……盖家君之作与弟辙之文皆在，凡一百篇，谓之《南行集》。将以识一时之事，为他日之所寻绎，且以为得于谈笑之间，而非勉强所为之文也。（《南行前集叙》）
>
> ……余尝爱梁武帝评书，善取物象，而此公尤能自誉，观者不以为过，信乎其书之工也。然其为人傥荡，本不求工，所以能工此，如没人之操舟，无意于济否，是以覆却万变，而举止自若，其近于有道者耶？（《跋王巩所收藏真书》）
>
> 书初无意于佳，乃佳尔。《评草书》

"无意为文"，就是"非勉强所为之文也"，就是"未尝敢有作文之意"。张惠民、张进将其释为"强调不为文而造情，取其自然，缘情而发"①，其意不谬；冷成金将其理解为"更多倾向于本真心灵的自由的抒发"②，也颇为妥帖。"无意于佳，乃佳"，正是由于"没有既定之功利目的，没有外在的规范约束，纯为心灵之自由表现"③的缘故。更深一步讲，"无意为文"，其实是对人之生存状态的一种本然的道说方式。通过这种"无意"话语的道说，绽现出"无心于世"的本己生存状态的自然流露。

苏轼举例说，"昔者夫子之文章，非有意于为文，是以未尝立论

---

① 张惠民、张进：《士气文心：苏轼文化人格与文艺思想》，人民文学出版社，2005年版，第365页。
② 冷成金：《苏轼的哲学观与文学观》，第436页。
③ 张惠民、张进：《士气文心：苏轼文化人格与文艺思想》，第367页。

也。所可得而言者,唯其归于至当,斯以为圣人而已矣"(《子思论》)。大意为,《论语》是孔夫子无意之间的言行的记录,是孔子本真生存状态的展开和呈现,无意为之,故为圣贤经典。反之,后世"有意为文"的结果却是:

> 夫子既没,诸子之欲为书以传于后世者,其意皆存乎为文,汲汲乎惟恐其汩没而莫吾知也,是故皆喜立论。论立而争起。自孟子之后,至于荀卿、扬雄,皆务为相攻之说,其余不足数者纷纭于天下……为论不求其精,而务以为异于人,则纷纷之说,未可以知其所止。(《子思论》)

一旦有意于作文,求闻名于天下、后世,则必落入功利的窠臼。论说纷纷、文辞聒噪而真意粗浅,言之空洞。更有

> ……昔之儒者,求为圣人之道而无所得,于是务为不可知之文,庶几乎后世之以我为深知之也。后之儒者,见其难知,而不知其空虚无有,以为将有所深造乎道者,而自耻其不能,则从而和之曰然。相欺以为高,相习以为深,而圣人之道,日以远矣。(《中庸上》)

没有本己的领会而勉强为文,则文辞空虚乏道,更见其贻害无穷。恰如后世之人所言,有意为文,则不免"避世讥弹之念重,而精光不出矣"[1],或"就其所好,避其所恶,而不敢毅然孤行其意于天地,又或故为诡特骇异之说以愓天下后世之人",虽然也能够侥幸流传,但"犹夫骈枝赘疣之附于身已矣"[2]。

因此,所谓的"无意为文",就是创作不计穷达,不务虚名,不

---

[1] 袁中道:《石头上人诗序》,《珂雪斋集》(上)卷十,钱伯城校注,上海古籍出版社,1989年版,第463页。
[2] 魏禧:《研邻偶存序》,载《魏叔子文集》外篇卷八,胡守仁等校点,中华书局,2003年版,第422页。

趋时俗,不为世俗营营的思虑所缚,宁愿一吐为快,即便触怒于人,甚至犯大难亦不顾;就是在创作中要避免搜索枯肠、向壁虚造、为文而文,避免仅为诗名而"袭诗之格而剿其华词"①,就是要"除去人工斧凿、刻意求工的痕迹,超越艺术手段和表达材料的束缚"②,直达诗文之天工清新的本性;更重要的,为文赋诗要不以意害物、不以人役己,不落俗套而尽本己之性,不拘物形而穷万物之理,则人成其人,物成其物,物理人事皆如其所是地在语言的道说中展开其最本真、本己的状态。这大概就是"不求工而能工"、"无意而意合"(《宋苏文忠公全集叙》)、"不学作诗"而"自成文理"(《书辩才次韵参寥诗》)的道理吧。李日华说:"子瞻雄才大略,终日读书,终日谭道、论天下事……止因胸次高朗,涵浸古人道趣多,山川灵秀、万物之妙乘其傲兀恣肆时咸来凑其丹府,有触即尔迸出,如石中爆火,岂有意取奇哉!"③此语可谓深谙苏轼"无意乃佳"之义。

三、不能不为:自然为文

"有为而作"与"无意乃佳"表面看来似乎构成了一组矛盾。前者强调有所作为,后者倾向于无所用心,即便不算是相互对立,至少也是一种具有张力的辩证关系。许多研究者都是这么认为的。张惠民、张进的苏学新著《士气文心:苏轼文化人格与文艺思想》中的说法就颇具代表性。书中认为,"苏轼既强调'有为而作',又强调'无意为文',正显示了他对文艺的功利性与非功利性的辩证关系的认识……苏轼能将此二者并论,在各自的层面上加以强调,避免了或一味强调功利,使文艺成为社会政治的附庸,或一味强调非功利,使文艺成为纯个人的遣兴之具,从而使文艺能够真正成为对社会是有为而作,于主体是有感而发。文理自然清新

---

① 徐渭:《肖甫诗序》,载《徐文长集》卷二十,明万历本,转引自郭绍虞:《中国历代文论选》(三),上海古籍出版社,1980年版,第94页。
② 杨存昌:《道家思想与苏轼美学》,济南出版社,2003年版,第70页。
③ 李日华:《竹懒墨君题语·与孔孙论画散语》,引自黄宾虹、邓实编《美术丛书》二集二辑,上海神州国光社,1936年版,第274页。

超妙而又不为空言,可以世用,内充实而外辉光,真正显示其价值与作用"①。

从认识论的角度来看,把"有为而作"理解为社会的功利性,把"无意为文"理解为主体的非功利性,从而在功利与非功利、社会与个体之间获取认知上的平衡、达成双方关系的谐调,这样的论述大抵是不错的。因为按照认识论的逻辑规律,矛盾双方是不可能同时得到肯定的。如果双方都是正确的,则必处于不同的语境,针对不同的场合、层面而言。但认识作为人生存于世的一种次生方式,是对一个纯粹现成事物的静观默识,即它"总已选定了某种特定的方向去观望某种东西,总已瞄准了某种现成的东西"。换句话说,认识已经预先把事物设定为现成的东西而后再来规定它的属性。按照海德格尔的说法,在如此这般的认识中,已经发生了"对所有操作和利用的放弃"②,即"滞留"现象,认识的这种"滞留"现象,一定程度上遮蔽了事物本身所从出的"真相"。

"有为而作"与"无意为文"所包含的"个体"、"社会"与作品这三个因子之间的关系在根基处并非彼此相对的现成关系,它们奠基于人的生存活动,统一于人的生存论建构。"有为而作"不能看作是对一种现成的既定目标或结果的有意识追求与契合,更不能简单地理解为对统治集团某种政治目的、价值取向或伦理规范进行的鼓吹、宣传与说教。"有为"之"为",作为"人"与"世"之间的关联,不是抽象的、固定的模式对应,而是一种历史的、具体的生存论建构。把"有为"之"为"理解为对现成社会目的和既有价值标准的追随,恰恰遮蔽了其所勾连的"人"与"世"的真实性,同时也遮蔽了其本身所从出和所终极追求的生存论意义。"有为于世"是"世"中"人"具体的、整体性的生存活动,因而,"有为而作"作为对这个生存活动的生存领悟与筹划,不能一概而论,做褊狭的现成化理解。

例如,以某种现成的标准或正统的思想来看,李白的诗歌不能算

---

① 张惠民、张进:《士气文心:苏轼文化人格与文艺思想》,第368—369页。
② 海德格尔:《存在与时间》,第72页。

作是"有补于世"的"有为"之作。白居易就曾说他"才矣奇矣,人不逮矣,索其风雅比兴,十无一焉"①,王安石也说过"太白人品污下,诗中十句九句说妇人与酒"②。但苏轼并不这么认为,他说:

> 李太白,狂士也。又尝失节于永王璘。此岂济世之人哉!而毕文简公以王佐期之,不亦过乎? 曰:"士固有大节而无实,虚名不适于用者,然不可以此料天下士。士以气为主。方高力士用事,公卿大夫争事之,而太白使脱靴殿上,固已气盖天下矣。使之得志,必不肯附权幸以取容,其肯从君于昏乎? 夏侯湛赞东方生云:'开济明豁,包含宏大;陵轹卿相,嘲哂豪杰;笼罩靡前,踧藉贵势;出不休显,贱不忧戚;戏万乘若僚友,视俦列如草芥。雄节过伦,高气盖世,可谓拔乎其萃,游方之外者也。'吾于太白亦云。"(《李太白碑阴记》)

又云:

> 谪仙非谪乃其游,麾斥八极隘九州。
> 化为两鸟鸣相酬,一鸣一止三千秋。(《书丹元子所示李太白真》)

以那些趋炎附势以取悦于权贵、浑浑噩噩侍奉于昏君的公卿大夫为反面典型,苏轼以极大的热情赞扬了李白的"雄节"与"高气",并对其作品所洋溢的追求自由与反抗权贵的高蹈超拔倾向予以极大的肯定。较之于为追"虚名"、求"适用"为目标的作品,孰为"有为而作",苏轼的态度不是显而易见么?

再如,苏轼曾说杜甫诗歌的特点是"一饭未尝忘君",有人据此以为苏轼是在鼓吹一种封建统治阶级的忠君思想,与他"言必中当世之过"的"有为而作"的主张相矛盾,其实不然。他说:

---

① 白居易:《与元九书》,载《白氏长庆集》卷四十五,据《文渊阁四库全书》。
② 转引自何薳:《太白胸次》,载《春渚纪闻》卷六,第90页。

> 太史公论《诗》,以为"国风好色而不淫,小雅怨悱而不乱"。以余观之,是特识变风变雅尔,乌睹诗之正乎! 昔先王之泽衰,然后变风发乎情;虽衰而未竭,是以犹止于礼义,以为贤于无所止者而已。若夫发乎性,止于忠者,其诗其可同日而语哉? 古今诗人众矣,而杜子美为首,岂非以其流落饥寒,终身不用,而一饭未尝忘君也欤?(《王定国诗集叙》)

杜甫身处安史之乱,颠沛流离而不得温饱之际,未尝忘君以望国泰民安,正是他身为古今诗人之首的原因。倘若杜甫处此乱世仍怀怨悱之心,做幽忧愤叹之诗,以讽君刺王、伐病疗饥,那么,他的诗还能因"有补于世"而光耀千秋么? 忠君,在这里不是一个现成的封建思想守则,而是遭逢叛贼逆臣之乱世的必然生存抉择。这样的抉择与坚守,正是突破了"风雅"以怨刺为主的既定标准,才成为真正"有为而作"、"有益于世"的"诗之正",这种"有为"之作,与那些不顾国之安危、君之明昏而一味愚忠的作品,绝不可同日而语。

李白的不"肯从君于昏",与杜甫的"一饭未尝忘君",在苏轼看来,都是"有为而作"。判断是否"有为"不能依从于现成化的标准,而应该扎根于诗人的实际生存活动。而诗歌能否"有为而作",在于诗人能否摆脱现成化的功利追求,突破一成不变的模式,"尽性穷理",从最本己、最本真的生存出发。这种对现成理念与固有模式的摆脱与突破,就是苏轼所谓的"无意为文"之"无意"。"足不忘屦,则屦之为累也甚于桎梏;要不忘带,则带之为虐也甚于缧绁。人之所以终日蹑屦束带而不知厌者,以其忘之也。"(《东坡易传》卷四)只有"无意",才能敞显生存的本己状态,才能展开诗人及其世界的本真状态,才能算是真正的"有为而作"。在苏轼看来,陶渊明"欲仕则仕,不以求之为嫌;欲隐则隐,不以去之为高。饥则叩门而乞食,饱则鸡黍以延客"的作品是有为之作,而自己"余性不谨语言,与人无亲疏,辄输写腑脏。有所不尽如茹物不下,必吐出而已"的诗文也是有为之作。"上不求合于人主"、"下不求合于士大夫","独立不俱",面对"当世之过","直道而行","复作诗文,寓物托讽",不能沉默,亦不敢沉默,纵屡获窜逐之罪,"然受性于天,也不能尽改"(《辩贾易弹奏得罪札子》),才是真正的"有为"。因此,"有为而作"与"无意为文"在诗人的本真生存状态中是一体的,它们是诗人基于本己的生存活动而做出的最本真的选择和筹划。

一旦诗人放弃了对现成化的执守,"胸中廓然"、无所用意、不留一物,既排斥了现成事物的干扰,又超越了世俗功利的追求,则世间"万境""群动"了然于心,"天壤之内,山川草木虫鱼之类,皆是供吾家乐事也"(《与子明兄一首》)。"阅世走人间,观身卧云岭"(《送参寥师》),"有为而作"与"无意乃佳"在这里得到了和谐而完美的统一。没有了既定功利目的牵制与外在规范条框的束缚,诗人的生存状态得到了最自由的展开,诗人的生存世界得到了最真实的敞显。"有为而作"成为一种"应万物之变"、"与造物者游"的"不能不为之"的"自然之文"。苏轼说道:

> 夫昔之为文者,非能为之为工,乃不能不为之为工也。山川之有云雾,草木之有华实,充满勃郁,而见于外,夫虽欲无有,其可得耶!自少闻家君之论文,以为古之圣人有所不能自已而作者,故轼与弟辙为文至多,而未尝敢有作文之意。己亥之岁,侍行适楚,舟中无事,博弈饮酒,非所以为闺门之欢,而山川之秀美,风俗之朴陋,贤人君子之遗迹,与凡耳目之所接者,杂然有触于中,而发于咏叹。盖家君之作与弟辙之文皆在,凡一百篇,谓之《南行集》。将以识一时之事,为他日之所寻绎,且以为得于谈笑之间,而非勉强所为之文也。(《南行前集叙》)

人之为文,不能不为之文,不计工与不工,无所用心,无所用意,谈笑之间,得天地之造化,自然而成,天然而工,本然而妙,这就是苏轼"不能不为"而"自然为文"的思想。

苏轼的这种思想,出自于父亲苏洵。苏洵曾用风水相遭而成文作比,来喻"自然成文"的道理:

> 风行水上涣,此亦天下之至文也。然而此二物者,岂有求乎

文哉。无意乎相乎,不期而相遭,而文生焉。是其为文也,非水之文也,非风之文也;二物者,非能为文,而不能不为文也。物之相使,而文出于其间也。此天下之至文也。①

宋初田锡亦曾以风、水、云喻文,苏轼曾为其作过《田表圣奏议序》,亦有可能受到他的影响:

> 援毫之际,属思之时,以情合于性,以性合于道。……随其运用而得性,任其方圆而寓理,亦犹微风动水,了无定文;太虚浮云,莫有常态,则文章之有生气也,不亦宜哉!②

上面两段引文,可以很好地帮助我们理解苏轼"不能不为"的真正涵义。以"行云流水"论文,自此成为苏轼对别人和自己诗文作品的最高评价,如:

> 所示书教及诗赋杂文,观之熟矣。大略如行云流水,初无定质,但常行于所当行,常止于所不可不止,文理自然,姿态横生。(《与谢民师推官书》)
> 吾文如万斛泉源,不择地皆可出,在平地滔滔汩汩,虽一日千里无难。及其与山石曲折,随物赋形,而不可知也。所可知者,常行于所当行,常止于不可不止,如是而已矣。其他虽吾亦不能知也。(《自评文》)
> 辩才作此诗时,年八十一矣。平生不学作诗,如风吹水,自成文理。(《书辩才次韵参寥诗》)

苏轼本人又以"候虫自鸣"来喻指"自然成文"的作文主张,则更为生动形象,更加耐人寻味。

---

① 苏洵:《仲兄字文甫说》,载《嘉祐集》卷十四,据《文渊阁四库全书》。
② 田锡:《贻宋小著书》,载《咸平集》卷二,据《文渊阁四库全书》。

> 譬之候虫时鸟,自鸣自已,何足为损益(《答李端叔书》)。
> 见劝作诗,本亦无固必,自懒作尔。如此候虫时鸣,自鸣而已,何所损益,不必作,不必不作也。(《与程正辅七十一首》之五十四)

人之在世,如虫鸟之在时,人之赋诗为文,如同候虫时鸟之自鸣,是自身生命及生存活动的本己显现。该叫则叫,该鸣则鸣,"好诗冲口谁能择,俗子疑人未遣闻"。不能以"损益"这样的功利标准为考量,不必有意去作,也不必有意不作。"拇之动,腓之行,股之随,心之憧憧往来,皆有为之病也。惩其病而举不为者,是无为之病也。"(《东坡易传》卷四)只有适时以自鸣,"行于所当行","止于所不可不止",出于本己之天性而参万物之育化,才能达到"天工与清新"的艺术最高境界。"信手拈得俱天成",正是诗人本真生存的自然写照。

最后,让我们借用清代学者钱谦益、沈德潜的论述来比较"不能不为"与"能为之"二者之间的差异,以彰显苏轼顺应本真生存之召唤而拈出的"不能不为"思想之光辉。钱谦益说,不能不为者,"其胸中无所不有,天地之高下,古今之往来,政治之污隆,道术之醇驳,苞罗旁魄,如数一二,及其境会相感、情伪相逼,郁陶骀荡,无意于文而文生焉";而能为者"为剽典故,为涂抹,为捃拾补缀,譬诸穷子乞儿沾人之残膏冷炙,自以以厌饫,而终身不知大庖为何味也"[①]。沈德潜则认为,自然之文,"随触而发,如决水之放溜,如大块之噫气,如万卉之遇春而坼,鹏翼之久息而飞",而能为者则"富于取材,苦于造句,局于篇翰,究成抚仿涂泽而已"[②]。

"人生到处知何似,应似飞鸿踏雪泥",人生短暂,飘忽无踪,本无所依。然而,由于苏轼能够扎根于最本己的生存世界,尽去妄执,不留一物,尽本己之性,适自我之意,了群息之动,纳万物之境,而"观晓隙之尘飞"(《雪堂记》),从而寄寓于世,并超越于世,走向了

---

① 钱谦益:《瑞芝山房初集序》,载《牧斋初学集》卷三三,四部丛刊本。
② 沈德潜:《吾友于斋诗序》,《归愚文续》卷八,乾隆教忠堂刻本。

本真的和诗意化的生存之境。由此,"鸿爪雪泥"般的一生,不再令人颓唐和悲伤,在行云流水而又高风绝尘的诗篇里,绽放着诗人永驻而美丽的身影,咏唱着诗人超逸而优美的生存旋律;如梦如幻的人生,不再如飘鸿落雁一去无踪,而成为快乐、美好、充满诗意的生存寓所,如皓天中的一轮明月,永远陪伴着人们前行的足迹。这正是:

春来何处不归鸿,非复羸牛踏旧踪。
但愿老师真似月,谁家瓮里不相逢。(《次韵法芝举旧诗一首》)

第二章 意：文学艺术的本源

"意"作为审美范畴在宋代艺术观念中获得了长足的发展。尚"意"、写"意"，作为宋代诗文书画诸艺术最主要的审美特征，已成为学界共识。单就诗歌而言，"以意为主"、"以意胜"，几乎成为区别唐、宋诗歌观念最基本的定论。徐复观先生说："唐诗主情，宋诗主意。"[1]缪钺说："唐诗以韵胜，宋诗以意胜。"[2]程千帆云："唐人以情替汉魏之骨，宋人以意夺唐人之情，势也。"[3]胡晓明在《中国诗学之精神》中写道："由浪漫世界而人文世界，就诗观之发展而论，即思想与直觉变为较情感与想象更重要，因而标志着由缘情的诗观，发展而为尚意的诗观。"[4]李春青亦云："宋代诗学本体论观念由'吟咏情性'向'以意为主'转变的文化逻辑，从而揭示出宋代诗学的本体论特征。"[5]由此观之，"尚意"观念，作为宋代诗学至为重要的创获之一，已毋庸置疑。

苏轼论文说诗，不重"道"而重"意"，亦常为学者所关注。苏轼不重"道"，如上章所述，并非本意，重"意"、尚"意"，却是实情。如，北宋范温《潜溪诗眼》说："东坡作文，工于命意，必超然独立于众人之上。"南宋严羽《沧浪诗话·诗辨》亦云："至东坡、山谷始自出己意以诗，唐人之风变矣。"范温、严羽皆是宋朝人，可见苏轼尚"意"，当时已为人所共知。苏轼"以意为主"的诗学观念，虽是宋代时代精神、艺术风

---

[1] 徐复观《宋诗特征试论》，载《中国文学精神》，上海书店出版社，2004年版，第404页。
[2] 缪钺：《诗词散论》，上海古籍出版社，1982年版，第36页。
[3] 程千帆：《读〈宋诗精华录〉》，载《文教资料》，1986年第6期。
[4] 胡晓明：《中国诗学之精神》，江西人民出版社，1991年版，第132—133页。
[5] 李春青：《宋学与宋代文学观念》，北京师范大学出版社，2001年版，第93页。

尚、人文气息熏染所致,亦与其本人对"道"的突破性理解有相当干系。换言之,正由于苏轼之"道"不同于道学家之所谓"道","意"才作为他"道其所道"之作文赋诗论艺的重要范畴而浮出水面。从二十几岁应科举时"意尽言止者,天下之至言"(《策总叙》)的主张,到贬谪儋耳时诲人以"不得意,不可以明事"的作文之法,再到晚年以作文"无不尽意"为"平生快意事"的自诩,"尽意"、写"意"、达"意",作为其作文赋诗论艺之要旨,如同他素以"学道人"自居一样,贯穿和伴随了他如寄如梦的一生。做人学"道",作文达"意",乃是诗人寄寓平生最为适"意"之乐事。"平生学道真实意,岂与穷达俱存亡"(《吾谪海南子由雷州被命即行了不相知至梧乃闻其尚在藤也旦夕当追及作诗示之》),"意所乐则为之,何暇计议穷达"(《答陈师仲主簿书》)。弃"道"而谈"意",或离"意"而论"道",对于作为诗人的苏轼来说,都是不完全的,对于苏轼的诗学思想来说,也是不完整的。

　　截至目前,对苏轼"以意为主"诗学思想的研究,尤其是"意"范畴的深层考察,还略显单薄。许多探讨苏轼诗学文论思想的论著都不以此作为他的理论特色和价值所在。人们总是易于想当然地把"意"理解为作家的创作意图,或文章的立意,抑或主体构思中所要表达的主题、主旨,很少探究"意"何所出与何所向的问题,更少涉及"意"与"道"之间的关联,"意"之为"意"的本己特性及其审美特质仍处于不言自明的遮蔽之中。兼有"意"较之于"情"更易于滑入抽象化、概念化的理性王国,从而远离形象性、审美化的艺术规定性,因而常为人忽略或不屑论及。苏轼本人亦在大力倡导"达意"、"尽意"的同时,更有"无意"、"无思"之表白,"寓意"与"留意"之分别,而使得"意"之涵义愈加迷离,这些都阻碍了对"意"之本意的深度开掘。凡此种种,皆导致"意"作为一种审美概念或诗学范畴的真正意义仍然蔽而不显。

　　如,罗根泽先生认为,在苏轼那里,"载道失了重要性,代之而来的是述意",而"意是极端自由的,可以把取各种学说,但不接受任何限制",是"意志自由的表现",因此苏轼提出的"立意是内容的解放"[①]。这种看法显然有些空泛。徐中玉先生认为,"救时"和"济

---

① 罗根泽:《中国文学批评史》(三),第105,108,110页。

世"就是苏轼提出的"有意而言"之"意"的内容①。把"意"当作创作意图或功用来理解,又偏于狭窄而有功利化倾向。李壮鹰先生认为,苏轼所谓"意"者,并不是作者头脑中简单而抽象的创作"意图",而是经过作家构思、经营,在作家头脑中形成的具体命题,对于艺术创作来说,也就是具体的艺术形象。② 这是把"意"当作创作的主题或意旨来理解,有切近于当下布局谋篇之用心,似有"主题先行"之嫌。

在为数不多探讨苏轼"以意为主"研究成果中,党圣元先生的观点更有深度、更加贴近原意。他认为,苏轼的立意说"其着眼点并非在文章的内容与形式之关系方面,而是在强调文章的思想和情感的独创性,兼有弘扬创作主体之个性特点和拓展文章表现的时、空境界之意。其深刻的含义是认为要摆脱拘束,自由地表现包括审美感觉在内的主体精神;要敢于突破现成的思想模式,充分传达投射于主体心灵的'自然之理'。这实际上是针对在他之前北宋古文家之刻板与迂顽,为当时的文章抑或整个文学创作指出一条发展的通途,其美学精神的核心是要求增强文学的主体创造力"。因此,苏轼所重之"意",从内涵上讲,是"一种基于厚博的文化修养基础之上的对于宇宙、历史、现实人生本质的独到而深沉的感受",这种感受,"实际上往往指主体在观物过程中所产生的一种审美意趣"③。台湾大学李贞慧先生的博士论文《苏轼"意"、"法"观与其"古文"创作发展之研究》从时间的角度对苏轼一生之"意"、"法"观的主要脉络,及在其"意"、"法"观下"古文"创作的发展情形进行了较为详尽的论述,认为"对人生实相梦觉的深刻省思,以及对古今人文传统探源讨流之极力求索",以最大限度地展现"个人生命能量"渐次成为苏轼"意"、"法"观的终极目标。这个结论对本书深有启发。其他如山东师范大学赵玉的硕士论文《论苏轼"以意为主"的艺术审美观》,在杨存昌教授的指导下,对苏轼"以意为主"的审美观进行了初步的考察,并在此基础上,对"意"的内涵及其特征进行了尝试性的阐释,"意"作

---

① 徐中玉:《论苏轼的创作经验》,华东师范大学出版社,1981年版,第3页。
② 李壮鹰:《略谈苏轼的创作理论》,载《浙江师院学报》,1981年第1期。
③ 党圣元:《苏轼的文章理论体系及其美学特质》,载《人文杂志》,1998年第1期。

为"有机世界整体通过人而实现的自我展现或敞开",区别于一种抽象的规定性的解释,亦有一定的新意和借鉴意义。

本章意欲将苏轼之"意"置于生存论的根基处,以深度探讨其何所出之基础与何所向之旨归,系统考察"意"作为文学原初动力之缘由,展现其"意"成为"诗意"的生成性特征。

第一节 "以意为主"的生存论探源

上一章我们说过,苏轼之"道"突破和超越了传统的"道"论,不再从抽象的现成规定性出发去理解和把握"道",而是立足于人的生存之域,从人的现实生存出发去体悟与显现"道"的存在。"道""可致而不可求"、"莫之求而自至"的特性,使得"道"不再是独立于人生之外的现成目标,而就在人的现实生存之中。人在生存世界中存性守真,就是"存道"、"宅道";离开了人之生存,则无以成"道"。颜回"饮水啜菽,居于陋巷,无假于外,而不改其乐"①,就是"独存"而"宅道"、"得道"的典型。然而这种不假外物而独守其内的"高致"之境并不易得。苏轼虽然明知"有形则有弊",但依然选择了"托于有形"、"聊寓其心"于"笔墨之迹"而"自乐于一时"的艺术之路。诗文书画,作为寄寓平生、赞天地之化育而与"道"同一的境域,虽然不是一条必须和必然的人生之路,却是苏轼本人自觉而本己的一种生存选择。

同时,苏轼还清楚地认识到,独凭言语之工、笔墨之美,"蕲以文字名世",并不必然能够行大道之义。恰恰相反,如果能够在生存之域中"尽性知命,体乎自然"或"开物成务之姿,综练名实之意,自见于言语",如孔北海、诸葛孔明、乐全先生等,"粲然成文",则"文章自名"(《乐全先生文集叙》)。这说明诗文之得丧,并不在诗文本身的言语符号,而在人于现实生存中体"道"、悟"道"、存"道"之深浅。"道",作为天地万物所从出的本源,依然是诗文书画潜在的价值坐标和终极追求。着眼于语言文字、笔墨色彩之有形有迹的属性,苏轼

---

① 苏辙:《答黄庭坚书》,《苏辙集·栾城集》卷二十二。

说文与可之诗文书画为"德之糟粕"、"毫末"并不为过(《文与可画墨竹屏风赞》)。"德"者,得也。"德",是对人在现实生存中得"道"的命名。把诗文书画等艺术作品看作是人生得"道"之"毫末",与其说是对艺术的诋毁与蔑视,毋宁说是为艺术奠定了更为坚实的存在基础,开挖出取之无尽、用之不竭而生生不息的源泉。

文学作为语言的艺术,追问文学的本质,不能只牢牢盯着语言本身。文学创作也不能仅仅着眼于锤文炼字,而必须从其所从生的本源或存在的根基处入手。大化流行之"道",无疑是艺术的终极本源。然而"道"本身隐匿不显,一旦固化为现成的对象或客体,就失去了其本真的状态,就失去了其作为本源不断生发的活力,因而无法直接依凭。约瑟夫·祁雅理说:"全面地理解或认识存在既是不可能达到的,也是不值得向往的,因为这只能导致面临着的空虚的恐惧。应该记住的事实是,存在或真理只能通过个体化的存在才能得到说明。"①克尔凯郭尔在《或此或彼》中也表示,"只有当真理变成我身上的生命时我才认识它"的那个真理,就真理作为生命意义的领悟而言,"对真理的认识就是参与真理和在真理中生活"②。西方哲学家的这些话,可以帮助我们更好地理解苏轼对于文学的进一步思考。如同"江河之大与海之深,而可以意揣"(《滟滪堆赋并叙》)一样,"道"也可以"意知"。他说:"得意忘味,始知至道之腴。"(《浊醪有妙理赋·神圣功用无捷于酒》)因此,"文以达吾心,画以适吾意"(《书朱象先画后》)、"诗以寄其意"(胡仔《苕溪渔隐丛话》),就成为苏轼借诗文而体"道"、致"道"的直接追求。"能道意所欲言"(《答王庠书》)遂成为苏轼进行文学创作最为直接的原动力。

一、从"有意"到"尽意":快意平生的生存论基底

"意"在苏轼的诗学思想中占有非常重要的位置。他在晚年向葛延之讲作文之法时说:

---

① [法]约瑟夫·祁雅理:《20世纪法国思潮》,商务印书馆,1987年版,第192页。
② 转引自[俄]尼古拉·别尔嘉耶夫:《论人的使命》,学林出版社,2000年版,第16—18页。

> 儋州虽数百家之聚，州人之所需，取之市而足。然不可徒得也，必有一物以摄之，然后为己用。所谓一物者，钱是也。作文亦然。天下之事，散在经、子、史中，不可徒得，必有一物以摄之，然后为己用。所谓一物者，意是也。不得钱不足以取物，不得意不可以用事。此作文之要也。（葛立方《韵语阳秋》卷三引）

这一段话有四点值得注意：第一，明确指出，得"意"与否是能否作文的关键和宗旨，不得意则不可以作文；第二，得"意"的目的在于摄"天下之事"，不得"意"则事散而不可徒得；第三，如同钱为取物之用，离开所需取用之物，钱本身就失去价值一样，"意"也依"天下之事"而有，没有"事"之"用"，"意"本身也同样失去了存在的价值；第四，所得之"意"，须是己意，则散于经、子、史中之天下事"然后为己用"。以"钱"喻"意"，形象具体而涵义鲜明，显示了苏轼对"意"的重视和作文要"以意为主"的诗学观念。

"以意为主"的观念，其实早在年轻时苏轼就有了初步的思考。二十几岁出蜀之初，苏轼就把"意"作为自己策论发言所依循的总则。他说：

> 臣闻有意而言，意尽而言止者，天下之至言也。盖有以一言而兴邦者，有三日言而不辍者。一言而兴邦，不以为少而加之毫毛。三日言而不辍，不以为多而损之一辞。古之言者，尽意而不求于言，信己而不役于人。三代之衰，学校废缺，圣人之道不明，而其所以犹贤于后世者，士未知有科举之利。故战国之际，其言语文章，虽不能尽通于圣人，而皆卓然近于可用，出于其意之所谓诚然者。自汉以来，世之儒者，忘己以徇人，务射策决科之学，其言虽不叛于圣人，而皆泛滥于辞章，不适于用。臣尝以为晁、董、公孙之流，皆有科举之累，故言有浮于其意，而意有不尽其言……故尝深思极虑，率其意之所欲言者为二十五篇，曰略、曰别、曰断，虽无足取者，而臣之区区，以为自始而行之，以次至于终篇，既明其略而治其别，然后断之于终，庶几有益于当世。（《策总叙》）

苏轼坚决认为,"有意而言"、"意尽而言止",方为"天下之至言"。文章作为一种语言符号的书写,能否"有益于世",获得存在的价值,完全在于是否因"意"而出,能否与"意"相互和谐一致。而一旦能够出于其"意",率"意"而作,文章就会获得一种可与天地并存的巨大价值,即为"至言"。苏轼说,"文章之得丧,何与于天,而禹之功与天地并",孔子、孟子虽"以空言",但"配禹可也"(《六一居士集叙》),或至少也能获得于世可用的存在地位。"意",在这里成为言语文章能否存在的根据;"意之所欲言",而并非"人之所欲言",成为驱使发言作文的原初动力。很明显,这里的"意"也并非随意之"意",也并非师心自用的臆断之"意"。它既是"深思极虑"之后而又出于"诚然"的本己之"意",又是与世用相联而又不为科举所累的率真之"意"。

有人据此认为,"有意而言"的主张仅仅是针对实用文体,并不适合于审美的作品。其实不然,不唯这些所谓的实用型的议论文如此,对于今天被称为艺术的诗文书画乐,苏轼也持有同样的看法。

如,对于诗,他说"善诗者道意不道名",又云"夫诗者,不可以言语求而得,必将深观其意焉"(《既醉备五福论》),《诗三百》"可以意晓而无劳矣"(《诗论》),批评李白、杜甫之后的诗人"虽有远韵,而才不逮意"(《书黄子思诗集后》),描述自己写诗的过程是"本不敢继作,又思公正柳花飞时出巡按,坐想四子,闭门愁断,故写其意,次韵一首寄去"(《与章质夫三首》之一);对于文,他认为"夫言止于达意,则疑若不文,是大不然……词至于能达,则文不可胜用矣"(《与谢民师推官书》),称赞王庠的文章"文字皆有古作者之风,大略能道意所欲言者"(《与王庠书》);对于绘画,他主张"文以达吾心,画以适吾意"(《书朱象先画后》),他说"观士人画如阅天下马,取其意气所到"(《又跋汉杰画山二首》之二),评文与可之墨竹为"合于天造,厌于人意,盖达士之所寓也"(《净因院画记》),称吴道子之画达到了"出新意于法度之中,寄妙理于豪放之外"(《书吴道子画后》)的艺术境界;论杨惠之塑像"措意元同画"(《诗集》卷九);对于书法,他说"苟能通其意,常谓不学可"(《次韵子由论书》),称张长史的草书"颓然天放,略有点画处,而意态自足,号称神逸"(《书唐氏六家书后》);对于音乐,他以为"欲学声同意不同"(《上堵吟》),并说"渊明自云'和以七弦',岂得不知音,当是有琴而弦弊坏,不复更张,但抚弄以寄意,如此为得其真"(《渊明无弦琴》)。

因此可以说,"意"是苏轼创作、欣赏、评价各种艺术样式的价值尺度和原则,是苏轼统摄和综合各种艺术的纽带。朱靖华先生就认为,作为一个"体兼众妙"的艺术综合论者,"'意'在综合论中的关键作用,是苏轼创作经验的结晶,是他攀登审美高峰、建构艺术精品、发展创造思维的基石"[①]。

苏轼早期"有意而言"的作品确实有明显的"救时"和"济世"倾向,故徐中玉先生认为,"救时"和"济世",就是苏轼所谓"意"的内容。虽然表现在政教上仍是以"卓然近于可用"为主要考量,但苏轼"意尽言止"之"意",已非以儒家正统之道为其本源,而是基于人之现实生存需要的考虑。熙宁以后,随着诗人遭受厄运而对人生体悟的加深,"意"受当时任何学说或意识形态所限制之处越来越薄弱,个性化感受越来越强烈,作品因"意"而作、趋近于艺术审美的色彩愈见鲜明。"阅世走人间,观身卧云岭。咸酸杂众好,中有至味永"(《送参寥师》),苏轼更加倾心或更加强调"适意"、"寓意"的作品所带来的审美享受。如他评论晁九成的诗"清厚静深,如其为人,而每篇辄出新意奇语,宜为人所共爱,其势非君深自覆匿,人必知之"(《晁君成诗集引》),他谈读李方叔的诗的感受,要么是"词气卓越,意趣不凡,甚可喜也"(《答李方叔书》),要么是"辞意整暇,有加于前,得之极喜慰"(《与李方叔书》)。

从政教上的实用走向自由而愉悦的审美,或者更准确地说,从应用与审美交互杂容的写作状况走向审美更加卓然而彰显的艺术境界,苏轼赋予"意"越来越多"诗意"化的色彩。这个过程伴随着苏轼对尘世人生、宇宙万象更为本源的探求,伴随着苏轼对现实生存更为本真的领悟。在这个过程中,苏轼不断剥离掉追名逐利之思虑,祛除执妄守旧之念想,弃穷达之考量于不计,离"趑趄利害之途",远"猖狂忧患之域"(《雪堂记》),超然于万物之外,"以无所思心会如来

---

① 朱靖华:《苏轼的综合论及综合研究苏轼》,载《中国人民大学学报》,2002年第3期。

意"(《虔州崇庆禅院新经藏记》),"意"之真正涵义愈见澄明醇澈。

"意"在人的生存之域中得到了本真的呈现,从而在生存论的根基处赢获了坚实的存在基础。因"意"而为,成为苏轼生活中的乐事,"人生如朝露,意所乐则为之,何暇计议穷达"(《答陈师仲主簿书》)。所以登台望远,"放意肆志"而得"超然台"之名,"以见余之无所往而不乐者,盖游于物之外也"(《超然台记》);甚至连睡觉也因"意"而有自适之乐,"佚卧而自足,不舟不车,极意而远游"(《睡乡记》),不亦乐乎。不仅如此,"尽意"还有了一股不可阻拒的决断力量。"言发于心而冲于口,吐之则逆人,茹之则逆予,以谓宁逆人也,故卒吐之",苏轼因之"与渊明诗意不谋而合"而颇为欣慰(《录陶渊明诗》)。"适意",就这样成为苏轼走向本真生存的人生选择。如居东坡时,他利用废旧的园圃,筑一房屋并绘雪于四壁之间,名之曰"雪堂",平日"隐几而昼瞑,栩栩然若有所适而方兴也"。他说:

> 是堂之作也,吾非取雪之势,而取雪之意。吾非逃世之事,而逃世之机。吾不知雪之为可观赏,吾不知世之为可依违。性之便,意之适,不在于他,在于群息已动,大明既升,吾方辗转,一观晓隙之尘飞。

苏轼在堂屋四壁绘以雪景,并不是把雪当作一个客观的、已成定势的、仅仅可以观赏的现成对象,而是借对雪之感悟与体验,在日常生活中能够顺应本己之性,聊寓自我本意,从而达到应气象瞬间之变,随物而自化的逍遥快乐的境界。

这样,我们就可以在生存论的基础上去解读苏轼"某生平无快意事,惟作文章。意之所到,则笔力曲折,无不尽意"的自诩与在作品中追求"寓意"、"尽意"的诗学主张了。这个赢获了生存论基础并为苏轼所坚持的"诗意"之"意",不能依据日常思维定势,想当然地理解为主观的、自由的心灵或一种实体的、理式的观点或理念,因为无论是"主观",还是"理念",抑或"自由"等都还未从生存论存在论的根基处得以廓清。更不能把"意"直接当成有待表现的主题或思想内容,因为无论主题或思想内容,都只能是"意"定型化之后再行概括归纳的产物。在具体的分析中,我们看到,苏轼在论及"意"时,总是不离"己",不离"事"或不离"物",不离其与世之关联。这个勾连着物与我、关联着人与世的"意"所展开的正是人生在世的生存状态。它敞开了寄寓世界的人的生存方式,同时也照亮了与人相照面的这个世界及世界中事物的存在状态。"意",在这里作为人对自身生存的领会,并不是首先由"内在"自我发出的投射信号,而是首先置身于"外在"的世界的展开状态,从中领会并筹划着自身在世界中的整体生存状态。在"出于诚然者"的"意"所展开的境界中,世界(事物)与人自身一同被领会,在对物的每一领会中,自身生存都一道得到领会。反过来说也是一样,即物中有我,我中有物,有物即有我,有我即有物,物我相融相洽而不相损伤。苏轼所引其父苏洵的话"凡论但意立而理明,不必觅事应付"(《跋先君与孙叔静帖》),就是这个道理。"意"在生存论根基处就蕴含有(物)理、事(情),不必别处寻觅。

因此,出于诚然之"意"所欲言者,言语所展开的并不只是内在的单纯臆想状态,或者外在事物的独存状况,而是人之生存的整体状态。在这个整体状态的展开中,无论是寓世之人,照面之物,还是世界本身,都是作为一个整体而存在的。在这种对人之生存的整体领会(展开)中,对人来说成为透彻明晰的生存,对于同样源始地寓世而在的他物来说,也是通透敞亮的存在,人成其人,物成其物,是同时发生和显现的。苏轼认为,"物一理也,通其意则无适而不可"(《跋君谟飞白》),通达"意"则能通晓万物之理,应物而动,遇事则发,并在这种通达中尽去私欲而存真吾,物我遇合则无适不可。用言语把人之生存整体性地开展出来,即用言语把"意"整体地展开,就其本身来说,就是诗意的、审美的和愉悦的。"意"在生存论根基处的展开,就是"尽意",就是"得意",也就是所谓的"平生快意事"。

二、从"言志"到"缘情":意之遮蔽的历史现象

通常认为,"以意为主"作为一种诗学本体论,是宋代诗学对以"言志"、"吟咏情性"为主要倾向的中国传统诗学本体论的突破和贡献。然而,"以意为主"的思想,并不始于宋代,即便是作为一种醒目

的标识,立场鲜明地亮出"以意为主"的旗号也不是宋人的首创。宋人标举"主意"的大旗,是由诸多因素合力所导致的,如历史文化的发展、传统思想的演进、时代精神的要求以及艺术本身的推演等等。论题所限,本书无意于展开这种深度的挖掘,只是想就宋以前"以意为主"的倾向在主流强势话语的掩盖下却依然潜流暗涌的趋势进行一番简单的考察,意在探明"意"其实与"情"一样,是文学之为文学最基本的构成因子,以期彰显苏轼"以意为主"的诗学主张是对文学本身深层思考的结晶,并不纯然出于一种剑走偏锋、独辟蹊径的嗜癖。

1."诗言志"对"意"的遮蔽

提起中国古代诗学的诸多观念,人们首先想到的,非"诗言志"莫属。"诗言志"作为中国诗学的"开山的纲领"①,经朱自清先生拈出后,几成定论。"诗言志"最早载于《今文尚书·尧典》,相传是舜帝对他的乐官夔说的。然而,据许多学者考据,《尧典》的成书时间不会早于墨子,顾颉刚先生甚至认为它是西汉时所作的。一个明显的证据是,孔子对《诗》三百深有研究,可是孔子论诗从没有引用过舜"诗言志"的话,也从未将"志"与"诗"联系起来,其后的儒家重要传人孟子也未直接引用过舜的这句话。按照陈良运先生的论证,"诗言志"这一重要诗学观念形成于秦汉之际②。

倘若此论可信,那么,我们就可以据此推断出"诗言志"所要表达的具体观念了。秦汉时期,尤其在汉儒的视野中,"诗言志"之"志"是有特定涵义的。随着他们把《诗》三百抬高为"圣道王功"的经典,"诗"的政治伦理教化功能就凸显出来而成为主宰,"志"的内涵被加以功利化、理性化的严格规定。"志"被界定为一个"游离于人的情性之外"而"合于圣人之道"的"孤立的理念","志不再是、也不应该是作读者个人的思想感情,而只是圣人思想意志的传导"③。

---

① 朱自清:《诗言志辨》,载《朱自清古典文学论文集》(上),上海古籍出版社,1981年版,第190页。
② 陈良运:《中国诗学体系论》,中国社会科学出版社,1992年版,第48页。
③ 同上,第70,66页。

因此，所谓的"诗言志"其实指的是诗歌所要担负的职责是传达和表现合乎圣人之道的志向和追求，而出于个人情性的思想、感情、欲望，被排除在诗以外。

汉儒们把诗当作一种特定志向言说的观念，是从荀子那里继承的。我们曾经在第一章里引用过荀子"诗言是，其志也"等话，这里的"是"指的就是圣人之道。在荀子那里，"志"是一种能为政教所用、可以治国驭民、成为统治人精神的特定理念，"诗"是一种为统治阶级所专有的特殊工具。

在荀子之前，无论是对"诗"，还是对"志"的要求和理解都要相对宽泛得多。《左传·襄公二十七年》有"《诗》以言志"的记载，但它确切的意思是"赋诗言志"、"赋诗观志"，即根据自己对于《诗》中某些篇章的理解程度，在外交或其他正式场合，"赋《诗》者将其作为与自己心意、志向寄托相对应的言词而表白出来，听《诗》者则作出相应的判断"①。"诗"是被当作一种能够导引各人的心意和志向来看待的。《左传·襄公二十五年》曾引孔子之言："《志》有之：'言以足志，文以足言'。不言，谁知其志？言之无文，行而不远。"这里的"志"指的也是个人之"志"。孔子说过"志于学"、"志于道"、"志于仁"，还曾两次与他的学生"各言尔志"，他所谓的"志"已经明显带有理性化、理想化以及政治化的倾向。也就是说，"志"已经超越了人们在现实生存中所获得的一般意识，成了人的意识中一种定向而较持续的信念追求，但仍作为个人之志向、志愿或抱负来使用。人各有志，不同的人因性格、学识、修养的不同，会表现出不同的志向。

把"志"理解为志向、抱负，可能正是"志"字的本义。从文字训诂上看，"志"字未见于甲骨文和金文。许慎《说文解字》据篆文将"志"分解为"心"和"之"两个部分，释作"从心，之声"。段玉裁《说文解字注》则据徐本录作"从心之，之亦声"。"之"在甲骨文中有"出"和"往"、"到……去"的意思，因此，"志"可训作"心之所之"或"心之所往"，即从心中所出并有所向之意。闻一多先生在《歌与诗》一文中，则把"志"分解为"从止从心"，取"停止在心上"或"藏在心

---

① 陈良运：《中国诗学体系论》，中国社会科学出版社，1992年版，第38页。

里"之义，他认为"志有三个意义：一记忆，二记录，三怀抱"①。

就目前的研究而言，这两种诂训皆有一定的根据。"心之所之"或"心之所往"，即相当于志向、意向；"心之所止"，则大体相当于意念、意识。《说文》释古"之"云："之，出也。象艸过中，枝茎益大有所之。"倘若"之"按"出"讲，则"心之所之"便能包容"心之所往"与"心之所止"两种含义，它的含义就与后来所说的"意"同义，比"意向"或"意念"含义更宽泛，也更接近本义一些。但是，"意"字可能出现得较"志"更晚一些，在先秦典籍中所使用的频率也更少一些。用来表示包容"意向"或"意念"之"意"的含义，常常是以"志"来代替和完成的。在古人那里，"志"、"意"是通用的。《说文》释"意"云："意，志也，从心察言而知意也，从心从音。"直到汉代，"志"与"意"之间没有严格的区别的情况还依然存在，董仲舒在《春秋繁露·循天之道》里就曾说"心之所之谓意"②。

如果就"志"字的本义来看，"诗言志"应该就是"诗言意"。《史记·五帝本纪》就把"诗言志"记作了"诗言意"。郑康成注《尧典》"诗言志，歌永言"云："《诗》所以言人志意也；永，长也，歌又所以长诗之意。"闻一多先生因此认为："诗训志，志又训意，故《广雅·释言》曰'诗，意也'。"③

现在的问题是，在"志"或"意"出现以前，人们如何命名"志"和"意"所指的心理状态，或用什么来包蕴"志"和"意"的涵义呢？从字源说的角度，"志"和"意"源出于"心"。从现有的文字材料来看，"心"字出现得更早，运用也更广泛一些。《说文》释曰："心，人心也。在身之中，象形。""心"，首先是对人身体上的某个生理器官的命名。处于生死没有保障之中的先民们一定能够认识到"心"这个器官对于个体生命存在的重要性和中心地位，它的地位至少应该与表示"人头"的"首"是同等重要的。"心"，是先民对个体生命、生存，乃至自身存在最重要的领会之一。从一种具体的生理器官，到对自身

---

① 闻一多：《闻一多全集》（一），生活·读书·新知三联书店，1982年版，第185页。
② 苏舆：《春秋繁露义证》，中华书局，1992年版，第452页。
③ 闻一多：《闻一多全集》（一），第191页。

生命和存在的"感觉"或"意识","心""走向"了"心之动"或"心之感",成为心理状态的指称。这种心理状态应该理解为,在具体的生存活动中所获得的对生命、环境等生存状态的"感觉"和"意识"。

　　根据陈良运先生的研究,通过考察《诗经》中全部168个"心"字,我们可以发现,"心"字有两种基本用法:一种表示忧、喜、哀、乐之情,如"忧心殷殷"(《桑柔》)、"中心怛兮"(《匪心》)、"我心伤悲"(《采薇》)、"我心则说"(《草虫》)等等。一种表示心事、心意、意愿或意识之意,如"小心翼翼"(《大明》)、"帝度其心"、"悠悠我心"(《子衿》)、"以慰我心"(《车》)、"我心蕴结"(《素冠》)等。然而很多情况下,很难分清"心"表达的究竟是感情,还是心意。如"中心摇摇"、"知我者谓我心忧,不知我者谓我何求,悠悠苍天,此何人哉!"(《黍离》)、"二子乘舟,泛泛其景,愿言思子,中心养养"(《二子乘车》)、"我心匪石"、"心之忧矣,如匪浣衣。静言思之,不能奋飞"(《柏舟》)等等①。其实,我们不必将"心"的这两种用法截然分开,"情"与"意"总是紧密相联系而同出于"心"的,即便是纯粹表示"情"的,也是由"心"所"意识"到并融入《诗》的。不能"停止在心上"或"藏在心里"的"情",早已无声无息、无影无踪,不复存在了。

　　因此,如果我们推至"志"、"意"字出现之前来言诗的话,从字源说和《诗经》的角度,我们似乎可以得出这样的说法,"诗言心"。朱东润先生在《诗心论发凡》中说:

　　　　读《诗》者必先尽置诸家之诗说,而深求乎古代诗人之情性,然后乃能知古人之诗,此则所谓诗心也。能知古人之诗心,斯可以知后人之诗心,而后于吾民族之心理及文学,得其大概矣。②

以"诗心"言诗,确是高论,但把"心"仅作"情性"解,显得又有些限制、狭窄。在"情"、"意"、"志"还不曾频繁使用之前,似乎更应该对

---

① 陈良运:《中国诗学体系论》,第103页。
② 朱东润:《诗心论发凡》,载《诗三百篇探故》,上海古籍出版社,1981年版,第104页。

"心"做更为宽泛的理解。

由"诗心"到"诗言志",由一种较为宽泛的"情"、"意"之混合,到一种个人之意向、志向或有定向追求的意愿,再到一种合乎圣人之道的现成理念,诗学观念发展到汉儒那里,越来越封闭,也越来越狭仄了。不但"情性"被公然抛弃掉,而且"意"也被遮蔽了。尤其当"志"相当一部分原有义项为"意"所取代而表示具有明确方向和理性钳制的"怀抱"、"志向"、"抱负"、"志愿"的意义时,即在人们的理解中"志"演化为"意"的一种派生的心理状态时,"诗言志"对"诗言意"本身的遮蔽就更为隐晦了。人们在生存活动中获得的、先于"志向"的一般意识被置于"诗"的讨论之外。即便出现过"诗言意"、"诗,意也"等类似的表达,也随即因"志向"之"志"的解读而悄然隐没、销声匿迹了。

2. "诗缘情"对"意"的冷落与遗忘

与"志"字一样,"情"字也出现得较晚。甲骨文和金文里都没有"情"字,春秋时代已经在流传的《易经》和新作的《老子》、《春秋》也不曾出现。在最初的使用中,"情"并不表示一种内在的、情感、情绪的心理活动,而是指"客观事物、人类行为的某种实质、状况、内容等等"①。如《论语》有两处用"情"的地方,"上好信,则民莫敢不用情"(《论语·子路》)与"上失其道,民散久矣。如得其情,则哀矜而勿喜"(《论语·子张》)。前者指"诚实",后者指"真实的情况",都不是个人感情。"情"更倾向于表达"真实"的含义,与"伪"常相对使用。如《左传·僖公二十八年》有"险阻艰难,备尝之矣;民之情伪,尽知之矣"之语,《易传·系辞》亦有云"圣人立象以尽意,设卦以尽情伪"与"八卦以象告,爻象以情言",指的都是与虚假相对的真实的意思。较之后来所谓"情感、情绪、情性"的含义,"情"似乎更多地指对人、对物、对事的意向活动之一种。潘菽先生就曾把"情"归于"意向活动"②。"情"中含"意"的成分较之于单纯的情绪、态度的变化似乎更浓一些。

---

① 陈良运:《中国诗学体系论》,第124—125页。
② 潘菽:《心理学简札》(卷一),人民教育出版社,1984年版,第5页。

最早地将"情"与诗歌创作自觉联系在一起的,是"发愤以抒情"的大诗人屈原,他的作品中"情"字出现的频率很高。虽然他没有提出明确的诗学主张,但他的创作实践却表明和证实了诗歌抒发个人牢骚不平之情怀的宗旨或特性。应该注意的是,屈原所"发愤"的是个人高尚的社会理想和政治抱负不能施展的深沉感慨,骨子里是"君国之思",不出政教伦常之范围,所以,他所抒之"情"总体上仍未脱离"言志"的樊篱。所抒之"情"中,直述心事、表达心志、"露己扬才"(王逸语)的成分相当浓厚。用"情深意永"或"情曲意折"来概括他的诗歌,是很恰当的。然而他的诗歌所洋溢的强烈的主体精神和所渗透的感情色彩,昭示着"情"在诗歌作品中的觉醒和张扬,冲击着政教伦常的理性束缚,成为由"言志"向"缘情"过渡的先兆。

最早把"情性"概念引入诗学理论的是《毛诗序》。它首次提出了"吟咏情性",用以指人们对时事政治的一种普遍性的情感。所抒之"情"是有条件限制的,即所谓的"发乎情,止乎礼义","情"必须接受正统规范的礼义的约束、改造与钳制。因此,"情"的功利色彩仍然相当浓厚,其中"圣人之志"或"先王之意"的倾向仍很明显。然而,"发乎情"和"情动于中"的提法,毕竟为"诗缘情"的全面爆发做了理论上的铺垫。

由于西汉"诗言志"政教功能、理性倾向的极度膨胀,反而使得文学的情感因素作为潜隐或在野的力量也得到了相应的扩张。作为一种反拨或对抗,乐府民歌与文人五言诗随即兴起。乐府采集中"感于哀乐,缘事而发"(《汉书·艺文志》)的原则,已经明显地看出"言志"的淡化和"缘情"的抬头。至于作为下层文人心曲自然吐露的五言诗,更是"荡涤放情志,何为自结束"(《古诗十九首·东城高且长》),体现出"作者恣情任性的人生态度和不受现成规范拘束的趣尚"[①]。在这样的推波助澜之下,陆机"诗缘情而绮靡"的诗学观念从传统诗教的压制下破土而出,也就是水到渠成、顺理成章的事了。

经历了战国时代哲学思想的演历和诸多个性鲜明的作家诗文创作的张扬,以及魏晋玄学任情思想的发展,到陆机时,"情"已经成为

---

① 陈伯海:《中国诗学之现代观》,上海古籍出版社,2006年版,第52页。

包罗"喜怒哀乐欲恶"在内的各种情感活动了。"缘情"遂成为个性化感情自由而自觉地抒发了,"标能擅美"成为这种抒发的标准和目标,所谓文学的自觉时代终于到来了。自此至唐代,坚持以个体性的"情性"为诗歌本体的观念遂成为诗学观念的基本倾向。

然而,细心的人们会发现:

一方面,"诗缘情"是在与"诗言志"理性化和政教化的论争与对抗中彰显出文学本就具有的"抒情"特性。"志"弃个体"情性"而独取"圣人之道",却从反面成就了"情性"的价值——越是压抑与束缚,越是凸显出"情性"不可或缺的重要性。这正是"欲盖弥彰",人们自由而本然的"情性"在仁义礼教等理性规范的压制下得到了更为膨胀而张狂的强调。至少表现在观念形态的指向上,"缘情说"与那种宣扬鼓吹封建礼教道义的诗教说,成势不两立的局面。关注非理性的、直觉的个人感受,强调捕捉瞬间的感慨、飘忽的思绪和无名的情愫,注重表现个人的气质、才情,而对有理性倾向的认识、理解、判断或者评价,则持谨慎甚至拒斥的态度,成为"吟咏情性"的主要特征与倾向。矫枉而过正,"诗缘情"在阻抗有明显卫道色彩的"言志"诗教时,把那些尚未达到社会"志向"或政治"怀抱"层级的个人之意识、意念不加区别,也一并轻易抹掉、弃置了。

另一方面,"立意"、"写意"、"尽意",作为以言语文字为存在方式的"文"之宗旨,却始终是每个书写者的追求。言语文字能否"尽意"一直是先秦诸子思想家最为重要的论题之一。如《周易·系辞》记载孔子曾说过"书不尽言,言不尽意……圣人立象以尽意"的话,《庄子·天道》也说"世之所贵者,书也。书不过语,语有贵也。语之所贵者,意也,意有所随,意之所随者,不可以言传也"。滥觞于先秦的言意之辨,在魏晋时代更是得到了深入的讨论,"言尽意"和"言不尽意"似乎成为了辩论双方预设的论题。无论结果如何,"意"本身都得到了最大限度的聚焦与关注,影响所及,概莫能外。在诗学领域,提出"诗缘情"的陆机,一方面有"每自属文,尤见其情。恒患意不称物,文不逮意,盖非知之难,能之难也"的慨叹,另一方面又有"穷形而尽相"、"辞达而理举"的津津乐道。他作《文赋》,其实正是深感"文不逮意",故"论作文之利害所由",以求达到"曲尽其妙"的

目的。后于陆机的范晔则在《狱中与诸甥姪书》,更是清楚地亮出"以意为主"的主张:

> 文患其事尽于形,情急于藻,义牵其旨,韵移其意……常谓情志所托,故当以意为主,以文传意。以意为主,则其旨必见;以文传意,则其词不流;然后抽其芬芳,振其金石耳。①

即便在以"吟咏情性"为本体的唐代,"以意为主"的观念也不绝于耳。如著名诗人杜牧就曾说:"凡为文以意为主,气为辅,以辞采章句为之兵卫……是以意全者胜,辞愈朴而文愈高;意不胜者,辞愈华而文愈鄙。"②虽然这里的"意"的具体所指有所不同,但至少我们可以在一个较为宽泛的意域里统称其为"意",而这个"意"恰恰是"情"所不能全部蕴含和全面替代的。

因此,一方面高举"缘情"大旗,另一方面却潜涌着"尽意"、"传意"的泉流,"诗缘情"其实是在"情意双主"的土壤中生长并开花结果的。"缘情"与"传意"并不必然构成矛盾、形成对立,也许正由于这个原因,"意"才更容易被忽略,至少在创作起始阶段尤为如此。当太多注意的目光(反对的或支持的)聚焦于"情"时,处于这个焦点之外的"意"势必处于一种被冷落、被遗忘的角落而得不到应有的关照,"意"被遮蔽的命运也就可想而知了。

从上面的论述中,我们可以知道,无论是"诗言志",还是"诗缘情"都不可能真正排除或替代"意"的存在。然而,当"诗言志"与"诗缘情"作为本体论而凸显为中国诗学两种最为基本的诗学观念时,由于过度地聚焦,它们所折射出的强光,遮蔽了与其所同出的"意"的存在,强势的话语无意间遮蔽甚至剥夺了"意"在诗学本体论上的立足之地。人们围绕着"言志"与"缘情"展开各式各样的言说,或毁或誉,各抒己见。甚至更有调和论者,欲将"言志"与"缘情"融

---

① 沈约:《宋书》(第六册),中华书局,1974年版,第1830页。
② 杜牧:《答庄充书》,载《樊川文集》卷十,上海古籍出版社,1978年版,第194—195页。

合为一。最明显的做法就是将"志"释为"情志"而把"言志"、"缘情"调和为"吟咏情性"。在激烈而热闹的论争中,"意"被剔出话题之外,或者循着"志"与"情"的思维惯势,把"意"简单地理解为"理"而划出诗学本体论的讨论范围。一个颇为奇怪的现象是,当"意"在本体论上被搁置时,在诗学的创作论、文本(作品)论、鉴赏论甚至是风格论中,"意"却成为了词语搭配、话语阐释的主要参与者。如在"吟咏情性"的作品中,当"情"与"物(象)"相遇时,不说"情象",却称"意象"。"情"与"境"相合,构成"情境",而"情境"之上更有"意境"。反之,人们在解释"意象"、"意境"时,也多把"意"解释为感情、情绪、情性等。且不论人们如何限定"意"的含义去迁就、去圆"吟咏情性"之说的是非曲直,问题在于,如果撇开"意",又如何解释"情"在与外物的感发与附着中竟蜕变而成为"意象"、"意境"之"意",从而具有了一种涵"意"蕴藉而"意"味无穷之"意"的?强行把"意"只作为文章之"意"(内容、主旨)来理解,恐怕是无法完全通融的。

"以意为主"的诗学观念,填补了"诗言志"、"诗缘情"所遗漏的诗学观念的空当,从而使得对诗(文学)本身的思索有了更为全面的视域。在这个意义上,如果说"诗言志"、"诗缘情"是中国传统诗学本体论的两种观念的话,那么,"诗写意"似乎就有理由成为第三种诗学本体论。南宋姚勉就曾明确地说过"意者,诗之所以为诗也"①的话。也正是在这个意义上,与其把"志"释为"情志",把"言志"、"缘情"调和为"吟咏情性"的诗学本体论,毋宁把"志"释为"情意",从而构建一种蕴含"言志"、"缘情"与"写意"三者在内的"情意"诗学本体论,也许更符合诗(文学)本身的"实情"。唐孔颖达在《毛诗正义》里说:"诗者,人志意之所适也。"又在《春秋左传正义》云:"在己为情,情动为志,情、志一也。"可见,他所表达的就是以"情意"为主的诗学本体论思想。因此,苏轼"以意为主"的命题,应该是在传统诗学观念的基础上,面对文学本身的"实情",通过自身的体悟与创作而获得的深刻的心得,无论对于当时诗学观念的推进,还是今天

---

① 吴文治:《宋诗话全编》(九),凤凰出版社,1998年,第8903页。

诗学体系的构建,它都是极具价值,不可忽略的。

三、从"存意"到"寓意":率意为文的创作揭秘

在理论上拈出"以意为主"的诗学命题,不是苏轼的发明,进行专题性的理论阐述,苏轼也算不上详尽和充分。如,《文镜秘府论》中有一卷题为《论文意》,记载有日本和尚遍照金刚在长安学习时收集和整理的王昌龄专门论"意"的一些言论,其论之精到,不必待言,更有明确地谈到"意"与"境"之关系,俨然已是唐人由"意"推出"境界"说并由此成就华夏审美最高范畴之"意境"的明证①。即便是有宋一代,在苏轼之前,梅尧臣有关诗歌"意新语工"②以及"内外意"③的论述就很精妙、详细。但苏轼不仅在理论上有更自觉的意识,而且更于创作实践中身体力行,自有其独特的贡献。张戒《岁寒堂诗话》说他的诗"以刻意为工"④,范温《潜溪诗眼》则以为"东坡作文,工于命意,必超然独立于众人之上","立意"、"命意"几成评价苏轼作文赋诗之定论。苏轼以卓绝不凡的创作实绩丰富和深化了前人"以意为主"的诗学见解,使其成为一个内容充实而影响深远的"光辉的美学命题"⑤,其功当不在他人之下。

于"言志"、"缘情"以及"载道"的观念之外,另辟蹊径,拈出"意"来,以突破儒家之"道",并区别于合乎圣人之道的"志"以及个人浮华绮靡之"情",倘仅仅停留在理论层面的言说上,尚不足获得不可替代的独特价值、取得不可小觑的独立地位。因为"意"本身的意思很宽泛,内涵也比较驳杂。凡是属于人的意识层面的心理内容基本都能涵盖进去,甚至也包括那些先前暂时没有进入人的意识阈而被直觉、妙悟所突然捕获到的无意识层面的心理内容,即所谓的无

---

① 陈良运:《中国诗学体系论》,第249—253页。
② 转引自欧阳修《六一诗话》,载《历代诗话》,中华书局,1981,第267页。
③ 梅尧臣:《续金针诗格》,引自胡仔:《苕溪渔隐丛话》(后集)卷三十四,人民文学出版社,1962年版,第259页。
④ 张戒:《岁寒堂诗话》(上),转引自申骏编著:《中国历代诗话词话选粹》(上),光明日报出版社,1999年版,第95页。
⑤ 党圣元:《苏轼的文章理论体系及其美学特质》,载《人文杂志》,1998年第1期。

意之"意",因而无法进行严格而有效的界定。同时,对"意"本身的反思与认知,容易导致进一步的抽象概括,使"意"成为一种定型化、规律化的观念,与表示"理式"、"理念"之"理"的涵义相近。而"理"进一步深化的结果,又渐趋向于"天理"、"人道"、"义理"等圣贤之道、天地之理等固有理念的追索。因此,"意"很容易被当作"载道"、"言志"所派生出的子观念来加以理解。"以意为主"的观念,能否取得突破性的进展,获得理论上的足够认可,还有待于创作实绩的落实与支撑。失去了创作实践的鼎力支持,"以意为主"就只能是一种空泛的观念而已。正是在此关键之处,显示出了苏轼非凡的贡献。因此,在进一步展开苏轼之"意"的理论深化与突破之前,先来考察一下他在创作中的对"意"的具体赋意及落实情况,就成为首要的和必须的工作。

苏轼年轻时候所提出的"有意而言"、"意尽言止"的创作主张,和他在晚年所谈及的"意之所到,则笔力曲折,无不尽意"的创作感受,再联系他一生如行云流水般淋漓尽致的诗词文赋,很容易被人理解为苏轼具有随意而作、率意为文的天才创作论的倾向。清末刘师培曾论苏轼之文曰:"子瞻之文,以粲花之舌,运捭阖之词,往复卷舒,一如意中之所出。而属词比事,翻空易奇。"①"翻空易奇"语见刘勰《文心雕龙·神思》篇,原文为"意翻空而易奇,言徵实而难巧"。这句话的含义是指,"意"可以凭借想象、运思很容易奇巧,但要用语言一一落到实处,毫不打折扣、毫无遗憾地摹写、传达出来,就非常困难。它十分精辟地强调和概括了言和意之间"言不逮意"的矛盾。刘师培反用此意,意谓对苏轼这样的天才作家而言,这样的矛盾和困难是不存在的。事实上,苏轼早期无论是作文,还是论文都颇有视"言"、"意"为一元的倾向。在此期间,不仅不曾着意讨论过"技",也没有特意标举"法"或"法度"论文章者,更有就书画艺术提出若干"不学"的言论。如《次韵子由论书》曰"苟能通其意,常谓不学可",《次韵水官诗》亦云"高人岂学画,用笔乃如天,譬如善游人,——能操船"等。似乎只要有"意","言"即不择细流、喷薄而出。恰如其弟

---

① 刘师培:《论文杂记》,载《苏轼资料汇编》,中华书局,1994年版,第1578页。

苏辙所描述的那样,"岂尝执笔学为如此之文哉?故其气充乎其中,而溢出其貌;动乎其言,而见乎其文,而不自知也"①,或者如其父苏洵所认为的那样,写作文章只要有思想、学识或者意蕴其中,即可不假推求,"气尽语极"、"自然成文"、"浑浑然觉其来之易也"。

苏轼虽然自少即文采过人,"引笔书纸,日数千言,坌然溢出,若有所相"②,像是得来全不费工夫,然而若依此而将苏轼创作之思想(尤其是早期的文艺思想)看作是"天才论",则不唯与其对创作"法度"、"技法"的探索与实践相矛盾,也与苏轼对于"意"本身的考量不相吻合。在苏轼看来,并不是所有的"意"都能成为作文赋诗所言之"意",并非只要心中有"意","言"即可"坌然溢出",自然成"文"。

苏轼写作的实际状态,与我们平素所想的那种随意而作、提笔立成的情形并不相同。据他的学生李之仪的回忆,"东坡每属辞,研墨几如糊,方染笔,又握笔近下,而行之迟;然未尝停辍,涣涣如流水,逡巡盈纸,或思未尽,有续至十余纸不已。议者或以其喜浓墨、行笔迟为同异,盖不知谛思乃在其间也"③。即是说苏轼写作时,往往研墨甚久,行笔迟慢的,落笔后虽不滞涩,如汩汩流水,一写就是十余纸,却"谛思乃在其间",正是精心运思的结果。另据何薳《春渚纪闻》载,苏轼"作文不惮屡改",对于自己的诗文,苏轼并不是一时快笔即定稿,而是勤于修改的④。现存苏轼的纸本行书《定惠院月夜偶出诗稿》⑤即是印证,其页面涂抹得已是满纸狼藉。苏轼自己描述写诗状态云:"我行得所嗜,十日忘家宅。但恨无友生,诗病莫诃诘。君来试吟咏,定作鹤头侧。改罢心愈疑,满纸蛟蛇黑。"(《宿望湖楼再和》)可见"新诗要锻炼,乃得铅中银。"(《崔文学甲携文见过,萧然有出尘之姿……》)确是苏轼写诗的真实写照。再如苏轼曾答应曾布(字子宣)为其作《塔记》一篇,然而却迟迟不能交稿。数次书信屡

---

① 苏辙:《上枢官韩太尉书》,载《嘉祐集》卷十五。
② 苏洵:《上张侍郎和二书》,载《嘉祐集》卷十二。
③ 李之仪:《庄居阻雨邻人以纸求书因而信笔》,载《姑溪居士全集·文集》卷十七,《丛书集成初编》本,引自王水照、朱刚:《苏轼评传》,第477页。
④ 何薳:《作文不惮屡改》,载《春渚纪闻》卷七,第102页。
⑤ 《中国书法全集·苏轼》图版第48种,荣宝斋,1991年版。

请宽恕时日,却依旧一拖再拖,其中惭悚之情溢于言表。《与曾子宣十三首》之二云:"日欲作《塔记》,未尝忘也。而别后纷纷,实无少暇。既请宽限而自违之,惭悚无地。"之七云:"《塔记》非敢慢,盖供职数日,职事如麻,归即为词头所迫,率常以半夜乃息,五更复起,实未有余力。乞限一月,所敢食言者有如河,愿公一笑而恕之。"之十云:"《塔记》如河之誓,岂敢复渝,惟深察之。"之十二又云:"示谕《塔记》,久不驰纳,愧悚之极。乞少宽之,秋凉下笔也。"之十三方云:"《塔记》久草下,因循未曾附上。今不敢复寄,异时万一北归,或可录呈,为一笑也。"若从元祐元年(1086)苏轼从登州还朝起任翰林学士,曾布请撰《塔记》算起,到元祐四年(1089)苏轼南迁杭州,虽草就《塔记》仍未呈录曾布为止,前后竟历四年之久。曾布(1036—1107)字子宣,南丰人。北宋大臣。与兄巩同登第。王安石变法中革新派人物,参与制定青苗、募役、保甲、农田水利等新法,任翰林学士兼三司使,曾条析批驳韩琦攻击新法之疏。哲宗亲政,任知枢密院事(1094),是年苏轼被贬至惠州。撇去两人之间变法立场不同、公务应酬等复杂因素之外,仅依书信所述,亦可反映出苏轼作《塔记》之蹇蹇、涩滞的情形,只有未得意思、无从下笔的沮丧与悒郁之感,并没有临纸提笔、一挥而就的洒脱与快意之气。

因此,当人们通常把"意"理解为创作意图或意旨时,有"意"并不代表有"言",有了创作的意图或"主题",并不能立即就会带来行云流水般随意驱遣文字的潇洒。恰恰相反,这种"有作文之意"的意图或"初有定质"的写作模式却是苏轼所反对的。他在《南行前集叙》(1059)中说:

> 夫昔之为文者,非能为之为工,乃不能不为之为工也。山川之有云雾,草木之有华实,充满勃郁,而见于外,夫虽欲无有,其可得耶!自少闻家君之论文,以为古之圣人有所不能自已而作者,故轼与弟辙为文至多,而未尝敢有作文之意。已亥之岁,侍行适楚,舟中无事,博弈饮酒,非所以为闺门之欢,而山川之秀美,风俗之朴陋,贤人君子之遗迹,与凡耳目之所接者,杂然有触于中,而发于咏叹。……将以识一时之事,为他日之所寻绎,且

以为得于谈笑之间,而非勉强所为之文也。

(《南行前集叙》)

在这段早年总结创作经验的文字中,苏轼清楚地提出"有所不能自已而作"的创作原则。联系苏轼"有意而言"、"意尽言止"的主张,可以推知,所谓"有意而言",并不是指首先确立"作文之意"之"意",而是指山川、风俗以及文化遗迹,在"谈笑之间"与"耳目所接","杂然有触于中",如"山川之有云雾,草木之有华实"般,"充满勃郁"而不得不"见于外"之"意"。这个"意"并不是事先存放在人心里、现成的东西,而是在人的具体生存活动中为实际生存环境所刺激感发而适时生成的、不得不发、类似创作冲动的东西。事先将某种现成的"意旨"列为目标,而后进行字词句篇的刻意经营,并不能使诗文焕发其所应有之光彩,而应寄身于人本身切己的实际生存感受中,于谈笑之间得"耳目所接"并"心有所触"之真情,于无所用意间敞显"充满勃郁而见于外"之实意,方是为文者"不能不为之工"的秘密。可见,"有意而言"之"意",并非指的是一种现成化的意图或目标,而是在人的实际生存境况中随遇而生的,既不刻意留存,也不勉强为之的人生感悟。这种人生感悟,是切己的,接于己之耳目,触于己之中心;同时,这种切己的感悟也是寓于物的,"山川之秀美,风俗之朴陋,贤人君子之遗迹",充郁于中而后"发于咏叹"。自出本心,又寓于外物,于外物的杂然接触中呈现自我之本心,又于自出己意的呈现中敞开事物秀美、朴陋之本性,因此,是否能够获得这种出于人生切己感悟的"意",才是"有意而言"、"以意为主"的首要前提。

另一方面,苏轼也反对那种不经体察入微而师心自用、主观臆断式的随意而言的写作现象。例如,大诗人李白素有唐诗双子星座的美誉,虽然苏轼对其推崇有加,称其与杜甫为唐诗集古今大成,"扫地收千轨,争标看两艘"(《次韵张安道读杜诗》)的标志性人物,但对李白有时或出于轻率而为文的现象却颇有微辞。苏轼尝云:"李白诗飘逸绝尘,而伤于易。"(《书学太白诗》)又《书李白集》云:

今太白集中,有《归来乎》及《赠怀素草书》数诗,决非太白诗,盖五代间贯休、齐己辈诗也。余旧在富阳,见国清院太白诗,绝凡。近过彭泽唐兴院,又见太白诗,亦非是。良由太白豪俊,语不甚择,集中往往有临时率然之句,故使妄庸辈敢尔。若杜子美,世岂复有伪撰者耶?(《书李白集》)

苏轼认为,"唐末五代,文章衰尽,诗有贯休,书有亚栖,村俗之气,大率相似"(《书诸集伪谬》)。故通过唐末五代贯休等"妄庸"之辈的作品充斥于李白诗集而不能分辨这样的事情,可以看出,苏轼不满李白之处,是因为在李白的作品中的确存有不少在"意"上未经沉潜,在"言"上率然而发的作品,也就是所谓的"伤于易",所以才导致晚唐五代仿作者甚多、流传既久。这里的"易",指的是"轻率"或"轻易"之意,与言之有物的"浅易"、"疏淡"并不相同。苏轼曾以"疏淡"论永禅师的书法,他说:

> 永禅师书,骨气深稳,体兼众妙,精能之至,反造疏淡。如观陶彭泽诗,初若缓散不收,反覆不已,乃识其奇趣。

所谓的"疏淡"其实既不是随心所欲的师心自用,也不是无所限制的自由发挥,而是在长期广泛而扎实的生存感悟,并掌握各种表达方式,即"骨气深稳,体兼众妙"之后,以概约简化之笔触或极简练平淡的文字(或形式),传达出细致而沉着之"意"的创作功力。因而,苏轼认为,"大抵作诗当日锻月炼,非欲夸奇斗异,要当淘汰出合用事"(《书赠徐信》),在看似随意平淡之"意"中,其实蕴含有极其恰当而体悟入深的人生感悟。

这种切己而寓物而生的、恰当适时而入深入微的人生感悟,即是苏轼所谓的出之以诚然之"意"。"诚"的本义是"信",《说文》云:"诚,信也",即说话符合事实谓之"诚"。到子思作《中庸》时,"诚"已提升为一个重要的哲学范畴,指"天之道"。《中庸》云:"诚者,天之道也;诚之者,人之道也。诚者不勉而中,不思而得,从容中道,圣人也。诚之者,择善而固执之者也。"其后以"诚"为"天之道",以诚表示万物之理,即"肯定客观世界具有一定的客观规律性,也可说诚表示客观实在性与客观规律性的统一"①的说法成为哲学常识。苏轼对"诚"的阐释,与此不同,不取对客观事物认知的视界,而颇有生存论的意味。他说:"夫诚者,何也? 乐之之谓也。乐之则自信,故曰诚。"(《中庸上》)这段对"诚"的解释,有两个关键词语,一是"自信",一是"乐之"。所谓"自信",就是相信自己,人的内心与外在表现相一致或曰外在的现象与内在的本质相一致,即苏轼所谓的"使吾心晓然,知其当然"(《中庸中》),知其所然又通达其所以然,换言之,即对其"是其所是"的生存状态的本真领悟。而所谓"乐之",就是不假修伪、出于自然而然之人情。苏轼认为,"情者,性之动也,溯而上至于命,沿而下至于情,无非性者。性之于情,非有善恶之别也,方其散而有为,则谓之情耳。命之于性,非有天人之辨也,至其一而无我,则谓之命耳……言其变而之乎情,反而直其性也。"(《东坡易传》卷一)因而,言出于自然而动之情,即是言出于人之本性,虽"莫知其所以然而然",却亦不能不为之然,如"手之自用"(同上)。将"自信"与"乐之"合二为一,即为苏轼赋予"诚"的意义,也就是一种"是其所是"而又"不能不如其所是"的本真本己的生存状态。唯有这种全然出于人之本性之"诚",人才可以存真吾以至于成大道、存道义。如果可以说,"性"是人之所以为人的"内在"根源,那么"诚"就是人之所以为人的"外在"显现。"性"与"诚"是一体的,故苏轼以"诚"论"性"。他说"舜之所不能加,桀、纣之所不以亡,是谓'诚'"(《东坡易传》卷一),与论"性"之说如出一辙。

苏轼以"诚然"来言"意",或者说把"意"植根于人之所以为人的"性"之根底,即人是其所是的本己本真的生存根基处,意在表明此"意"并非是生活中师心自用之随意、任意或者妄意,而是对人自身本己生存的本真感悟。这种感悟不是出于对合于"天道"的某种道德规范的遵守和依循,而是出于人之本性最切己的呼唤和最真诚的敞现。苏轼认为,"见其意之所向谓之'心',见其诚然谓之'情'"(《东坡易传》卷三)。在这种出于诚然的人生感悟中,"意"与"心"、"情"是相通、相融的。在苏轼眼里,"意"总是有所情绪、情感表现的

---

① 张岱年:《中国古典哲学要领范畴要论》,中国社会科学出版社,1987年版,第103页。

显现,"事有以拂乎吾心,则吾言忿然而不平,有以顺适乎吾意,则吾言优柔而不怒。天下之人,其喜怒哀乐之情,可以一言而知也"(《春秋论》)。之所以以"意"代替"情"字成为赋诗作文之要,大概是正是由于"意"比"情"有更深邃、更切己的生存体悟和人生领会吧。

然而,这种诚然之"意",却常为功利所易,为外物所蔽,或者亦常为思虑、欲念所遮蔽,即常为一种非本真、非本己之"邪意"所遮蔽。苏轼认为,只有"邪者尽去,则其不可去者自存矣",否则,即便"言行之信谨,盖未足以化也"(《东坡易传》卷一)。而"意"之所以成为可尽去之"邪意",并不根源于人有功利之心,或者人须假外物而寓,甚至人常有思虑、欲念之想,而是在于人把这些功利欲念执为一种必然、固有而不变的存心之想。"意"之所随者,"道"也,而"道""生生而不息",故有意于存意,则往往先存其意。存此"意"循物,则物为"意"所蔽;存此"意"见人,则人为"意"所夺。"意"之于道、之于人,如瓢之在川,浮而不融、隔而不入。大化流行,逝者如斯,"天地曾不能以一瞬"。只有"纵浪大化中",以变本身为唯一的不变,安时处顺而又寓意于物,物之动而意相随,随之以化,适时以行,才能寄寓万物之中而应万物之变化。得之为声,遇之成色,参天地之化育,存真吾之性而得造物者无尽藏也。"意"之于人、之于道,如珠在渊,因物而化、随缘而出。从"生生不息"变化的角度来看,出于诚然之"意",其实是一种不自为形、不粘形迹而适遇而生、随俗变化的无意之"意"。自其不变者而揣之,则此诚然之"意",其实就是一种始终出于本心而不能尽去、不能自显却又因物以赋形的寓意之"意"。唯其为无意之"意",故不可执为固定化之有意,不可存为现成化之妄想。"纵浪大化中,正为化所缠。应尽便须尽,宁复事此言"(《问陶渊明》),甚至连"纵浪大化"也不能看作是一种有意而为之的理想选择,而是"物我相忘、身心皆空","一念清净,染污自落,表里翛然,无所附丽"(《黄州安国寺记》)而独存真吾。唯其为寓意之"意",故汰芜存菁、妄念去执之后,"胸中廓然无一物"(《与子明兄》),故能欣然与物相接,则随物自化而不可不化,寓意于物则物无不可乐,率意为文而文不能不为之工。

综上,我们可以知道,把"意"植根于人的生存的基底,苏轼之言

"意",并无任何只凭聪明天才即可成事的成分,并不能用一个"天才横溢"或者"不学即能"的天才论调所能涵盖、遮蔽其中所焕发出来的生存领悟的思想光辉。"深思极虑"或者"无思无虑",苏轼所要达到的无非是对"意"自觉的汰芜存菁,尽去妄想,以交通人天的巨大思力,来击穿和滤却种种人生的痛苦,复得生命的澄澈。站在生存的最深邃处,面对艰难而迍邅的生活境遇,绝不诉穷叹屈、自怨自艾,而是自然焕发出诚然而无矫饰之情意,苏轼之"意"虽是适遇而生,却历经理性之沉潜,穿越穷愁委屈之自怜,探颐索隐、洞幽烛微而通达对整体生命的深刻省思。因而,坦然而自信地面对生活、面对自我,或超乎个人荣辱之外,真诚地忧国忧民,心系天下苍生,或幽光自照,从对自我及逆境谦卑而坦诚的正视之中探求真觉与真乐,就成为苏轼所赋予"意"的最重要的特征。出于本心,又随物而化,并通达大道、成就真吾的诚然之"意",是苏轼对人的本性与大道做出统一把握、透彻了解的关键之处,是基于人的生存而发出的真实而深沉的人生领悟与思考,也正是苏轼"率意为文"的创作秘密之所在。因而,"有意而言、意尽言止"的苏轼之诗文作品笔笔沉着、略无虚浮而震烁古今,千载之下仍有摄人心魄、令人动容的审美魅力。

第二节 "意"之为"诗意"的生成性特征

在现代汉语中,"意"是一个使用频繁、为人所熟悉的字,由它与别的字搭配组合成的词,被人们用来表达多种义项明确的含义。同时,"意"本身却又是一个不常使用、含义模糊的词。由于汉语经历了由以单音节为主到以双音节为主的词语变化,除了在特定的语境里,如今人们已经很少把"意"当成一个独立的词来使用了。人们熟悉并明了由"意"所构成的词的含义,但"意"本身的含义却在不言自明的词语搭配中变得晦暗不明了。与"意"搭配的另一个字总是在词语中起支配作用,控制着词语的含义指向,因而,词语的含义愈是明确,"意"本身的含义愈是晦暗、模糊。由此可知,尝试着用含义明确的双音节词语来理解古汉语中单音节的"意",并不是恰当而优化的方案。例如,"意"可以衍生出"意识"、"意图"、"意志"、"意念"、

"意向"、"意味"、"意蕴"、"意义"、"意旨"、"意见"等不同的词语，用这些词语来翻译或理解"意"的本义，相互之间差别可是太大了。因此，权宜之计，还是把"意"当作"意"本身进行整体领悟更为合适。

即便如此，寻绎"意"之含义的道路依然需要甄别与清理。人们习惯于把"意"理解为主体心理感受的某种现成的对象。似乎人之"意"是从人的内心走出去主动应合外物刺激、把握外在客体的主观感受，或者是外在客观事物映射于人的内心并遗留下来的心理反映。这样我们便有了两种"意"：一种是向客观外物施加影响的意向感受，"将主观愿望投射到客体事物"，使"客观事物主体化"；一种是对于外在事物的反映，"将客观情况纳入主观世界之中，使主观认识客体化"①。简言之，即有了"外意"、"内意"之分。"外意"指向外在客观的事物，是一种意向活动。"内意"则留贮于人的内心，是一种由外部刺激引起而达于意识活动层面、被人意识到的心理活动。

这种内外之分的含义，古已有之。东汉许慎《说文解字》是这样解释"意"的："意，志也。以心察言而知意也。从心、从音。"而在解释"志"时又说："志，意也。从心之声。"以"意"、"志"同义相互训释，并不能带来精确的含义，因而只能通过造字法来领悟"意"的本义。从上文我们可以知道，所谓的"志，从心之声"也可解为"从心从之"或"从心从止"。"志"有"心之所之"与"心之所止"两种理解，前者指向外，后者藏于内。用"志"来训"意"，我们可以知道"意"亦有内意、外意之别。就"意，从心从音"来看，可理解为心灵的声音（或心里说的话——在甲骨文中，音、言互用）。"以心察言而知意也"不是对"意"的解释，而是提供了一种认知"意"的途径或方法，即用心反复审察（"察，复审也"——《说文》）一个人所说的话就可以知其"意"。但说出的话并不等于心里想说的话，前者在于外显，后者在于内隐。这样"意"自然也就有了内与外的区分了。

刘勰《文心雕龙·隐秀》有"隐以复意为工"的说法，"复意"指的就是在"外意"之下隐而不显的"内意"。皎然《诗式》提出"两重意已上，皆文外之旨"，则是对刘勰"复意"的认同。唐代有了明确的

---

① 夏之放：《论块垒——文学理论元问题研究》，第217页。

"内外之意"的概念。(旧题)白居易在《金针诗格》中曰:"诗有内外意。内意欲尽其理,理谓义理之理,颂美箴之类是也。外意欲尽其象,象谓物象之象,日月山河虫鱼草木之类是也。内外含蓄,方入诗格。"晚唐徐夤在《雅道机要》中亦有云:"明意包内外。内外之意,诗之最密也。苟失其辙,则如人之去足,如车去轮,何以行之哉?"宋元论者则沿用了这一区分。梅尧臣《续金针诗格》云:"有内外意:内意欲尽其理,外意欲尽其象,内外含蓄,方入诗格。如'旌旗日暖龙蛇动,宫殿风微燕雀高',旌旗喻号令,日暖喻明时,龙蛇喻君臣,言号令当明时,君所出臣奉行也。宫殿喻朝廷,风微喻政教,燕雀喻小人,言朝廷政教才出,而小人向化,各得其所也。"可以看出,"外意"是指向客观外物之象的,"内意"则留存于人的主观心理。

从认识论的角度来看,这种通过内外之分来剖析"意"的做法,无疑使"意"的含义更为具体和明晰了。同时却距离"意"本身的整体含义越来越远了,因为"内外意"是把"意"看作一静止、现成的对象而条分缕析的产物,其结果必然导致更多隐而不显需要解答却没有解答的问题。"内外意"是一种"意",还是两种"意"?它们有先有后,还是同时产生?两者之中哪一个更为本源?它们的本源是什么,如何产生?对这些问题的回答,恰恰是"意"本身的含义之所在。而"内外意"的区分和确立,却闲置了这些问题本身,远离了问题的答案,从而在相当的程度上遮蔽了它们所从出的本源,割裂了它们之间原初就有的整体关联。这是传统认识论所无法克服的局限。

好在这种"内外"之分,并没有导致完全分立的状况,尤其是在对诗歌艺术作品的考量中得到了整合,这反映了中国人善于整体把握的思维特点。"内外含蓄,方入诗格"的考量,在一定程度上避免了内外之分所导致的主客、物我截然二分的思维倾向。

这提醒我们在对苏轼所言之"意"进行把握时,切忌单纯使用二分中的任何一方来代替对"意"本身的理解。毕竟苏轼本人并没有指明所谓"有意而言"、"以意为主"的"意"是"外意"还是"内意",而应该在整体上进行把握。但这种整体把握决不意味着单纯地依靠对"内外意"进行调和就能达到,而是回到"内外意"所原发从出的源始状态或事情本身。回到"意"之事情本身,意味着须获得一种无前提的现象学阐释的视野。"内外意"之分及其分化所预设的假源始性的前提应该被放弃,把"意"作为主体心理某种现成对象的预设也应在放弃之列。同时更源始地,以"心"作为"意"之获得的源始性前提和始基性地位也应该一并受到怀疑。这点怀疑,不是我们强加的,而恰恰是苏轼所点醒的。他反用董仲舒"心之所谓意"的说法,曰:"见其意之所向谓之'心'。"(《东坡易传》卷三)与把"心"作为"意"不加质疑的前提相比,苏轼以"意向"释"心"的说法是颇有意味的。"心"之所以为"心",不是完全自足的,它是在"意之所向"的活动中成其为自身的。"心"本身不是一个纯粹的、先验的存在,不能离开"意之所向"的意向性行为和对象来空谈"心"之所在。

回到"意"本身,不意味着把"意"先行设定为一静观的现成对象,并为其提供一种或几种明确而固定的标准意义,而是说,"意"本身是在生成中显示并赢获其本己的意义的。张祥龙先生认为,"'到实情本身中去',还它们一个'本来面目'",意味着"去揭示使它们成为自身的语境、史境和思想视野"①。因此,回到"意"本身,就是回到"意"由之所出的源发之境,在生发与构成的态势中描述与呈现"意"的整体蕴含。这意味着,首先回到苏轼言"意"所使用的语境,揭示与之相关的上下文的勾连,而后在更为本源的生存境域中展现"意"之所以成其为自身所呈报出来的特征。

一、自是一家:向来我属

"意"由己出,不人云亦云,这是苏轼所赋予"意"的首要特征。他在《策总叙》中提出"有意而言"之后,紧接着论述道:

> 古之言者,尽意而不求于言,信己而不役于人……故战国之际,其言语文章,虽不能尽通于圣人,而皆卓然近于可用,出于其意之所谓诚然者。自汉以来,世之儒者,忘己以徇人,务射策决科之学,其言虽不叛于圣人,而皆泛滥于辞章,不适于用。臣尝

---

① 张祥龙:《海德格尔思想与中国天道——终极视域的开启与交融》,生活·读书·新知三联书店,1996年版,第2页。

以为晁、董、公孙之流，皆有科举之累，故言有浮于其意，而意有不尽其言。

这段文字列举了"古之言者"、"战国"之"言语文章"以及汉之"儒者"对待"意"的三种不同态度和具体做法。"古之言者"，"信己而不役于人"；"战国"的"言语文章"，亦"出于其意之所谓诚然者"。所谓"诚"，苏轼释为"自信"，故战国的文章，也是内外一致，打上"自我"印迹。而汉之后的"儒者"，所取之"意"虽依傍圣人，却并非是自己的，"忘己以徇人"，失去了自我来迁就和顺从别人，所以才会导致"言有浮于其意，而意有不尽其言"。因此，"意"是否具有属己性，是苏轼提倡"有意而言"的关键，也是成就"天下至言"的前提。

"意"的这种属己性，是苏轼论文评诗的价值尺度。葛立方《韵语阳秋》载苏轼以"钱"喻"意"的话："天下之事，散在经、子、史中，不可徒得，必有一物以摄之，然后为己用。所谓一物者，意是也。不得钱不足以取物，不得意不可以用事。此作文之要也。"《清波杂志》亦载苏轼所言："作文先有意，则经、史皆为我用。大抵论文，以意为主。"在谈及自己的创作体会时，苏轼认为："……与凡耳目之所接者，杂然有触于中，而发于咏叹。"(《南行前集叙》)即，是否有触于自己心中之"意"，是咏叹的前提。作家之"有意"，如同"山川之有云，草木之有华实"，是"充满勃郁而见于外"的，"夫虽欲无有，其可得耶？"有了这个属己的"意"，就如"风行水上，自然为文"，诗文自然为"工"。倘不能"有触于中"之"意"，勉强为文，就不会成功。他批评李方叔道：

至若前所示《兵鉴》，则读之终篇，莫知所谓意者，足下未甚有得于中而张其外者。不然，则老病昏惑，不识其趣也。(《与李方叔书》)

自成一家，独出新意，是苏轼从事艺术创作自由的审美享受和自觉的艺术追求。论书法，他说"柳少师书，本出于颜，而能自出新意，一字百金，非虚语也"(《书唐氏六家书后》)；评绘画，他也提出"文以达吾心,画以适我意"标准。他曾经不无得意地自诩道,"吾书虽不甚佳,然自出新意,不践古人,是一快也"(《评草书》)。"自言其中有至乐,适意无异逍遥游。近者作堂名醉墨,如饮美酒销百忧"(《石苍舒醉墨堂》),说的虽是他人,却也是苏轼"我书意造本无法,点画信手烦推求"挥笔泼墨的自我写照。"意之所到,笔力曲折,无不尽意"更是他自己作文赋诗无不"适吾意"的"得意"宣言。由于诗词文赋皆从自身感悟出发,所以自成尺度,风格"自成一家"。

> 近却颇作小词,虽无柳七郎风味,亦自是一家。呵呵! 数日前猎于郊外,所获颇多,作得一阕,令东州壮士抵掌顿足而歌之,吹笛击鼓以为节,颇壮观也。(《与鲜于子骏书》)

于婉约词之外独辟蹊径别树词风,显示了他对于创立豪放词是相当的自觉意识。他把这种在词中直抒己意的豪放,看作是人生非常快活的事,以至于有"但豪放太过,恐造者不容人如此快活"(《答陈季常书》之十三)般收敛的话。

海德格尔在《存在与时间》中描绘"此在"的特征之一,是"此在"根本上具有"向来我属"(Jemeinigkeit)的性质。① 但"此在"的这种规定,并非意味着"此在"总是在它的存在中选择自己并获得自身,而是"此在"本真存在的可能性。更多时候,"此在作为日常共处的存在"②,消散在"他人的"存在方式中,"我"沦为他人,处于失去自身的非本真状态。因而,苏轼强调"意"的属己性,意味着从常人的沉沦状态返回,倾听本己的召唤,重新获得自己本身的过程。这不仅是人作为"此在"最本质的规定性,更是苏轼本真自我的自觉选择。

事实上,"此在"从"常人"中转身,返回本己的路并非快乐的坦途,甚至可以说充满艰难。仕途中凡事必出于己意,会招致众人的闲言、非议,甚至迫害。得罪他人、遭人嫉恨、为人暗算,颠沛流离于羁

---

① 海德格尔:《存在与时间》,第50页。
② 同上,第147页。

旅,以至于陷此险境,几丧命于牢狱,正是苏轼一生的坎坷遭际。即便如此,坚持己见,不逆本心,"言发于心而冲于口,吐之则逆人,茹之则逆余。以为宁逆人也,故卒吐之"(《思堂记》)。他借陶渊明再次表白道:

"清晨闻扣门,倒裳自往开。问子为谁与?田父有好怀。壶浆远见候,疑我与时乖。褴褛茅檐下,未足为高楼。一世皆尚同,愿君汨其泥。深感父老言,禀气寡所谐。纡辔诚可学,违己谁非迷。且共欢此饮,吾驾不可回。"此诗叔弼爱之,予亦爱之。予尝有云:言发于心而冲于口,吐之则逆人,茹之则逆予,以谓宁逆人也,故卒吐之。与渊明诗意不谋而合,故并录之。(《录陶渊明诗》)

虽然坚持己见,会得罪他人,也未必能够取悦于世,但苏轼坚信,凡事必有所断于中而后方有所取,"其所不然者,虽古之所谓贤人之说,亦有所不取"(《上曾丞相》)。他自我总结道:"轼之内顾,岂不自知。性任己以直前,学师心而无法。自始操笔,知不适时。"(《谢馆职启》)

苏轼倡导的"有意而言",在对它的含义做进一步分析之前,首要的是把握"意"的向来我属性质,即这个"意"必是基于自我,关乎我的存在的,是由本己的生存感悟而上升出来的意识、思想。断之于中,必由己出,不依傍贤人之说,不依附众人之言,遗世独立,卓尔不群,虽然未必取悦于世,也未必适于时,但此"意"却由此赢得了最重要的艺术品格。因为它不仅仅是人的内心情感的抒发,也不仅仅是对美学最高境界的追求,或者是对于一种独特审美风格的自觉追求,它所展开的是人本己、本真的生存状态。这种生存状态,是人之所以为人的本真呈现,也是存性以成道的通达之路。人只有在本真的状态中,即人是真我,性是本性,存真我,成本性,才能合乎大道。存道,成道,所谓"性所以成,道而存存也"(《东坡易传》)。"以意为主"创作的艺术作品因"意"之向来我属性,赢得了基于生存论基础的本体论地位,并在通向大道的途中占据了基础的位置。更由于向来我属之"意",出于"诚然",出于"尧、舜不能加,桀、纣不能亡"之"真存"(《东坡易传》卷七),故文学艺术才能"合于天造,厌于人意"(《净因院画记》),价如"精金良玉"(《与谢民师推官书》),与天地共存。蔡绦说"东坡诗天才宏放,宜与日月争光"①,确是誉不虚出之论。

二、神与物交:即物而生

"意"的向来我属特性,很容易被"颠倒妄想地主观化"误解②。人们由此把"意"理解为内心的个体化行为③,或者是内在于主体的某种体验④,或者纯粹作为一个心理学概念⑤,指主体的意识、心智、情感、旨趣等,被称之为"自由的心灵"⑥。于是,"以意为主"就被当成了随心所欲、只为适意、唯意之所造的洒脱而毫无拘束的所谓"自由地表现"⑦。这不仅仅是对"意"之本源的误解,也是对艺术本身的诋毁。郑板桥曾云:"不知写意二字,误多少事。欺人瞒自己,再不求进,皆坐此病。"⑧说的正是这个意思。

这种主观化误解的根源在于,人们把"自我"、"主体"或"心灵"预设为先验的"实体","意"只是内在于主体的行为和结果。这是近现代以来西方形而上学认识论的错误,实际上,"人的'实体'不是综合灵魂与肉身的精神,而是生存"⑨。让我们暂时"悬置"认识论的想法,回到历史文本语境中去。

在苏轼看来,向来我属之"意"虽"断之于中"或"发于心",但并不意味着"心"就是"意"的本根之所在。因为人们的"心"本身并不

---

① 转引自胡仔:《张芸叟》,载《苕溪渔隐丛话》(后集)卷三十三,第257页。
② 海德格尔:《现象学之基本问题》,丁耘译,上海译文出版社,2008年,第90页。
③ 宇文所安:《中国文论:英译与评论》,王柏华、陶庆梅译,上海社会科学出版社,2002年,第31页。
④ 李泽厚、刘纲纪:《中国美学史》,安徽文艺出版社,1999年,第410—411页。
⑤ 陈良运:《论中国古代文论中的"意"》,载《古代文学理论研究丛刊》(第18辑),上海古籍出版社,1997年版,第1—3页。
⑥ 冷成金:《苏轼的哲学观与文学观》,学苑出版社,2004年,第453页。
⑦ 党圣元:《苏轼的文章理论体系及其美学特质》,载《人文杂志》1998年第1期第127页。
⑧ 郑燮:《郑板桥集》,上海古籍出版社,1979年,第289页。
⑨ 海德格尔:《存在与时间》,第136页。

是独立自持的。

> 东坡居士曰:"世人之心,依尘而有,未尝独立也。尘之生灭,无一念住。梦觉之间,尘尘相授。数传之后,失其本矣。则以为形神不接,岂非因乎?人有牧羊而寝者,因羊而念马,因马而念车,因车而念盖,遂梦曲盖鼓吹,身为王公。夫牧羊之与王公,亦远矣,想之所因,岂足怪乎?"(《梦斋铭并叙》)

这跟当代哲学家所谓"心除了世界之外,一无所有"的观点是相近的。换句话说,所谓的"心"不是一个脱离尘世的独立实体,没有世界的心灵是从来不曾存在的。"见其意之所向谓之心。"(《东坡易传》)。这一点,苏轼与王阳明"意是心之运用"、"心之发动处谓之意"的观点并不相同①。苏轼之所谓"意"不是"心之所止"或"心之所藏",而是"心之所之"、"心之所往"。这意味着"意"是具有指向性的意向行为,它所指向的事物就是"意"的自身领会。因而,所谓"意"的向来我属,不是指"意"首先在脱离了处境与外物的自我的纯粹"心灵"之内,而是指在心灵所指向的本己的生存世界之中。

> 雷霆风雨,日月寒暑,更用迭作于其间,杂然施之而未尝有意也……
> 我有是道,物各得之,如是而已矣!圣人者亦然,有恻隐之心而未尝以为仁也,有分别之心而未尝以为义也,所遇而为之,是心著于物也,人则从后而观之,其恻隐之心成仁,分别之心成义矣。(《东坡易传》卷七)

圣人虽有"心"却未尝有"意"(仁、义),遇物而为仁义,心著于物方有"意"。联系上文曾引"见其意之所向而谓之'心'",可知此处所谓"恻隐之心"、"分别之心"也只是从后观之而预设的潜在之"端"而已,并不是先验预设的实体。这种首先指向外在而后成其自身于

---

① 马关泉:《王阳明心学"意"范畴研究》,硕士论文,,西北师范大学2009年,第28页。

心中之"意",表现为一个"道"与"意"相互激荡交融的生成过程。用苏轼更形象的语言把这个过程表述出来,即"山川之秀美,风俗这朴陋,贤人君子之遗迹,与凡耳目之所接者,杂然有触于中",或者"幽居默处而观万物之变,尽其自然之理,而断之于中"(《上曾丞相书》)。

然而,对"意"的这种解释,又有"颠倒妄想地客观化"①的嫌疑。有学者就把"意"理解为客观"物和理"的反映。苏轼之"意"确有"唯物"的倾向。他说:"万物自生自成,故天地设位而已。圣人无能,因天下之已能而遂成之。"(《东坡易传》卷九)天地之设位、万物之成形,是"自然而然"的,存在于圣人之先,圣人只是顺应它、成就它。因此,"意",不是源于内心世界,而是"合于天造",源自于"天工"。"诗画本一律,天工与清新"(《书鄢陵王主簿所画折枝二首》),"高人岂学画,用笔乃其天"(《次韵水官诗》并引)。这里的"天",不是宗教意义的人格神,也不是超乎自然、超验的东西,而是正在进行中的事物发展变化所有过程的总和以及这些过程的全部状态,是事物之"真"不断由之所生发出来的"资源"②。要得天之"意",须得物之真,要得物之真,须先学会忘却。"及其相忘之至也,则形容心术,酬酢万物之变,忽然而不自知也。自不能者而观之,其神智妙达,不既超然与如来同乎!"(《虔州崇庆禅院新经藏记》)因为"我一有心于其间,则物有侥幸夭枉,不尽其理者矣。侥幸者德之,夭枉者怨之,德怨交至,则吾任重矣,虽欲备位可得乎"(《东坡易传》卷七),从而造成"原其始不要其终,知其一不知其二,见其偏而不见其全,则利害相夺,华实相乱"(《乃言厎可绩》)的局面,或者"临义而思利,则义必不果;临战而思生,则战必不力"(《思堂记》)的后果。只有忘却世俗营营之思虑,以"无心"、"无意"应之,才能"无心而一,一而信,则物莫不得尽其天理,以生以死。故生者不德,死者不怨,则圣人者岂不备位于其中哉"(《东坡易传》,卷七),才能"无意乃佳",

---

① 海德格尔:《现象学之基本问题》,第79页。
② [法]弗朗索瓦·于连:《圣人无意——或哲学的他者》,商务印书馆,2004年版,第133—134页。

"循万物之理"、"应万物之变"(《终始惟一时乃日新》),"各忘其身,与道俱融"(《采日月华赞》)。这就是庄子所说的"指与物化而不以心稽,故其灵台一而不桎"(《庄子·达生》)的物化之境。

"意"的唯物倾向,克服了"意"的主观化误解,但不应把"意"解释为对客观现象的机械反映。"意"得于外而断之于中的过程,是"相即相生"、"相摩相荡"的。

> 凡物皆有英华,轶于形器之外……吾有了然常知者存乎其内,而不物于物,则此六华者,苟与吾接,必为吾所取。非取之也,此了然常知者与是六华者盖尝合而生我矣。我生之初,其所安在,此了然常知者苟存乎中,则必与是六华者皆处于此矣。其凡与吾接者,又安得不赴其类,而归其根乎?(《大还丹诀》)

"我"不是单纯内在的、超验的"本我",也不是纯然外在的、经验的"超我",而是内外合和而生的、"处于此"的"自我"。"意",是存乎于内之"了然常知者"与外在的物之"英华"相接而生的结果。"意"之向来我属,就是"源始地和持续地发现自己在事物之中"①的意思。海德格尔认为,"此在存在论上首先从那种它自身所不是的但却在它自己的世界之内来照面的存在者方面及其存在方面领会自己本身,也就是说,领会它的在世"②。因而,"意"的"向来我属"与"即物而生",在生存论的建构上,是同一过程的两个环节。

用分析的眼光看,"意"包括"物理"与"心理"两方面内容。但它们相辅相成地融合在一起,不可分离。"我中有物,物中有我",甚至不能把它理解为"对个目标的意求",或者描述为"对象性存在"。倘若只求得之于外,滞留于外物,而没有"断之于中"的生存决断,把自己彻底敞开在"如寄"、"如梦"的人生中,随物而化,则人自身就会消散于事物及他人之中,为物所蔽,为人所役。此时所之"意"只是

---

① 转引自倪梁康:《自识与反思——近现代西方哲学的基本问题》,商务印书馆,2002年版,第484页。
② 海德格尔:《存在与时间》,第69页。

物之"意",而非本我之"意"。凡得"意"处皆有心,"己好则好之,己恶则恶之,以是自信则惑也"(《上曾丞相书》),则所得之"意"只是执妄而已,并非真我所属。只有剥离营营之欲念,以无私之心通万物之理,以无意之心达万物之妙,才能"物了然于心",从而达吾意,适吾意。在这个意义上,所谓"无心",即是"本心",所谓"无意",即是"真意";而"胸中廓然无一物",即是"神与万物交"的适意之游。对于诗歌创作而言,这种无我而得真我、无意而得真意,即物而生、与物同在之"意","作为由现实感发而得来之思想境界与审美感受"是一种"更贴近于人生、更贴近于独特的审美体验"①。

因此,苏轼对"意"的"即物而生"特性的强调,并不仅仅意味着"意"要有一个客观的物质基础,或者简单将"意"视为"主客观统一,情景交融"的东西,而是说人作为此在对自身存在的领悟,在生存论上是向存在者的存在开放的。"此在(Dasein)理解自己的存在和理解其他存在者的存在是同时发生的,此在(Dasein)在世上存在也就是让其他存在者存在"②。对"物"的揭示本身属于此在的开放性,属于此在对在世之在的自身领悟,它标识着人之在世向来已经就"在世界之中"的本己的生存方式。海德格尔强调说:"在指向某某东西之际,在把捉之际,此在并非要从它早先被囚闭于其中的内在范围出去,相反倒是:按照它本来的存在方式,此在一向已经'在外',一向滞留于属于已被揭示的世界的、前来照面的存在者。有所规定地滞留于有待认识的存在者,这并非离开内在范围,而是说,此在的这种依寓于对象的'在外存在'就是真正意义上的'在内'。这就是说,此在本身就是作为认识着的'在世界之中'。反过来说,对被认识的东西的知觉不是先有出征把捉,然后会带着赢获的猎物转回意识的'密室';而是:即使在知觉的收藏和保存中,进行认识的此在依然是作为此在而在外。"③因而,苏轼关于"神与万物交"的描述,不是把人自身的存在交付给异己的客观外物,而是在与"物"神游的适

---

① 党圣元:《苏轼的文章理论体系及其美学特质》。
② 张汝伦:《海德格尔与现代哲学》,复旦大学出版社,1995年版,第114页。
③ 海德格尔:《存在与时间》,第73页。

意中,揭示出"人"、"物"相即共在的、本真的生存境域。只有揭示出这个"人"与"物"共同存在的、"在世界之中"的生存境域,才能敞开人之在世最本己的生存状态,"意"也才真正具有在世之人对自身领悟的"向来我属"性。由于"意"产生于人归于万物并与万物合为一的过程中,所以"意"能够表现出"道"的某些本质特征,从而实现中国古代艺术范畴体系中"道"向"意"范畴的转化。①

三、博观约取:先行组建

苏轼在《谢民师推官书》里给出了"达意"的标准。他说:"夫言止于达意,即疑若不文,是大不然。求物之妙,如系风捕影,能使是物了然于心者,盖千万人而不一遇也。而况能使了然于口与手者乎?谓之辞达。"(《与谢民师推官书》)。所谓"了然",即无所遮蔽、毫不含糊地呈现出"是物"本身的面貌来。欲达到"了然"的境界,既要"穷理",又须"尽性",这需要持之以恒的学习。换句话说,若想在人与物相遇、相接的时刻,能够"接于耳目"并"断之于中","穷理尽性",通达万物之妙并获取向来我属之意,是非要经过先行的学习、贮备和先期的筹备、组建不可的。

苏轼说:"当且博观而约取,如富人之筑大第,储其材用,既足而后成之,然后为得也。"(《与张嘉父七首》之七)他相信,只有"积学不倦",才能"落其华而成其实"(《与李方叔书》),才能"信道自守"、"不求自至"、水到渠成。对于苏轼而言,"学"是存养本性,成就自我、达天人之际的生存之道。"古之人道其聪明,广其闻见,所以学也"(〈送人序〉《文》325),使人耳聪目明得以"思通千载,视通万里"唯一的方式只有不断地学习。

苏轼曾以"远游"为喻,说明"为学"的道理:"譬如远游客,日夜事征行。今年适燕蓟,明年走蛮荆。东观尽沧海,西涉渭与泾。归来闭户坐,八方在轩庭。"(《张寺丞益斋》)为学犹如行万里路,南北东西,亲事征行,广闻博见,吞吐八荒尽在眼前,这是对生活现有空间范

---

① 曾祖荫:《"文以气为主"向"文以意为主"的转化——兼论中国古代艺术范畴及其体系本性》,载《华中师范大学学院》(人文社会科学版),2001年第6期,第57页。

围的突破。"学"使人破除了对当前"所见即所是"的现成状态的固执,使其不受制于流俗的时间与空间的桎梏,进入一种"机变、动人和充满乐感的世界"①。从"为学"中所获得之"己意",是根植于人的生存状态对于人之生存的超越性领会,因而,也是生存活动中自然流出的"本性"显现。"别来十年学不厌,读破万卷诗愈美"(《送任伋通判黄州兼寄其兄孜》),正是苏轼以"学"炼"意"为诗的创作经验谈。

苏轼对"为学"的强调,在诗歌创作中形成了"以才学为诗"的风格,遭到后世批评家不少的指责。人们视"学"为后天的努力,并非自然之"性情",对"意"只有锻造锤炼之功,而无天然清新之效。他们把"才学"作为理性因素考虑,在"才识学力"的层面上对"意"进行形而上的分析,并没有深入(或返回)"意"之所从出的本源中去考察"学"对于"意"之生发所具有的期备和组建功能。这实在是一种曲解。苏轼说:"凡学之难者,难于无私。无私之难者,难于通万物之理。故不通乎万物之理,虽欲无私,不可得也。己好则好之,己恶则恶之,以是自信则惑也。是故幽居默处而观万物之变,尽其自然之理,而断之于中。其所不然者,虽古之所谓贤人之说,亦有所不取。"(《上曾丞相书》)"为学"的最终目的不是炫耀才学,而是"无私"与"通达万物之理",即除尽私心杂念,于"幽居默处"中,遍览万物之变、通达万物之理,"如水镜以一含万"(《送钱塘僧思聪归孤山叙》)般敞开事物之本来面目。这也就是苏轼所谓"断之于中"的"意"。

通常人们认为,学习可以获得更多的知识,知识的积累愈多,主体内在的素质和禀赋愈高,对事物认识的穿透性也愈强。因而,当人与事物相互照面时,人们可以透过现象看到内在的本质、把握其中的客观规律。主体的知识愈多、观念愈强,事物客观模样也就愈鲜明,对它的把握也就愈带理性的光辉。其实不然。学习的目的不是坚守现成的"智术"、接受固有的成规。苏轼称这种"枉人之材,窒人之耳目,诵其师傅造字之语"之"学"为"俗学"(《送人序》)。他批评"欲以其学同天下"的"王氏之学"时说:"王氏之学,正如脱椠,案其形模

---

① 张祥龙:《从现象学到孔夫子》,商务印书馆,2001年,第236页。

而出之,不待修饰而成器耳,求为桓璧彝器,其可乎?"(《送人序》)"为学"之道在于"无私",即摒弃私欲与成见,胸中廓然不留一物,澄澈莹然如水镜。当物与人相互照面时,不是从私欲出发而计较其利害或验证某种既成的偏见,而是参与到物所显现出自身的过程中,保持着对物之显现、敞开状态的开放"行为",即让物以其所是的方式敞开自身。苏轼称赞友人僧潜说:"道人胸中水镜清,万象起灭无逃形。"所谓的"万象起灭无逃形",也就是"使是物了然于心"之意,即让事物进入无蔽的澄明状态。苏轼认为,"辨其所从生,而推之至于其所终极,是之谓明"(《中庸中》)。若想达到对事物的通达与澄明,就必须通过不断学习破除眼前所见事物之执守,进入其所从生与所终极的本源生发之域。

与其说,"学"使人丰富了阅历、增长了见识,使得人在与物相接时能够透过现象参破事情的规律、直视事物的本质,去寻觅、猎取和传达一个现成化、客观化的"物理",毋宁说,"学"使人超出眼前现成者的阈限、放弃对自身固有观念的执守而参与到万物生生不息的大化流行之域中。在这种万物生发的本源境域,事物挟裹着其所从生之过去与其所终极之未来,以如其所是的方式相与纠缠着、撕扯着、激荡着绽出于当下情景之中。因为"学"所开启的开放"行为"和澄明之境,使得事物自身的过去、未来及现在,能够超越"所见即所是"的当前在场之平面化,组建成一个立体多维的历史性存在而为人所"经验",并在这种"经验"中向人敞开它本己的"意蕴"。而人同时将自身释放于这种超越人之有限性的历史性存在的组建与筹划之中,人对自身存在的领会也就必然呈现为一种超越自身实际历史、并由此进入"与造物者游"的本真的历史性生存状态。"意"之生成由此融进了历史性的组建与筹划而赢获了历史的"意蕴"。

张祥龙认为,"'学'本身就要求和蕴含原本的而非物理的时间性,或一种活在时机境域之中的不可穷尽的终极"①。因此,苏轼倡言"博观约取"的"积学",就是回到事物存在之本源境域。"涉其流,探其源,采剥其华实,而咀嚼其膏味"(《李氏山房藏书记》),让天下

---

① 张祥龙:《从现象学到孔夫子》,第235页。

之事(物)以一种无蔽的方式完整地(历史地)敞开于澄明之境,无所障碍地敞显于人之生存之中。对于物来说,这就是"明"、"达"、"知之",即所谓的"穷理"。对于人来说,人回到自身的本性生发之域,以一种无所拘役的方式向耳目所接的事物开放着,并在开放中如其所是地组建、筹划并展开自身及超越自身的生存状态,这就是"诚"、"自信"、"乐之",即所谓的"尽性"。"粗缯大布裹生涯,腹有诗书气自华"(《和董传留别》),胸无点尘,自然意气高拔,"积学"的先期参与,赋予"诗意"一种超越性的存在形态。

四、成竹于胸:整体性构成

"达意"关键之处在于"求物之妙",让事物以一种完整、清晰的形态敞开于人的心灵之中。即"使是物了然",或"物形于心"、"心识其(物)所以然"、"有见于中"等。最贴切、最形象的表达是"成竹于胸"四字。

> 竹之始生,一寸之萌耳,而节叶具焉。自蜩腹蛇蚹以至于剑拔十寻者,生而有之也。今画者乃节节而为之,叶叶而累之,岂复有竹乎!故画竹必先得成竹于胸中,执笔熟视,乃见其所欲画者,急起从之,振笔直遂,以追其所见,如兔起鹘落,少纵则逝矣。与可之教予如此。予不能然也,而心识其所以然。夫既心识其所以然而不能然者,内外不一,心手不相应,不学之过也。故凡有见于中而操之不熟者,平居自视了然而临事忽焉丧之,岂独竹乎?
>
> 子由为《墨竹赋》以遗与可曰:"庖丁,解牛者也,而养生者取之;轮扁,斫轮者也,而读书者与之。今夫夫子之托于斯竹也,而予以为有道者,则非耶?"子由未尝画也,故得其意而已。若予者,岂独得其意,并得其法。(《文与可画筼筜谷偃竹记》)

苏轼把绘画的过程描述为两个紧密相接的环节:一是"先得成竹于胸中",二是"振笔直遂,追其所见"。"心识其所以然"或"有见于中",称为"得其意";"心识其所以然而能然者","心手相应"或"操之而熟",谓之"得其法"。徐中玉先生说:"把'意在笔先'作为'胸有成竹'这一规律的理论概括,我以为是可以的。"①与"使物了然于心"一样,"成竹于胸"是苏轼对"意"的形象性把握。较之于抽象的理论概括,"成竹于胸"的现象学描述显然更接近"意"的本真状态,从而更加清楚地揭示出"意"之生发的整体性特征。

首先,"成竹于胸"之"成"不是"完成"、"做成"等现成化的完成态,而是"形成"、"成为"等具有生成意味的构成状态。当"成"作"完成"、"成果"、"固有"、"已有"等含义来解释时,如"成见"、"成规"、"成交"、"成家"等,"成竹于胸"常常与"胸有成竹"混为一谈。"胸有成竹"的现成化倾向是不言自明的,这一点对于文艺创作而言,并非益事,因为"审美上被观看事物的存在方式不是现成状态"②。郑板桥提出"胸无成竹"论,主张以"化机"破"定则",反对"胸有成竹"创作之弊。他说:

> 信手拈来都是竹,乱叶交枝戛寒玉。却笑洋州文太守,早向从前构成局。我有胸中十万竿,一时飞作淋漓墨。为凤为龙上九天。染遍云霞看新绿。

又云:

> 文与可画竹,胸有成竹;郑板桥画竹,胸无成竹。浓淡疏密,短长肥瘦,随手写去,自尔成局,其神理具足也。藐兹后学,何敢妄拟前贤。然有成竹无成竹,其实只是一个道理。③

防止一种预设模式的现成化创作,早已是有识之士之共识,如张戒就曾告诫过,"诗人之工,特在一时情味,固不可预设法式也"④。苏轼

---

① 徐中玉:《论苏轼的创作经验》,第65页。
② 伽达默尔:《真理与方法》,洪汉鼎译,上海译文出版社,2004年,第118页。
③ 郑燮:《题画·竹》,载《郑板桥集》。
④ 张戒:《岁寒堂诗话》卷上,转引自《中国历代诗话词话选粹》(上),第86页。

也反对这种创作模式。他说:"大略如行云流水,初无定质,但常行于所当行,常止于所不可不止,文理自然,姿态横生。"(《与谢民师推官书》)又说:"吾文如万斛泉源,不择地皆可出,在平地滔滔汩汩,虽一日千里无难。""初无定质"与"不择地皆可出"显示出苏轼对创作之初现成化、固定化"预设法式"的态度。"烦君纸上影,照我胸中山。山中亦何有,木老土石顽。正赖天日光,涧谷纷斓斑。我心空无物,斯文何足关。君看古井水,万象自往还。"(《书王定国所藏王晋卿画著色山》)只有消除了对某种固有之物的现成化执守,才能够敞显"万象自往还"的胸中之山。因此,与"胸有成竹"的定型化地,"成竹于胸"所揭示的是并不是指有一个既定的竹之形象驻留于胸中,而是指栩栩如生之"活"竹生发于胸中,伺机构形。

其次,"成竹"虽于胸中生发构成,却不可理解为"节节而为之,叶叶而累之"式的零碎相加或组件拼凑的过程,而是"生而有之"的整体性生成的。换言之,"成竹于胸"是对竹之所以为竹的整体性观照。

"竹之始生,一寸之萌耳,而节叶具焉。自蜩腹蛇蚹以至于剑拔十寻者,生而有之也",从出土后刚脱掉笋壳的幼笋,到长若数寻如长剑般挺拔之竹,竹子都是以其整体性面貌呈现于世的。这种整体性不是枝枝叶叶添加、渐次逐节而生的结果,而是枝叶所由发、竹节所从生的根源。"胸有成竹"其实是"胸有全竹",即胸中有完整、整体之竹。汪之元以为"古人谓胸有成竹乃是千古不传语,盖胸中有全竹,然后落笔如风舒云卷,顷刻而成,则气概闲畅"①,说的就是这个道理。竹节、竹叶之所以成其所是,首先是由于它们已先行归属于竹的整体性。竹的整体性先行于竹之枝节茎叶的逐次而生。

竹以其枝节茎叶显形于世,虽千变万化,不可定形,但其相互间的位置组合、呼应协调却具有一定的潜在规则与法式,不可破坏。这种潜在的规则与法式,正是竹之为竹的存在根据,苏轼谓之"常理"。"成竹于胸"之"成竹"恰恰是形理俱在的完整之全竹的呈现,既不单

---

① 汪之元:《天下有山堂画艺》,画论丛刊本。

指枝节茎叶之形,也不纯然是潜在规律之理。

> 与可之于竹石枯木,真可谓得其理者矣。如是而生,如是而死,如是而挛拳瘠蹙,如是而条达遂茂,根茎节叶,牙角脉缕,千变万化,未始相袭,而各当其处。(《净因院画记》)

细察"如是"二字,可知其中既有"根茎节叶,牙角脉缕,千变万化"之成长情状,亦有从"生"至"死"、自"挛拳瘠蹙"而"条达遂茂"之生发规律,既有其形,亦得其理,以可见之形通达不可见之理,故而形理俱得,"各当其处",才能如其所是之全竹。如此,艺术家方可"随物赋形",在创造出美的事物同时获得莫大的愉快。

最后,"成竹于胸"的整体性还表现在,它所展开的并非仅仅是单纯客观物象的追摹,也并非是主体内在情愫的外泄(或投射)。作为构思中"尚未物化的意象","成竹"展现的是主客相应、物我相溶、虚实相生的本源生发之域。

"欲令诗语妙,无厌空且静"(《送参廖师》),欲达到"成竹在胸"的境界,须廓清心中杂念。只有进入排斥了外物的各种干扰而凝志于神的观察,才可以容纳宇宙万物于一怀而又不滞于物,即"道人胸中水镜清,万象起灭无逃形"。"胸中廓然无一物",是"成竹于胸"的前提。也就是说,"成竹于胸"不是由主体内在的某种情感(或意念)向外移置或投射的产物,而是循万物之理、应万物之动,完全把自身置于宇宙万物生息运转中的自然呈现。正是在如水镜般清澄的胸怀中,竹才能以其所是之本来面目敞现开来。在竹所展开的本真之境中,人同时敞开了其自身的本己面貌。苏轼有诗云:"与可画竹时,见竹不见人。岂独不见人,嗒然遗其身。其身与竹化,无穷出清新。庄周世无有,谁知此疑神。"(《书晁补之所藏与可画竹三首之一》)人与竹融化为一,只见无穷而又清新之竹,而不见人为外加的意念(甚至自身),这只是"身与竹化"的一个方面。另一方面,当人完全置于竹的世界,以竹为我,以我为竹,身忘而神存,目视而神遇,分不清何者为我何者为竹,只觉得竹中有我,我中有竹,得竹之理,返我本性。

> 与可之为人也，端静而文，明哲而忠，士之修洁博习，朝夕磨治洗濯，以求交于与可者，非一人也……然与可独君之深，而知君之所以贤。雍容谈笑，挥洒奋迅而尽君之德，稚壮枯老之容，披折偃仰之势；风雪凌厉，以观其操；崖石荦确，以致其节。得志，遂茂而不骄，不得志，瘁瘠而不辱。群居不倚，独立不惧，与可之与君，可谓得其情而尽其性矣。（《墨君堂记》）

以竹之情状隐含人之性情，以竹之外形所敞开的意蕴来展现人的生存状态，由是，"成竹于胸"显现出生存论的蕴含：竹与人在生发之域的原初关联。"成竹于胸"展现出的物我相融、相即相生的境界，不是生发于人的静观默想，而源出于"日与竹居"的生存之域。苏轼将创作的审美与生活中的审美联系到一起，没有"日与竹居"的生存所带来的澄明之境，"成竹于胸"就只能是海市蜃楼。

在这里，我们愿意借苏轼之弟苏辙引用的文与可的自述，来窥探其所谓"成竹于胸中"所由之而生的奥秘及其魅力：

> 与可听然而笑曰："夫予之所好者道也，放乎崇竹矣。始予隐乎崇山之阳，庐乎修竹之林，视听漠然，无概乎予心，朝与竹乎为游，莫与竹乎为朋，饮食乎竹间，偃息乎竹阴。观竹之变也多矣。若夫风止雨霁，山空日出，猗猗其长，森乎满谷，叶如翠羽，筠如苍玉。澹乎自持，凄兮欲滴，蝉鸣鸟噪，人响寂历。忽依风而长啸，眇掩冉以终日。笋含箨而将坠，根得土而横逸，绝涧谷而蔓延，散子孙乎千亿。至若蘩薄之余，斤斧所施，山石荦埆，荆棘生之。蹇将抽而莫达，纷既折而犹持，气虽伤而益壮，身已病而增奇。凄风号怒乎隙穴，飞雪凝冱乎陂池。悲众木之无赖，虽百围而莫支。犹复苍然于既寒之后，凛乎无可怜之姿。追松柏以自偶，窃仁人之所为，此则竹之所以为竹也。始也余见而悦之，今也悦之而不自知也。忽乎忘笔之在手与纸之在前，勃然而兴，而修竹森然。虽天造之无朕，亦何以异于兹焉？"[①]

---

① 苏辙：《墨竹赋》，载《栾城集》第十七卷。

此段文字,体气高妙自然,用词华美精到,语意清新晓畅,生动地展现了文与可"日与竹居"的生存状态。在这个"身与竹化"、与竹为一的生存状态,聚集着竹与人之间的原初的关联及其相即相生的构成态势。故文与可能见竹、悦竹、画竹,得天造之竹("竹之所以为竹也"),亦能从竹之全面敞开中见本心、悦己意、畅吾神,从而得本我之性("人之所以为人也")。"成竹于胸"正是"日与竹居"的本真生存之域的整体展开状态。

因此,"成竹于胸"作为"意在笔前"的形象性说法,揭示了"意"之生发的整体性特征。形与理、可见者与不可见者、主与客、物与我,在"意"之构成中,是相互融合、相即相生、密不可分的整体。它们共同源出于人本己的生存状态,是对人之生存状态最为本真的整体性展开。

五、境与意会:境域化逗留

有学者认为,"意境"范畴的建立,并非完全是由于佛教"意境界"改造或省略的结果,而是起于中国诗学内部对意、境关系的探讨,经过二者的并举连用、相融相摄,最终达成一体的。① 而在"意"与"境"并举连用、相互融合的演变历程中,人们往往注意到唐中叶权德舆所提出的"意与境会"以及唐末司空图所提出的"思与境偕",却常常忽略苏轼也提出了"境与意会"的命题。

> "采菊东篱下,悠然见南山。"因采菊而见山,境与意会,此句最有妙处。近岁俗本皆作"望南山",则此一篇神气都索然矣。古人用意深微,而俗士率然妄以意改,此最可疾。(《题渊明饮酒诗后》)

与"意与境会"相比,"境与意会"仅仅在"意"与"境"的位置上做了置换。在相融相摄乃至合为一体的意义上,二者似乎并无根本性的

---

① 陈伯海:《中国诗学之现代观》,第169页。

差别。细细揣摩,区别是根本性的。

宋代有将"意"与"境"拆开来、分先后的习惯。托名白居易而实为宋初人所作的《文苑诗格》里有云:

> 或先境而后意,或入意而后境。古诗"路远喜行尽,家贫愁到时",家贫是境,愁到是意。又诗"残月生秋水,悲风惨古台",月台是境,生惨是意。若空言境,入浮艳;若空言意,又重滞。①

这段文字以先后之分将"意"与"境"对立起来,从字从句地加以离析,是对诗歌整体意境的肢解。因为"意"与"境"是相互融合、相即相生的。

"意与境会",是指"诗人情意与其表现对象结合为一体"②。在这里,"意"是主体,处于主导地位,"境"是客体,是主体所要表现的对象。王昌龄《诗格》"论文意"谈到,"夫置意作诗,即须凝心,目击其物,便以心击之,深穿其境,如登高绝顶,下临万象,如在掌中。以此见象,心中了见,当此即用"③。就是说,诗人要以自己的心意去穿透外物,才能达到"意"与"境"的交会与融合。"意"是交会的主动者,"境"是主体所要穿越的物质世界。而"境与意会",却不同。

> 近世人轻以意改书,鄙浅之人,好恶多同,故从而和之者众,遂使古书日就论舛,深可忿疾。孔子曰:"吾犹及史之阙文也。"自余少时,见前辈皆不敢轻改书。故蜀本大字书皆善本。蜀本《庄子》云:"用志不分,乃'疑'于神。"此与《易》"阴'疑'于阳"、《礼》"使人'疑'汝于夫子"同。今四方本皆作"凝"。陶潜诗:"采菊东篱下,悠然见南山。"采菊之次,偶然见山,初不用意,而境与意会,故可喜也。今皆作"望南山"。杜子美云:"白

---

① 《文苑诗格》,载张伯伟编撰:《全唐五代诗格校考》,陕西人民教育出版社,1996年版,第340页。
② 陈伯海:《中国诗学之现代观》,第168—169页。
③ 王昌龄:《诗格》,载《全唐五代诗格校考》,第139—140页。

鸥没浩荡，万里谁能驯。"盖灭没于烟波间耳。而宋敏求谓余云"鸥不解'没'"，改作"波"。二诗改此两字，便觉一篇神气索然也。(《书诸集改字》)

"初不用意"，放弃"意"在相互交会过程中的主导性及主动性，方能"境与意会"。"悠然见南山"，是采菊之余偶然自显的结果，并非有意为之。无论是南山之自我呈现，还是采菊者无心偶得，是主客体相互缘发构成的结果。相比较"意与境会"中"意"对"境"的穿透，"境与意会"中"意"对"境"的冥合，更为自然、本真。

"意与境会"之所以可能，乃是由于在"意"的涌出和投射下，"客观物象"之境渗透或熏染了主体的主观情思，不复是原来意义上的实物之境，而成为"意中之境"。同时"意"也因了这种渗透，不再是原来形态上的抽象之意，而转形为深藏于"境中之意"了。"意与境会"，在强调"意"的主体性与中心地位的基础上，更倾向于强调"境"成为"意中之境"的感情色彩，即强调"境"的主观化。

而"境与意会"的侧重点却不在"境"的主观化，而是"意"的境域化。与"意与境会"中"意"附着于物象而渗入的境域化不同，"境与意会"中"意"的境域化，更强调回返到"意"之所从出的原发的本源之域。对于苏轼来说，"意"总是缘"境"而生的，"意"之所以为"意"，是由于"意"首先是"境中之意"。"意"的境域化特征，是"意"与生俱来的。"意"的本真地展开，本身就是境域化之"境"的敞显。因此，弃除俗虑杂念的侵扰，以空明澄澈之心应万物之动，任千象万境自由地敞显于人的心胸，在"静故了群动，空故纳万境"的泰然任之中，人得以确证、领悟乃至筹划本己的生存状态，从而得以复归本我之"真意"，"境"与"意"也就在不期然中自然地融汇。

在"境"与"意"交会中，"境"虽敞显于人的"意"中，却并非是"意"之所作所为而带上前来的，不如说，"境"是"意"无所作为而自我呈现出来的。"境"自显，"意"自得，正是"境与意会"的奥秘。"境"作为一个受佛教影响很深的范畴，早在中唐时候就进入诗学领域。对诗学、佛学都很熟稔的苏轼，似乎并没有完全把"境"纳入诗学的视野，也没有将之归属于"意中之境"。在不多的对"境"的使用

中,除指人居住和生活的空间疆界或领域外,"境"多指由时间和空间编织的人所生存、所身处的世界。如:

> 絮飞春减不成年,老境同乘下濑舡。(《次韵刘景文周次元寒食同游西湖》)
> 不知人间何处有此境,径欲往买二顷田。(《书王定国所藏烟江叠嶂图》)
> 一杯相属君勿辞,此境何殊泛清霅。(《九日黄楼作》)
> 云烟湖寺家家境,灯火沙河夜夜春。(《次韵述古过周长官夜饮》)
> 长嫌钟鼓聒湖山,此境萧条却自然。(《是日宿水陆寺寄北山清顺僧二首》)
> 此生忽忽忧患里,清境过眼能须臾。(《舟中夜起》)
> 此境眼前聊妄想,几人林下是真休。
> (《次韵子由书王晋卿画山水一首而晋卿和二首》
> 念兄独立与世疏,绝境难到惟我共。(《同正辅表兄游白水山》)
> 每逢佳境携儿去,试问流年与我同。
> (《永和清都观谢道士童颜鬒髪问其年生于丙子盖与予同求此诗》)
> 醉中虽可乐,犹是生灭境。云何得此身,不醉亦不醒。(《和饮酒二十首》)
> 都是斜川当日境,吾老矣,寄余龄。(《江城子·陶渊明》)

虽然有时也将"心"与"境"并举连用,甚至以为"心"是"境"之为"境"的必要条件,如"明月本自明,无心孰为境。挂空如水鉴,写此山河影"(《和黄秀才鉴空阁》),没有"无心"的澄心静观,"境"之为"境"也不会到来,但苏轼并没有把二者看作是一体的,或者具有相互归属的关系。如:

> 老可能为竹写真,小坡今与石传神。

　　　　山僧自觉菩提长,心境都将付卧轮。(《题过所画枯木竹石三首》)
　　　　根尘各清净,心境两奇绝。(《次韵定慧钦长老见寄八首》)
　　　　泠然心境空,仿佛来笙鹤。(《十月十四日以病在告独酌》)

　　相比较佛学"心之所游履攀援者,谓之境"的说法,苏轼并没有把"境"看作是人的内心感受及意识的对象化的呈现,即由心而生的虚妄之境。苏轼所谓的"境"是真实和真正存在的。虽不归属于人心,但苏轼的"境"却也并不由此走向独立于人之外的客观物境。人并不外在于此"境",或者说,人就在此"境"之中。人在此"境"中生存、成其为人,物于此"境"中存在、成其为物。因此,我们可以把苏轼的"境"理解为人与物相互交融生发的生存之境遇,或者说,人与其世界先于主、客分化之先的生存构成的居间状态或原发之"境"。而"意"是对这个通过自身显现出来的纯现象之域的自身把握与领会,它所展开是先于心、物之辨的纯构成的本真的自身生存状态。

　　需要注意的是,"意"总是缘"境"生发的,然而"境"作为灵动不居的构成之域,却永远无法现成化。因而,对"意"的执守与追索,一方面赋予人超越须臾流转之"境"的、形而上的冲动和潜能,另一方面却又使得"意"本身易于成为一种无根漂浮的抽象观念而遮蔽了"境"的真实澄明。任何对"意"的本真的把握和本己的领会,都必须回返到其所原发的纯构成的居间状态,承担起其所从出的人与世界相即相生的生存境域,如其所是地展现出来。如此,"意"才能以"逗留"的方式存在,并为人所把握。缺少或遗失了境域化构成的"意"只能抽象化为一种遮蔽世界真实及自身本性的、现成化的俗虑杂念。苏轼反对这种不能回返境域的"意",当然反对那些不入其"境"而轻率随意地对诗歌作品进行的篡改。无论是以"望南山"改"见南山",还是以"波"改"白鸥没浩荡"之"没",都没有真正领悟其本身所生发之境的意蕴,因而神气索然。

　　由于"意"具有缘境构成与逗留的特点,苏轼曾以"意"来解读"兴":

  夫兴之为言,犹曰其意云尔。意有所触乎当时,时已去而不可知,故其类可以意推,而不可以言解也。"殷其雷,在南山之阳",此非有所取乎雷也,盖必其当时之所见而有动乎其意,故后之人不可以求得其说,此其所以为兴也。(《诗论》)

"意"缘于当时(境)而有所生成,为避免此"意"却随时间流逝而无从知晓,故列举当时(境)为人所照面的事物,借以生发、构成(即兴起)当时之"几境"中有所触、有所动之"意"。在这里,"雷"并非是"意"之所在,只是借以生发"意"的此时此境中的照面者和在场者,它起到引发和组建"意"之所在的境域化构成的作用。苏轼还在《既醉备五福论》中提出"深观其意"的方法,既从具体而真实的境况描述中察知和体悟到其中所生发、构成和蕴含的"意",也就是在境域的整体构成中把握领会"意"的显现。

  如今,人们在认知、理念、意志等心理或哲学的层面上界定"意",通过下定义的方式对"意"进行把握,这是一种"形而上学"的虚幻神话[1]。"意"脱离了其所缘生与逗留的境域,就从"诗意"的审美状态,变成了某种抽象倾向的规定性[2]。陈伯海区别了"哲理性思考"与"诗性生命体验"两种涵义,并对"意"作了审美性阐释[3],但这并不妨碍其他人对"意"的哲学化解读。因此,"以意为主"的创作理论被当成"以议论为主"的创作习气,也就在所难免了。

---

[1] Jacques Derride: *Writing and difference*, Routledge & Kegan Paul, 1981 年,第 279—280 页。
[2] 郭绍虞:《论陆机〈文赋〉中之所谓"意"》,载《文学评论》1961 年第 4 期,第 9 页。
[3] 陈伯海:《"言"与"意"——中国诗学的语言功能》,载《文学遗产》2007 年第 1 期,第 7 页。

第三章 物：艺术是对自然的应合

"感物"说是中国传统文论最为古老的观念之一，历来不曾为研究者所忽视。然而，与"言志"、"缘情"等观念相比，似乎并没有在诗学理论体系中取得应有的地位。"言志"、"缘情"作为中国传统诗学观念的源头，被视为古典诗学本体论的观念，已是不争的事实。无论人们对"志"、"情"做怎样的界定，但在将其理解为作家主体的某种内在素质或内容这一点上，是一致的。人们往往认为，主体性的表现与抒发是中国传统诗学的基本特点，它使得中国诗学与以模仿、再现为主要倾向的西方传统诗学区别开来。"抒情"、"言志"、"写意"等以主体表现为主的诗学（或艺术）观念，也因为这种区别，成为民族性的显著特色与重要标识。以人之"情志"、"情感"或"情意"为中心探讨诗学或艺术问题，常常成为许多研究者不由自主的选择和预设。"感物"说亦常被（预）置入这种前理解的结构之中，成为一种辅助性的说明和铺垫。"感物"被理解为主体与客观世界间的感受和表达关系[1]。在这种关系中，人之感受与表达处于中心与主导的地位，"物"则作为一种触发与表现的对象，处于边缘与被动的位置。结果必然将人之"情"或其他内在心理机制看作是先天具有的、不需要学习就可以获取的禀赋，是"感"的前提[2]。虽有学者从主客、心物和谐统一的角度对"感物"说进行阐释，如，以"感"为枢纽探寻和揭示主客、心物交融互动的规律并以之为诗的本源[3]，但是，由于阐释

---

[1] 王毅：《略论魏晋文学中的"感物"说》，载《北京师范大学学报》，1986年第1期。
[2] 童庆炳：《〈文心雕龙〉"感物吟志"说》，载《文艺研究》，1998年第5期。
[3] 毛正天：《随物宛转 与心徘徊：诗的生成机制——中国古代心理诗学"感"论研究》，载《东方论坛》，2005年第6期。

的基础依然是主客二分的思维模式,即主客间的统一总是先行预设了主体与客体的对立,正如王元化先生所说"以物我对峙为起点,以物我交融为结束"①,"感"作为心物交融的心理过程或心理机制,最终依然摆脱不了以主体为中心的理解惯势,"物"依然会被视为主体所要支配、熏染和超越的对象而成为主观或"感情世界中的存在"物②。如,朱光潜先生在20世纪50年代美学大辩论中曾提出的"物甲"与"物乙"的概念,就是为调和主客、物我统一的审美关系所做的哲学尝试与努力。他把"物乙"视作"夹杂着人的主观成分的自然物"③而作为美感和美学研究的特定对象,这一观点至今仍有影响。物的主观化,不但遮蔽了物之为物的物性,使"物感"说服从于人的主观意志的疏泄与表达,居于从属的地位,而且也在一定程度上遮蔽了人之为人的本性,即情之为情、志之为志,或意之为意的存在论基础还不曾被揭示出来。不加考察地将人之为人的某种先天就具有的禀赋,视为文学或诗学的本体而加以坚守,是一种主体主义或人类中心主义的做法,其结果必然遮蔽与扭曲了文学之为文学、诗之为诗的存在论根基。在这一点上,把诗学本体主体(观)化的做法,与将诗学本体客体(观)化的做法,同出而异门,殊途而同归,在根本上是没有差别的。

这也正是我们不选择"象"作为本专题研究的核心范畴的原因所在。

按照某种惯例,讨论完"道"、"意"之后,在下一步考察"言(辞)"之前,应该安排的是对"象"的研究。《易传》有云:"子曰:书不尽言,言不尽意。然则圣人之意,其不可见乎?子曰:圣人立象以尽意。"(《易·系辞上》)"立象尽意"作为"意象"说的导源,是中国诗学(美学)的核心命题,这早已为人所熟知。"言不尽意",故"立象以尽意"。作为"意"与"言"之间的枢纽与联结,"象"理所当然地要成为须加以重点关注、不可或缺的最为重要的诗学概念之一。何谓

---

① 王元化:《文心雕龙创作论》,上海古籍出版社,1979年版,第75页。
② 童庆炳:《〈文心雕龙〉"感物吟志"说》。
③ 朱光潜:《朱光潜全集》(第5卷),安徽教育出版社,1987年版,第43页。

"象"?《易传》解释道:"圣人有以见天下之赜,而拟诸其形容,象其物宜,是故谓之象。"又说:"象也者,像也。"又云"天垂象,见吉凶,圣人象之"。可见,"象"分两种:一种是天垂之象,客观的象;一种是圣人所立之象,主观的象。庞朴先生将"象"统释为"形而中",以区别于形而上之"道"与形而下之"器"①。更多的研究者则将"象"理解为主观之象,即"意中之象"。如,王弼曾这样解释"象":"夫象者,出意也……象生于意,故可寻象以观意。"②钱钟书也指出:"是'象'也者,大似维果所谓以想象体示概念。盖与诗歌之托物寓旨,理有相通。"③而"物象"之"象",作为本然事物存在之象(现象),常被排除在诗学研究的视野之外。这不能不说是有意为之而造成的局面,即研究者预先存有主客二分之念想,而后依据"象"可能含有的义项,将"象"一分为二(甚至更多),取其所需。校正的办法,当然如王树人④、张祥龙⑤等学者所言,在"相反相成"或"相摩相荡"的纯构成之域中,呈现"象"超越主客分立的"天人合一"之整体性。然而,只要物之为物的主观化移植或客观化弃置的倾向不除,则"象"之为"象"的纯构成态势就难以贯彻到底。

苏轼曾有"物生有象象乃滋"(《六观堂老人草书诗》)之言,可见在苏轼看来,"象"虽与人有关联,却并不源出于诗人的主观情怀。苏轼还写道:

> 东南山水相招呼,万象入我摩尼珠。(《次韵吴传正枯木歌》)
> 道人胸中水镜清,万象起灭无逃形。(《次韵僧潜见赠》)

---

① 庞朴:《原象》,载王元化主编:《学术集林》(第2卷),上海远东出版社,1994年版,第112—114页。
② 王弼:《周易略例·明象》,据《文渊阁四库全书》。
③ 钱钟书:《管锥编》(一),中华书局,1986年版,第11页。
④ 参见王树人、喻柏林:《传统智慧再发现——常青的智慧与艺魄》,作家出版社,1997年版;王树人:《回归原创之思——"象思维"视野下的中国智慧》,江苏人民出版社,2005年版。
⑤ 参见张祥龙:《观"象"》,载《读书》,1998年第4期。

> 我心空无物，斯文定何闲。
> 君看古井水，万象自往还。(《书王定国所藏王晋卿画著色山》)
> 雕刻春何力，欣荣物自知。
> 发生虽有象，覆载本无私。(《元祐三年春帖子词·太皇太后阁》)

由此可见，与其将"象"理解为"意中之象"，不如将其理解为"心"应合"物"之到来而呈现出的"万物"之象，更符合苏轼的本意。这样的理解，在不排除"心"的参与作用之余，凸显了"物"之存在构象中的首要地位，从而保证所得之"象"能够"合于天造，厌于人意"。需要注意是，对"象"作如此这般的理解，并非将"象"视为主体心与客体物相分之后再行走向融合的产物，而是在生存论本原状态下的自然呈现，是在如水镜般空净之心胸所开启的澄明境域自行涌现出来的物之本然状态。苏轼在解释《周易》"在天成象，在地成形，变化见矣"时说：

> 天地一物也，阴阳一气也。或为象，或为形，所在之不同。故"在"云者，明其一也。象者，形之精华发于上者也；形者，象之体质留于下者也，人见其上下，直以为两矣，岂知其未尝不一邪？由是观之，世之所谓变化者，未尝不出于一、而两于所在也。自两以往，有不可胜计者矣。故"在天成象，在地成形"，变化之始也。(《东坡易传》卷七)

又说：

> "象"者，可见之谓也。天之生物不可见，既生而刚强之者可见也。圣人之创业，其所以创之者不可见，其成就熟好，使之坚凝而不坏者可见也。(《东坡易传》卷五)

与有固定形体之"形"一样，无形但可见之"象"，也是"道"所化出之

"物"的存在之显现,只是"象"由于"象其物宜",更加接近于"天下之颐(玄妙)"的揭示而不为常人所察知而已。成复旺先生以"形、象、气、神"来概括"物"由实到虚存在的丰富层次,并以此表述中国古人关于"物"的观念①。在我们看来,这种理解也大抵符合苏轼的思路。因此,我们考虑到"象"的考察须以物之为物的考察为基础,物之本然状态的展开即在一定程度上揭示出"象"之为"象"的存在根基,同时也考虑到"象"在苏轼作品中并不常见,极少用来评诗论文,且多以"万象"、"物象"等与"物"相联的状况出现,据此决定以"物"易"象",作为本章专题考察的核心范畴。如此处置,我们认为无论在意义把握,还是出现频次上,都更加符合苏轼评说诗文的实际语境和原意。

本章欲有意避开首先和通常直接把"物"作为独立于人的客观对象或者干脆予以主观化处置的做法,而将"物"置入生存论、存在论的视域中予以考察,以期在人与物的原初关联中揭示物之为物的存在根基,呈现出艺术作品中"物"的展开状态,以显明艺术作品在物之指引下所通达的"达意"、"致道"之途。

第一节　物之为物的生存论解读

"心"与"物"的关系,是中国传统美学的中心议题。成复旺先生称,"一切文学艺术皆原于此","无论'情'、'意',总之是心;无论'景'、'象'、'境',总之是物。无论诗论、画论、乐论,亦无论'意象'论、'意境'论,总之都要论、或者都是论心与物"②。心物交融、物我合一,是通常对"心"与"物"关系的描述。然而在具体的理解中,"心"、"物"两方面,却总是偏于一隅,即总是以"心"为主导、以"物"为媒介。前者("心")是根据,后者是条件。"景乃诗之媒,情乃诗之胚"③,"物"的出现似乎只是抒情尽意的凭借和途径,"心"才是终极目的。刘

---

① 成复旺:《神与物游——论中国传统美学方式》,中国人民大学出版社,1989年版,第20页。
② 同上,第55—56页。
③ 谢榛:《四溟诗话》卷三。

熙载一言以蔽之曰:"咏古咏物,隐然只是咏怀。"①于是,"心"与"物"之间的互动关系,最终以"心"之统摄为标识,俨然成了高扬人之主体性的理想诠释。在这种视域中,虽然也讲主观与客观的"统一",或者强调主观获得的客观性因素,但"物"的这种客观性显然受"心"的支配与牵制。"心"与"物"的统一,在最终的意义上,讲的只是"心",讲的只是人对自己的欣赏而已。"物"之为"物"的物性被遮蔽在所谓天生禀赋的人之心灵的光环里。

这样说并不在于要抹杀"心"在文学艺术中的贡献和意义,或者颠覆"心"与"物"之间的关系,而反过来以"物"为主导、目的抑或根据。因为无论是以"心"为主导,还是以"物"为主,都是对"心"与"物"互动关系的偏颇理解。简单的倒置并不能解决根本性的问题。本书认为,应该从两种偏颇倾向中解脱出来,在更本源、因此也更本质的意义上来探讨"心"与"物"之间的关系。相比对于"心"汗牛充栋般的阐说,对于"物"动辄以"客观存在的对象"一概而论的草率而简明的做法,无疑更需要引起警觉与深思。

据张世英《天人之际》讲,中国哲学史上明确地讲主体—客体(即心—物)关系的,始于明清之际的王夫之。至于西方近代的主客二分的观念至19世纪中叶才为国人所接受。由此观之,明以前的哲人皆是在天人合一、主客未分的框架中思考人生及其哲理。与苏轼同时代的张载就曾说过"人本无心,因物为心"②。在苏轼的思维中,心物之间的关系当然也是主客未分、天人合一的。当今学界关于心物关系的考察,都是在接受主客二分并以此为前理解的情况下去总结前人的。因此,回到一个更本源的生存论视域里,去厘定和廓清"物"之为"物"的根据与本质,无论对"物"之物性、"心"之本源,还是"心"与"物"的源始关联,抑或对于"诗"("文学")之为"诗"的理解和把握都是必要的。

一、失己所存:物之患源于人之爱欲

"物"字在苏轼的作品中出现的频率,与"情"或"象"字相比,是

---

① 刘熙载:《艺概》卷四《词曲概》,第118页。
② 张载:《语录》,载《张子全书》卷十二,据《文渊阁四库全书》。

比较高的,所使用的含义也很宽泛。草木山川、鸟兽虫鱼,自然是"物",但在苏轼眼中,"物"不限于这些客观存在的自然物质。那些为人所创造、制作(生产)的宫室珠玉、器用工具、"五谷六材"、"餔糟啜漓"、"果蔬草木",甚至笔墨纸砚,也隶属于"物"的范围。书籍,包括诗歌、书法、绘画等艺术品,苏轼也以"物"视之。如"信知诗是穷人物"、"凡物之可喜,足以悦人足以移人者,莫如书与画"等。在"性刚才拙,与物多忤"中,"物"指身外的社会人事,而在"天下之事,散在经、子、史中,不可徒得,必有一物以摄之,然后为己用"中,"物"指的却是"意"。虽然在多数情况下,"物"指的是自然界中原本自在之物,但苏轼对"物"的宽泛化使用,却透露了极其重要的信息,即所谓"物"不仅仅指远离人之现实生存或异己的自然物,而总是指在人身边,与人之耳目相接,前来照面的东西。"是身如虚空,万物皆我储。"(《赠袁陟》)"物"组建成人生活的环境,构成了人生存的世界,甚至生养了人的自我。苏轼曾称,"此六华者(即物之英华——引者注),苟与吾接,必为吾所取。非取之也,此了然常知者与是六华者盖合而生我矣"(《大还丹诀》)。简言之,即"我未尝有,即物而有"(《东坡易传》卷七)。置身于一个相对宽泛的生存视域,是我们在考察和把握苏轼之"物"的意义时所必须的立场和出发点。

在苏轼看来,"物"的这种与人相联的关系,虽为人提供了生命和生存所需的基本物质保障,但并不能就此将"物"视为人任意占有或者随意支配的对象。恰恰相反,对"物"的蓄意占有,却是人生遭逢忧患的根本原因。他说:"物之所以能累人者,以吾有之也。吾与物俱不得已而受形于天地之间,其孰能有之?而或者以为己有,得之则喜,丧之则悲。"(《书六一居士传后》)把自己置于"物"之上,把"物"据为己有,以至于可以长期拥有和保存,或者以一种迷恋、贪婪的心态强欲留住某物,在苏轼看来,都是人生之"累"、人生之"困"和人生之"病"的根源。人在享受与品尝"物"所带来的声、色、味、用等物欲满足的同时,也为"物"所病,人之本性陷于物之"声色臭味"之中,为其所移、所障、所蔽,其结果必然是人"物于物"而玩物丧志,找不到自我,而"物"也在这种迷恋与滞留中失去了其本真的物性。"心"与"物"在"占有"中同时失去其本真存在的丰富内涵。苏轼说：

> 后之学者，始学也既累于仕，其仕也又累于进。得之则乐，失之则忧，是忧乐系于进矣。平旦而起，日与事交，合我则喜，忤我则怒，是喜怒系于事矣。耳悦五声，目悦五色，口悦五味，鼻悦芬臭，是爱欲系于物矣。以眇然之身，而所系如此，行流转徙，日迁月化，则平日之所养，尚能存耶？丧其所存，尚安明在己之是非与夫在物之真伪哉？（《江子静字序》）

在"心"与"物"二者的关系中，苏轼甚至认为，人之有"心"，是物性丧失的原因。"人之为患以有身，身之为患以有心"（《雪堂记》），所以，当人处于万物之中，"吾一有心于其间，则物侥幸、夭枉，不尽其理者矣"。反过来，物性之不存，或物理之不尽，又进一步使得人远离本心，渐行渐远。"侥幸者德之，夭枉者怨之，德怨交至，则吾任重矣，虽欲备位可得乎？"（《东坡易传》卷七）

有心于物或者留意于物，常常给人带来灾难与祸患。即便如"足以悦人而不足以移人"的"书与画"，倘若存有占有、强留之"心"，也不例外。

> 凡物之可喜，足以悦人而不足以移人者，莫若书与画。然至其留意而不释，则祸有不可胜言者。钟繇至以此呕血发塚，宋孝武、王僧虔至以此相忌，桓玄之走舸，王涯之复壁，皆以儿戏害其国，凶其身。此留意之祸也。（《宝绘堂记》）

其他如鹤一般"清远闲放，超然于尘垢之外"之"物"，同样如是：

> 狎而玩之，宜若有益而无损者，然卫懿公好鹤则亡其国……嗟夫，南面之君，虽清远闲放如鹤者犹不得好，好之则亡其国。（《放鹤亭记》）

更别提功名利禄、金钱财富一类的身外之"物"了。"名之于人，犹风之与影也"(《雪堂记》),苏轼认为,"蜗角虚名,蝇头微利,算来著甚干忙"(《满庭芳》)。若要强留,必深为其所害,"其自谓丛林之一害,岂虚名也哉?""名过其实"正是苏轼反思自己"所以得患祸"的原因之所在(《答李方叔书》)。至于金钱,苏轼甚至还怀有一份恐惧之心:

> 久忝侍从,囊中薄有余货,深恐书生薄福,难蓄此物。到此已来,收葬暴骨,助修两桥,施药造屋,务散此物,以消尘障。今则索然,仅存朝暮,渐觉此身轻安矣。(《与南华辩志十三首》之十二)

有心于物,往往先我而后物,以自我为中心,把个人自我的兴趣爱欲、情感意念作为对待和判断"物"的出发点和价值尺度。对"物"的占有,其实是对"自我"的持留与迷恋。而这种对自我的强留,却又是通过所占有之物的某些"有用"的特性来体现的,即人的自我感觉和心理满足的程度取决于对物的占有,而且是尽可能多地占有。"若使人人祷辄遂,造物应须日千变",所表达的正是人对于"物"的不断膨胀的欲求与渴望。换句话说,人的自我价值是由他所占有对象物的某些片面的特性来决定的。这样,人对物的据为己有,反过来,却成了物占有了人,苏轼认为,这正是"颠倒错缪失其本心"的表现。更何况,这种依据现成模式的占有与支配,只是生存过程中某一瞬间的满足,而"永久地占有某物这种说法是建立在存在着某种永恒的、不可毁坏的物的幻想之上的"①。现实生活中的实际情况却是:

> 人之所欲无穷,而物之可以足吾欲者有尽。美恶之辨战乎中,而去取之择交乎前,则可乐者常少,而可悲者常多。是谓求祸而辞福。夫求祸而辞福,岂人之情也哉?物有以盖之矣。彼游于物之内,而不游于物之外。物非有大小也,自其内而观之,

---

① 弗洛姆:《占有还是生存》,生活·读书·新知三联书店,1988年版,第83页。

未有不高且大者也。彼挟其高大以临我,则我常眩乱反覆,如隙中之观斗,又乌知胜负之所在,是以美恶横生,而忧乐出焉。可不大哀乎。(《超然台记》)

有心于物,以心为主体,偏偏导致心为物所遮、人为物所役,最终失却(物、我)本真,这是苏轼对于"心"与"物"二者关系首先持有的看法。但这个观点,并不意味着人为获取本己须弃物而去。"此身随造物,一叶舞澎湃"(《韩子华石淙庄》),因物而寓,即物而有,这是人之生存所不能选择、亦不可逃避的事实和境况。人不弃物而不能占有物,有心于物却又为物所蔽,这是苏轼对于"物"之为"物"的首要规定。这个规定可以概括为:物虽与人相关联,但并不是供主体颐指气使、随意驱遣的对象。

二、无心而一:人与物的原初关联

与西方传统的主客二分的形而上学不同,苏轼所谓的"物",并不是客体意义上的对象。在主体形而上学的思想中,"存在者之为存在者必须由作为主体的自身设置的自我来决定,这个主体乃是一切存在者及其存在的法官,而且借助于这个法庭,这个主体会以无条件的确信对客体的客体性做出裁决"①。无论是以笛卡儿所说的进行怀疑的自我为主体,还是以尼采所谓的欲望和内在冲动为主体,它们都具有对于"物"的统摄与建构的统治地位。以人(先验的主体)为中心,把人的主体性设为基底,甚至把人当作"物"的主人而置"物"于被奴役或被凌驾的地位,从而把"物"当成主体的某种对象(对立状态)来揭示,在苏轼的思想中是没有的。因此,我们不能简单地套用主体与客体、甚至主观与客观来描述至少在苏轼这里的"心"与"物"之间的关系。

在苏轼看来,"物"既不是主体能动的结果,也不是心灵的产物,而是"自然而然"、"自生自成"的。他说:

---

① 海德格尔:《尼采》(下卷),孙周兴译,商务印书馆,2002年版,第772页。

> 且此自然而然者，天地且不能知，而圣人岂得与于其间而制其予夺哉！（《东坡易传》卷七）

又云：

> 万物自生自成，故天地设位而已，圣人无能，因天下之已能而遂成之。（《东坡易传》卷八）

万物独化而生，正是"物"之为"物"的本性，这个本性循天地而生，通过阴阳变化而自见。天地的作用也不过只是为万物"设位"而已，即为"物"之化育生成提供一定的结构形式（阴阳），并不具有生发与规范之功能。圣人则更不能干涉万物化育的运作，只有顺应万物化生之本性，遵循万物生成之变化，才能显现出万物造化、大化流行之"大道"，从而参赞天地之化育。

"物"之独立自化自成，似乎容易使人把"物"理解成为不依人而生、亦不为人之意志所左右的客观存在的物质"实体"，而圣人"因天下之已能"故"成能"这一点，也似乎容易导致一种脱离人的机械唯物主义的理念。其实，人不是"物"的主人，并不一定意味着人要么与"物"互不相联、没有丝毫关系，要么屈从于"物"之存在，成为"物"的依从。这里既没有对立的状态，也不存在从属的地位，对于人（"心"）与"物"来说，他们是彼此平等、相互和谐的。这种和谐，不是人从一个现成者的姿态走出去（或站出来），"主动"参与到万物流转中并与之俱化的结果，而是人作为于世生生不息的个体，已然参与到万物化育之中，与物同化的本己状态。人与其他物之不同在于，人能够意识到周围的世界，并给物命名。"天地与我并生，万物与我为一"，苏轼继承并发扬了庄子关于万物齐同的思想，认为自然、自生、自化不仅是物之为物的根本，也是人之为人的本性。人是参与大化流行的因素之一，并且能够意识到这种与物同化的关系。因此，自然、和谐、与物为一，是人（"心"）与"物"的原初的、根本的关联所在。

苏轼进一步把这种原初的关联称之为"无心而一"。他在注《系

辞》"乾以易知,坤以简能"时描述道:

> 上而为阳,其渐必虚,下而为阴,其渐必实。至虚极于无,至实极于有。无为大始,有为成物。夫大始岂复有作哉?故乾特知之而已,作者坤也。乾无心于知之,故易。坤无心于作之,故简。易故无所不知,简故无所不能。
>
> 易简者,一之谓也。凡有心者,虽欲一不可得也。不一则无信矣。夫无信者,岂不难知难从哉!乾坤惟无心故一,一故有信,信故物知之也易,而从之也不难。
>
> 夫无心而一,一而信,则物莫不得尽其天理,以生以死。故生者不德,死者不怨,无怨无德,则圣人者岂不备位于其中哉!(《东坡易传》卷七)

在注"天生神物,圣人则之"说:

> 天生神物,圣人则之。则之者,则其无心而知吉凶也。(《东坡易传》卷七)

所谓的"无心",就是无特意为之之心,就是顺应自然之理,任其自为,率性而动,独立而自化的意思。物无心而有,人无心而为,天地万物、社会人生是一个自我调节的和谐系统。

"无心"是大道化生的自然之理,在源始的意义上,人与天地同受此无心的自然之理的支配,故"天地与人一理也"。然而人却常不能与天地相似,因为人常为"有意"所蔽。人生而在世,常执意于个体所欲的满足,在碌碌的劳作中不能忘却自己之私欲,并常欲强加己意于物,结果物物却又物于物,最终为事物所蒙蔽。如果人能解其有意之蔽,无心而循万物之理,那么就可以与天地相似,无往而不自得,在复归本己的同时达到天人合一的境界。他说:

> 天地与人,一理也。而人常不能与天地相似者,物有以蔽之也;变化乱之,祸福劫之,所不可知者惑之。变化莫大于幽明,祸

福莫烈于死生,所不知可知者,莫深于鬼神。知此三者,则其他莫能蔽之矣。夫苟无蔽,则人固与天地似也。(《东坡易传》卷七)

因此,物无心而自运的过程,就是人无心而独存的过程。所谓"待物如我,待我如物",并不是指真的把"物"看做是个体的自我,或者视自己为一纯然之然,也不是指个体的"我"与在场的"物"在一个现成的"静观"体验中的交互融合,而毋宁是个体的"我"无所用心,随其自然,参与到"物"的自生、自化、乃至自显中去,亦即参与到得己存性的随万物而自化的大道之中。"物至心亦至,曾不作思虑,随其所当应,无不得其当"(《成都大悲阁记》),正是对这一动态过程的描述。苏轼曾说,"仆闻有自知之明者,乃所以知人。有自达之聪者,乃所以达物"(《与叶进叔书》),反过来也一样,达物方可自达,自达方可达物。用苏轼的话来说,其实质正是"出于一而两于所在"的显现。"循万物之理,无往而不自得,谓之'顺'"(《东坡易传》卷九),表达的意思是:应物之变,使物各以其时、各安其所的同时,人亦得独存、得其所在,获得精神的满足。这里的"顺",并非仅仅指顺"物"之理,也指顺人之本性。得物即得己,得己即得物,物成其物,人成其人,这才是物我融合的真实涵义。

"物"以其所是的方式呈现出来,并不是作为一个特定关系中的对象物呈现在作为主体的人的面前,而是直接敞开了人作为与"物"为一的生存者的澄明状态。人之本性就展开在这澄明的状态中,或者说,人之本性就绽出在"物"以其所是的呈现之中。苏轼有诗为证:

西斋深且明,中有六尺床。
病夫朝睡足,危坐觉日长。
昏昏既非醉,踽踽亦非狂。
褰衣竹风下,穆然濯微凉。
起行西园中,草木含幽香。
榴花开一枝,桑枣沃以光。
鸣鸠得美荫,困立忘飞翔。

> 黄鸟亦自喜,新音变圆吭。
> 杖藜观物化,亦以观我生。
> 万物各得时,我生日皇皇。(《和子由四首·西斋》)

"杖藜观物化,亦以观我生。万物各得时,我生日皇皇",所展现的正是"万物并育而不相害,道并行而不相悖"(《思堂记》),物我各有所当、各安其处的本源境域。

需要再一次提醒的是,这里的物化之"观",不能理解为对"对象物"的"观照"。特定关系的对象物是指以一种前在固有的视角"观"物,其所得必然是狭义化、单纯化和片面化的,从而遮蔽了心与物相激相荡而生成的丰富而深蕴的意义。苏轼一直强调一种"无思之思"。所谓"无思之思",并非是如土木一般"无思",而只是"师心而行,自屈自信"(《祭张文定公文三首》)的另一种说法,即"端正庄栗,如临君师,未尝一念放逸"(《续养生论》),或者"明目直视,而无所见,摄心正念,而无所觉"《思无邪斋铭并叙》。"未尝一念放逸"与"摄心正念"的关键,不在于调动主体内在的某些欲念、渴求,而恰恰在于"绝欲息念"(《与徐得之十四首》)的"师心自行",即不但要忘却人之身心"存在",不滞存一念,而且胸(眼)中亦不执留一物。在这里,对象("无所见")与主体("无所觉")正处于一种弱化乃至汇融的状态,处于一种居间不显、与道冥一的源发构成之域。正如苏轼所说:"大患缘有身,无身则无病。廓然自圆明,镜镜非我镜。如以水洗水,二水同一净。浩然天地间,惟我独也正。"(《思无邪斋铭并叙》)"以水洗水",正可以来比拟对象与主体合而不分的"无思之思"的状态。"无思之思",其实是一种无固定对象的、亦无现成念想的随缘自化之思。显然,这种"自化之思",对于"物"来说,是对"物"之为"物"的物性的保护。这种保护甚至不是一种观念性的占有或者情感的依附,而是一种"无私"地"让……存在",即让"物"以"物"之本己的方式"自由"地存在。

三、静与空:物之为物的澄明之"镜"

"物"不是人实际占有的对象,甚至也不是为主体设定的客体,

"物"之为"物"源于自身,它自身就是自身存在的缘由和目的。首先它不来源于什么(物),苏轼有诗云:"生成变坏一弹指,乃知造物初无物。"(《次韵吴传正枯木歌》)又云:"造物本无物,忽然非所难。"(《墨花·并序》)又曰:"细看造物初无物,春到江南花自开。"(《次荆公韵四绝》之二)同样的意思,多次表达,可见苏轼体悟之深。其次,它也不为了什么,"解组归来道益光,坐看百物自炎凉"(《景纯见和复次韵赠之二首》)说的就是这个意思。自生、自见、自化,即自然而然,是"物"之为"物"的存在本性,即通常所谓的合于"道"。"造物"或"造物者",只是"物"之为"物"的形象说法,并不意味着存在一个高于"物"的另外一个存在物。所谓"造物"即是自然,"造物者"就是"道","道"即是自然变化之总概括和总根源。

"物"之为"物"的物性,就其自身而言是自在的,但同时也是遮蔽的。遮蔽的原因恰如庄子所言"天地有大美而不言,四时有明法而不议,万物有成理而不说"(《庄子·知北游》),万物自行隐匿了自己的秘密;或者如孔子所言"天何言哉?四时行焉,百物生焉,天何言哉"(《论语·阳货》),百物以一种沉默的方式自生自化。物性为物自身所遮蔽,处于一种隐而不显的状态,苏轼对此深有感悟,他说:

> 阴阳果何物哉?虽有娄、旷之聪明,未有得其仿佛者也。阴阳交,然后生物;物生,然后有象;象立而阴阳隐矣,凡可见者皆物也,非阴阳也。然谓阴阳为无有可乎?虽至愚知其不然也,物何自生哉?是故指生物而谓之阴阳,与不见阴阳之仿佛而谓之无有者,皆惑也……阴阳交而生物,道与物接而生善,物生而阴阳隐,善立而道不见矣。(《东坡易传》卷七)

"一阴一阳者,阴阳未交而物未生之谓也。喻道之似,莫密于此者矣",这就是说,圣人知道"道"是难以说清的,故权且借"阴阳"来比方,阴阳交化所欲表达的,正是"物"的自生自化之"道"。"物"虽是阴阳交化而生,但随着"物"的显现,"阴阳"却自行隐匿。所呈现出来的只是"物"可见的一面,物之为物的"物性"("道")却蔽而不显。当"物"与人在世界中相遇,人所首先面对和眼见的即是"物"之已成

"物"的那一部分（即物之外观），而"物"之为"物"的根本却并不为常人所识。虽然人与物相遇，具备了揭示或者展开"物"之本然的可能，但在人的视野中，"物"之本然首先是以遮蔽的方式现身的。

其实，无论在何种情况下，"物"都是以其所是的方式自然地存在着的。所谓自然，就是自然而然，就是按自己所是的样子存在着。天地万物自然地存在具有自明的优先性。只是由于与人的相遇，"物"才有了所谓的"幽明祸福"之分，事物的遮蔽与显明才有了生存论的意义。苏轼借樵夫的话说："天下之物，不能感人之心，而人心自感于物也。天下之事，不能移人之情，而人情自移于事也。"因此，"物"之遮蔽正是因人之遮蔽，人之遮蔽也往往是以"物"的遮蔽为标记。

只有在这个基础上，我们方可继续来讨论苏轼对于"物"之遮蔽的理解。苏轼进一步指出，"物"之遮蔽，如同"物"之化出一样，也是"物"之本性。"蒙"是《周易》中的第四卦，下面是表示"水"的"坎"，上面是表示"山"的"艮"，结合起来就是《象传》所说的"山下出泉（水）"。《序卦》说："物生必蒙。"又说："蒙者，蒙也，物之稚者也。"苏轼在解释"蒙"时说，首先认为，"'蒙'者，有蔽于物而已，其中固自有正也"，在事物的被遮蔽中必然隐藏着事物之"正"，这里的"正"，可理解为是待显的本性（即"道"）的意思，事物之本性往往是以"蒙"的方式首先现世的。其次，苏轼认为

> 童蒙，若无能为也。然而容之则足以为助，拒之则所丧多矣。明之不可以无蒙，犹子之不可以无妇，子而无妇，不能家矣。（《东坡易传》卷一）

看似无所能、无所为的"童蒙"，并不是没有价值和力量的。相反，"蒙"对于"明"来说，是不可或缺的，正如"子之不可以无妇"一样，"明"若没有"蒙"，就如同"子而无妇"一样，"不能家"。这一段话颇有点让人心惊的意味。海德格尔曾多次表达过类似的思想，而800年前，苏轼却早已有明确表达了这样的意思，不能不让人称奇。其实不仅仅限于此处，还有更多的耦合。这些耦合本身并不说明二者之

间存在直接的关联,但或许正是由于这些让人称奇的暗合,才使得在生存论这样一种现代哲学思想视野中挖掘、解读苏轼的诗学思想成了一件有意义、有价值的研究。因为真正的思想无囿于古、今、中、外这些人为的界限,它们在"朝向事情本身"这一点上总是相互关联、乃至应合着的

人与"物"在世界中相遇,"物"之所以为物者在被揭示的同时也被遮蔽,而且遮蔽往往成为首要的和经常的事情。这不仅由于"物"是以遮蔽的方式显现其本性的,而且由于人经常囿于自身的所见、所识而蔽于"物"。表面看来,遮蔽所传达的是:人不能认识事物的本性、乃至规律,人为"物"所蒙蔽,是由于"物"所致。而实质上,所欲表达的却是:人的自我之本性的遗忘或不能自守,才是遮蔽的根源。所以,人若无蔽于世而与天地齐同,不能外求于"物",而只能内求于"心"。任何对"物"的不合乎自然的人工化或技术化的要求,都是对"物"之为"物"的自然本性的破坏,同时也是对人之为人的本性的戕害。人永远不能从对"物"的无何止的索取与改造中获取安宁与平静、找到本真自我的憩息之地。苏轼说:"美恶在我,何与于物。"(《答毕仲举二首》)又尝云:"故凡病我者,举非物也。"(《问养生》)因此,无论蔽之深浅,都首先应该从自身做起,从人之内心开始。苏轼说:

> "蒙"者,有蔽于物而已,其中固自有正也。蔽虽甚,终不能没其正,将战于内以求自达,因其欲达而一发之,迎其正心,彼将沛然而自得焉。苟不待其欲达而强发之,一发不达,以至于再、三,虽有得,非其正矣……圣人之于"蒙"也,时其可发而发之,不可则置之,所以养其正心而待其自胜也,此圣人之功也。(《东坡易传》卷一)

按苏轼在《明正·送于伋失官东归》中的辩明,所谓人之"正"乃是"吾之所以为吾者",即人之本性。人如果能够修养自性、回复本心,就能够尊重物的自身本性而无蔽于物。而如果内心不能自达,即吾不能存其所以为吾者,即不能保持对物的谦恭尊敬之心,而以私欲对

象化,结果努力再多,虽小有收获,最终也不能走上完全通达、澄明的正途。吾之所以为吾者存,则物之所以为物者亦存,物之物性的揭示或自行呈现,是与人心之去蔽(即"养其正心")分不开的。

苏轼在写给弟弟苏辙的信中曾说:

> 任性逍遥,随缘放旷,但尽凡心,无别胜解。以我观之,凡心尽处,胜解卓然。但此胜解,不属有无,不通言语,故祖师教人,到此便住。如眼翳尽,眼自有明,医只有除翳药,何曾有求明方?明若可求,即还是翳。固不可于翳中求明,即不可言翳外无明……故凡学者,但当观心除爱,自粗及细,念念不忘,会作一日,得无所除,弟以教我者是如此否……书至此,墙外有悍妇与夫相殴,詈声飞灰火,如猪嘶狗嚎。因念他一点圆明,正在猪嘶狗嚎里面。譬如江河鉴物之性,长在飞沙走石之中,寻常静中推求,常患不见。今日闹里忽捉得些子,如何!如何!元丰六年三月二十五日夜。(《与子由弟十首》之三)

此段文字虽是说佛论逍遥人生,又何尝不是在谈物性遮蔽与澄明的问题。人生尘世,恰如江河长在飞沙石之中一样,在与物周旋之际,不能识物之所以为物者,不能见物之本性,致使其常处于有用性之遮蔽之中。欲使物性开显,须尽凡心、观心除爱,祛除自私自利与对物占有之欲念,就如同人眼除翳,不可翳中求明,亦不可翳外求明。"明"不是对象化的外在目标,"明"自在其中,明中除翳,则眼睛自明。万物之理,如同人之本性,皆是自然所予,自存自化,皆在其中,心中无蔽,即物之澄明。所谓"穷理尽性",即是此意。穷物之理,与尽人之性,同出于一,归属于同一个交互同构的过程。人在存己之性、无不可适的同时,亦保全了物之本性,即人在给予自身自由的同时,而且给予万物以自由,使其自在自得、自生自灭,回归物自身。或者说,人把物从遮蔽中解放出来,使物之本性彰显于世,同时也就是将人自身解放出来,不为物累,从而获取自由。人之自由,即是物之自在,而物之无蔽,即是人之澄明。

苏轼有两句为人熟识的诗句,很好地表达了这个意思,即"欲令诗语妙,无厌静与空。静故了群动,空故纳万境"。所谓的"静",并不是静止不动、滞停于当前化的某个时刻,而是应物之变、循物而动的动态平衡之静。《东坡易传》中有一段话形象地诠释了"静"的涵义,他说:

> 所贵于圣人者,非贵其静而不交于物,贵其与物皆入于吉凶之域而不乱也……物各止于其所,是果能止也哉?背止于身,身与之动而背不知也,今我施止于物之所止,有大于是物者。则挟而与之趋矣,我焉得知之?(《东坡易传》卷五)

"静"不是绝对意义上的静止,而是与物皆动而不乱的相对静止,就如同脊背在人的身体中。身体动,脊背亦随之而动,脊背之于身体就是"静"。说白了,所谓的"静",就是消除心中杂念,与物偕行,所以万物之变化能够了然于胸,"夫无累于物,则其进退之际,雍容而可观矣"(《东坡易传》卷五),说的是同一个意思。而所谓的"空",也不是真的空寂无物,而是胸中"廓然无一物"或"不留一物"之意。心中没有私欲,不因个人占有之欲念而滞留任何一物,因而"天壤之内,山川草木虫鱼之类",无论有用与否,无论美陋,皆容纳于胸中。"道人胸中水镜清,万象起灭无逃形","静与空"之心胸,就如同一面澄澈明净的镜子,映照出物之为物的本然状态。"及吾燕坐寂然,心念凝默,湛然如大明镜。人鬼鸟兽,杂陈乎吾前,声色香味,交遘乎吾体。心虽不起,而物无不接,接必有道。"(《成都大悲阁记》)物以其所是的方式自行呈现,不是人主动干涉、施以行动的结果,但人领略到物之为物的自然呈现,却是人心澄澈、回归人之所以为人的本性的标识和确证,这正是物之澄明的生存论意义。虽然苏轼说过"美恶在我,何与于物"的话,但物之澄明与其所以澄明,却是人回应自然、回归本性的见证,或者说是人参与并进入到物的自生自化之中,倾听物的声音,从万物的生成中获得(见证)自身的本己的规定。

故苏轼为"自娱"所作的注释为:"所谓自娱者,亦非世俗之乐,但胸中廓然无一物,即天壤之内,山川草木虫鱼之类,皆是供吾家乐事也。"(《与子明兄一首》《与子由兄十首》之十)自娱,其实就是娱天地万物;万物之乐,其实就是自娱自乐。万物了然澄明于心中,由此获得了审美的意义。难怪苏轼在看到文与可描绘出万物之本然状态的艺术作品之后会由衷地惊呼:"美哉多乎,其尽万物之态也!霏霏乎若轻云之蔽月,翻翻乎其若长风之卷旆也。猗猗乎其若游丝之萦柳絮,袅袅乎其若流水之舞荇带也。离离乎其远而相属,缩缩乎其近而不隘也。其工至于如此,而余乃今知之。则余之知与可者,固无几;而其所不知者,盖不可胜计也。呜呼哀哉!"(《文与可飞白赞》)所观者,物之美也,所知者,文与可此人也。徒知作品之美,而不知其人者,好色而不好德之举也,哀哉!故东坡方有呜呼之叹。

第二节 苏轼论物的本然状态

"形"与"神"、"形"与"理"的关系,是苏轼诗画理论中非常重要且影响极大的一部分,历来为研究者所重视。由此引发的"形似"、"神似"、"传神"以及与之相关的"诗画同异"等问题的讨论与争执一直不曾平息,阐说不断而又聚讼纷纭,虽常有"定论"之论,亦时有"申辩"之声。然而,"定论"不曾达成共识,"申辩"亦少有突破,一时间竟成为苏轼研究、乃至中国古代文论研究中不断重复、陈陈相因的话题。检讨以往的研究,我们会发现这样一种倾向,即无论是持"轻形重神"的观点,还是以"形神并重"为主张,其实都有拘泥于"形"、"神"(抑或"理")之间二元分立的倾向。通常人们会自觉不自觉地把"形"定义为"事物外在的形体状貌",而将"神"(抑或"理")理解为"事物内在的本质、精神或者规律"。前者指外在的样子或形式,后者指内在的实质或内容。"内外二分"、形式与内容相对,是人们理解"形神(理)"关系的基础。至于有研究者"挖掘"、"搜罗"出更多的涵义,其实都是由此而推演的结果,在不断细化的基础上反而愈加强化了内、外之间相互对立的局势。"内外二分"或"内外对立",究其实,是人从主体性出发对事物所做的某种规定性,在这种规定性中,事物首先被当作现成的、摆放在眼前的东西,其次事物被当成一个由内在实质加上外在形貌所统一起来的结合体。这个内外结合起来的东西,虽然也获得了独立存在、甚至不依人的意志而转移的客观属性,但在其根源上,仍然是作为人头脑中引起表象的客体(对象)而出现在主体所预设的疆域之中。因此,"形"、"神"二分,并不是从事物本身、从人与世界的原初关联中事物的本然出发而得到的本己属性,毋宁是人囿于所见、所识而对事物所做的主观化层级性区分。预设的本质规定性总是在认识论的框架之内的。在这种认识论所搭建的框架内对"形"、"神"("理")的讨论,所讨论的不是事物的"形""神"本身,而是关于"形""神"的认识与观念。在讨论中,事物本身所显现的整体性往往被遗忘与遮蔽了。

从前面的分析中,我们知道"非有意于物,而物莫不欲见之",即排除人之主观干扰,让"物"自行呈现出来,是苏轼对"物"的根本态度。不从这个根本出发,任何对于"形"、"神"、"理"及其关系的考察都必定是浮而无根的"自言自语"。"轻形重神"论者,以为苏轼用意在于单纯强调传神,固然失之偏于一隅。而"形神并重"论者,以为苏轼既重"形似",也重"神似",看似辩证公允,实则是脚踩两船、左右逢源、圆熟平庸之论。在论述中,论者常常会自觉不自觉地流露出更加强调"传神"的倾向,即所谓以"形似"为基础、以"神似"为中心的"形"与"神"二者的协调统一论,实际上与"轻形重神"的论调并无根本性的差别。问题的症结在于,按照主客二分的认识论理解,客体物只有符合了主体预设的某种规定性才算是显露本质内容("神"),否则只能在表层外形的视域里打转。我们如此评价,并不是要否定或放弃"形"、"神"的提法与研究,而是要将它们置于更源始、更本质的生存本体论的境域之中,以便在艺术创作中更自觉地走上"形"、"神"、"理"浑然合一的物之本然的通达之路。

一、形:可见而有所隐

今天,人们研究范畴或概念,习惯于从定义出发,从一个抽象的规定性出发去界定和规范这个术语或概念的内涵及其处延。而实际上,术语的意义及其生命(价值)是在使用中体现和实现的。人们总是基于个人的领会、在约定俗成的惯例中来理解并运用着这些术语,而很少首先从逻辑的或理性的标准化规定性出发。逻辑定义只是术语使用中的一种次生形式,而且是一种抽象的形式。使用中的术语的意义总是要比定义中的术语具体些、丰富些、鲜活些,也更芜杂些。这个特点在中国古代思想的传承中表现得尤为突出。从这个角度上讲,以描述的方法展现概论术语在具体语境中的涵义,对于以属加种差下定义的方式对概念术语所做的理论界定,是不可或缺的重要组成部分。

这意味着,我们可以不从术语"是什么"的思维方式出发,而是先描述该术语"如何是",或者说,该术语的意义是"如何"显现出来的。单纯地对"形"下一个定义,很难发现苏轼所谓的"形"有什么特别之处,以现有对于"形"的现成规定性来解读,会遮蔽苏轼在使用"形"这个术语时所包含的丰富性。那么苏轼是如何理解"形",并在使用中显示出"形"丰富而待揭示的意义的呢?

苏轼在解释《周易·系辞》"一阴一阳之谓道"时说:

> 阴阳交,然后生物;物生,然后有象;象立而阴阳隐矣,凡可见者皆物也,非阴阳也。(《东坡易传》卷七)

释"在天成象,在地成形,变化见矣":

> 天地一物也,阴阳一气也。或为象,或为形,所在之不同。故"在"云者,明其一也。象者,形之精华发于上者也;形者,象之体质留于下者也,人见其上下,直以为两矣,岂知其未尝不一邪?(《东坡易传》卷七)

在苏轼的使用中,"形"是与"象"一道,是由阴阳之气变化交合所"生"的。"生"的意思是"生出"、"化出",亦即"物"生长、滋生和变化出来。它至少表达了两层含义:

其一,"生"的标识,从"物"本身来说是有所"显现",从人的角度来说,是"可见"的。故苏轼说:

> "象"者,可见之谓也。(《东坡易传》卷五)

>"象"者,以是观之之谓也。(《东坡易传》卷七)

虽是直接说"象","形"又何尝不是"可见之谓也"?"形著于外"而"象像其形"(《东坡易传》卷八),可知从人的角度来把握"形"与"象"的涵义,"可见"是首要的特征。"凡物皆有可观",说的就是此意。

其二,"形"作为"物"之"显现",是阴阳之气变化的"产物",也就是说,它是生成的,而不是现成的,或者说,它是阴阳交合到时的"显现"。苏轼在释"是故形而上者谓之道,形而下者谓之器。化而裁之谓之变,推而行之谓之通"时说:

>道者,器之上达者也;器者,道之下见者也。其本一也,化之者道也;裁之者器也;推而行之者,一之也。(《东坡易传》)

"形"即是"器",也就是"道之下见者"。苏轼认为,"道,神而不显","道"本身是不显现的,所显现的只是"道"到时化出的"形"。所谓"裁之者"之"裁",本义作"制衣"讲,即通过剪裁而使衣成"形",这里用剪裁衣服来喻指通过阴阳交合而使物有"形",使"物"能够显现出来。故苏轼有"形生于所遇,而不自为形,故不穷"之说。

因此,"形"作为"物"之外观,是让"物"显现出来,并为我们能够见到的东西。它首先使"物"从隐而不显的混沌中走出来,敞开自身,并进入人的视野。其次,它作为裁定之"器皿",又为"物"设定了外在的轮廓和边界,使"物"在有所限定的界域中,能够显现出阴阳变化到时的"标志",并在这种界域的"包围"和"看护"①下,使物以特定的方式现身,成为其所是的那个"物"。"形"使"物"得以自显、自立,成为区别于他物、并与人照面的可见之物,"形"敞开了"物"之最初的在场状态。从这个意义上来说,正是"形"首先使"物"成为"物"的,失去了"形"的"包围","物"则极有可能会因缺乏"看护"而

---

① "器",会意,从犬,《说文》曰:"象器之口犬所以守之。"因而,"器"有"看守"、"看护"之意,今从其说。

丧失本己特性，以至于不成其所是之"物"。更何况，"形"作为"道之下见者"，不仅是"物"与"道"联结的"枢纽"，而且也是人与"物"之间最直接的关联，其重要性是不必待言的，所以苏轼有"道大如天不可见，修其可见致其幽"之说。"形"是人由事物的可见状态通达"大道"的必由之路。

通过仔细观察、描摹物之"形"，以达到物之"真"，并最终"致道"，是苏轼的基本观点，并不像有人所认为的那样，苏轼是"形似论"的否定者和反对者。在《石氏画苑记》中曾云：

> 余亦善书古木丛竹……子由尝言：所贵于画者为其似也。似犹可贵，况其真者。吾行都邑田野，所见人物，皆吾画笥也。

又于《子由新修汝州龙兴寺吴画壁》诗中说：

> 丹青久衰工不艺，人物尤难到今世。每摹市井作公卿，画手悬知是徒隶。吴生死与不传死，那复典型留近岁……细观手面分转侧，妙算毫厘得天契。乃知真放本精微，不比狂花生客慧。

又《吴道子画后》：

> 故诗至于杜子美，文至于韩退之，书至于颜鲁公，画至于吴道子，而古今之变，天下之能事毕矣。道子画人物，如以灯取影，逆来顺往，旁见侧出，横斜平直，各相乘除，得自然之数，不差毫末，出新意于法度之中，寄妙理于豪放之外，所谓游刃余地，运斤成风，盖古今一人而已。

这里所言的"似"首先是指能够为人"所见"的"形似"。为了能够得到"天契"或者"妙理"，苏轼对"形"的强调都到了"精微"的程度。"妙算毫厘"、"以灯取影"、"不差毫末"，显然已经不止满足于"相似"的程度了，而是追求惟妙惟肖、栩栩如生的精细之"真"、"自然之数"了。"真"由"形"出，或者说"形"即是"真"，至少在这儿是可以做如此理解的。"形与道一,道无不在",达到了"精微"程度的物之"形",其实已然与"道"相融为一了。从这个角度讲,失"形"即失"物"之"真"。难怪"观物不审"者,如黄筌画飞鸟"颈足皆展",或如戴嵩画牛"掉尾而斗",不注意细节之"形"而爆笑料,要被苏轼记录在案以示警醒了。

然而,"形"虽是阴阳交合所化生,能够显现出阴阳变化的形态,但对于阴阳变化本身来说,"形"的显现或可见却不是一种直接的呈现,而毋宁是一种遮蔽。他论述道:

> 阴阳交,然后生物;物生,然后有象;象立而阴阳隐矣,凡可见者皆物也,非阴阳也。然谓阴阳为无有可乎?虽至愚知其不然也,物何自生哉?是故指生物而谓之阴阳,与不见阴阳之仿佛而谓之无有者,皆惑也。

"形"所显现出来、并为人所见的都只是"物",而不是阴阳,阴阳之变化深蕴于"物"中,不为人所见。而且,"形"一旦为阴阳化出,便设定了自身相对稳定与恒常的边界而凝定下来,滞留于已然敞开的现成状态中,遮蔽了生生不息、灵动不居的阴阳之变化。"凡有形则有弊",因为"有形者其死也。死者咸而生者甘,甘者能往能来,而咸者一出而不复返,此阴阳之理也","形"作为变化之"结果",一旦生成,便不能复返。① 更重要的是,"物之有成必有坏",作为大化流行中的一分子,"物不可久,势将自穷",事物的可见之"形"本身并不持存。人与物相遇,却"执之而不可得也,逐之而不可及也",蔽于"可观"、"所见"之"形","知其一而不知其二,见其偏而不见其全",为大小所计较,因得失而困扰,"利害相夺,华实相乱,乌能得事之真、见物之情也哉"。所以,苏轼断言,"凡有物必归于尽,而恃形以为固者,尤不可长"。

"形"于可见中隐藏着阴阳交合的内蕴,或者说,"形"将物显现

---

① 也正是在这一点上,"形"与"象"区别开来。"象",作为"形"之精华,显然在传达"物"之变化迹象、来往趋势方面,处于"形"之上,更加接近于"道"。

出来的同时又遮蔽了物之为物的变化之道,使得"形"俨然像一把双刃剑。因此,在发挥"形"之重要作用的同时,也须提防"形"本身所具有的遮蔽性。"形"的这种双重性,必然使得苏轼对于"形"采取的是一种既用之又弃之的超越性态度。这种超越性的态度,表现为一种若即若离、不离不弃的非现成的构成姿态,在或肯定或否定二元对立的思维观念中,是无法理解这种居间不发的"中和"之境的。这种"中和"之境,也绝不是那种在肯定与否定之间做出某种妥协或调和的庸俗化的"中庸"。苏轼指出,"故世俗之学,以中庸为处可否之间,无过与不及之病而已,是近于乡原也"。数百年之后,这种声音之于今日之研究,不啻仍为振聋发聩之响。

二、神：晦而不失其明

苏轼的"神似"或"传神"理论,较之他关于"形"的态度与看法,获得了更多研究者的首肯与支持。人们常常认为,艺术作品不同于现实生活,不应该满足于对客观事物的"刻板"摹写,或囿于事物的外部形态,止于所谓的"形似",而应该有更高的追求,应该以"神似"、"传神"为艺术的高级境界。苏轼的"传神"论,深深地触摸到艺术的深层本质,是以追求"神似"为审美理想的中国传统艺术理论的集中体现,这似乎已经成为不刊之论。

通过检阅人们对苏轼"传神"理论的研究,我们可以发现,在对"传神"论本身的态度上,赞成多于批评,肯定多于反思,苏轼的"传神"论成了"传神"理论体系的典型例证。对苏轼"传神"论的研究,目的似乎仅仅为了印证一种现有的"传神"论体系,无形之中有以自己的倾向替代苏轼本人思想的倾向,从而使得苏轼对于"传神"的思考有可能处于一种宏大议论的遮蔽之中。

这种遮蔽至少表现在两个方面。其一,人们出于高蹈"传神"论的需要,片面地夸大了"神似"与"形似"之间的隔阂,把"形似"看作是一种低级、平庸的艺术品味,以凸显"神似"的高妙境界。"形似"的作品,是否必然是刻板的、机械的与缺乏创造性的摹写,是否就只能是艺术的低级形态或只能作为"基础"而为"神似"所包融？在图像化作品肆行的当今世界,这些问题已不难回答。即便在当下,"形似"的作品,是否就必然意味着止于"形"、滞于"形"的低俗境界,这个问题也不难做出回答。苏轼有"论画以形似,见与儿童邻"的诗句,但同样也有戴嵩谬画斗牛而为牧童嘲笑的笔录。甚至,"从根本上说,这种仅满足于'形似'的诗画观是否曾经在中国存在过还是个问题"①。把仅仅满足于"形似"的观点从"形似"的整体理解中分割并独立出来,作为批判的靶标,借以彰显"神似"的价值,其实是一种先行预置的"谋略",并非事情的本然。其二,出于同样的原因,随着人们把"形"当作一种外部的具体形貌,"神"也就被设置为一种内在的精神特征。"形"与"神"之间的天然联系被人为地切断了,内与外关系的表述,成了二者之间不可逾越的"空间"距离。然而,作为内在之"神"如何内置于外观的位置分布与空间排列之中?敲开一块岩石、剖开一头牛,可以找到内置的"神"之特性么?作为事物的内核与个性特征,"神"的"内在"之"内"如何解释?这些问题都未尝得到深思。也有人把"神"理解为作为主体的艺术家的"神韵"或"神情意趣",上述问题也没有得到解决,反而因主体的心灵如何渗透进事物的外观之中而更加变得扑朔迷离。而"象外求神"作为"传神"最重要的途径与方式,使得"内"与"外"的问题更加的混乱。一种内在的特性,又如何超越形器之表,成为"(形)象"之外的品质呢?"神"的这种既"内"又"外"的特性,如何理解呢?这又成了新的需要解决但仍然没有解决的问题。

　　上述问题在苏轼对于"传神"的思考中都是存在的,但却为人们所忽略与遗忘,这不能不说是一种人为的遗憾。这种遗憾与人们常常忽略文本细读而执拗于某种现成理论的研究习惯有关,校正的办法,则只有从文本自身出发,让文本自行说话,并且始终保持对某种现成的"宏大"理论体系的警惕与反思。

　　与把"神"作为一种内在的个性化特征相比,苏轼并没有将"神"视为事物的某种现成特性。相反,苏轼首先是在"变"的意义上理解"神"的。他说:"变,神也……神无适而不可,故谓之变。"(《东坡易

---

① [日]浅见洋二:《距离与想象:中国诗学的唐宋转型》,上海古籍出版社,2005年版,第133页。

传》卷七)又说:"莫适为之,则谓之神。"(《东坡易传》卷七)"神"无不可适而又无所适,"神"不会停留于某一现成的状态而作为事物某一可以预知和限定的属性,它总在变化与生成之中。苏轼在释《周易·系辞》"阴阳不测之谓神"时强调"使阴阳可测,则其用废矣"(《东坡易传》卷七),意思是说,如果能够事先就能预知或测定阴阳变化的结果,则这个结果是没有什么用的,因为它已经不"神"了,"神"不可能是某种现成的、摆在某处的东西,所谓的"神无方"(即"神没有方所"①)就是这个意思。

"神"是变化的。这个变化指的是阴阳的交合,对于"物"而言,"阴阳交而生物",阴阳变化其实就是"物"从无到有、生生不息的变化,它昭示着"物"之为"物"所从生的本源之域,即"道"。作为事物生成变化之"道","神"与其说在事物之内,是事物内在的某种特性,毋宁说,"神"在事物之外,是"物"是其所是的最高根源。参悟并体味到"物"的这种变化之"道",即是"神"。苏轼常以"形器之外"、"物外"或"象外"来描述随大道而化的"神"的状态。在《超然台记》中,苏轼写道:"且名其台曰超然,以见余之无所往而不乐者,盖游于物之外也。"(《超然台记》)并把"游于物之外"与"游于物之内"对立相区别开来。他在《题王维吴道子画》的诗中说:"吴生虽妙绝,犹以画工论。摩诘得之于象外,有如仙翮谢笼樊。"又在《题文与可墨竹》的诗中云:"诗鸣草圣余,兼入竹三昧。时时出木石,荒怪轶象外。""得之于象外",也就得其"神",故有"象外求神"的说法。

然而,如何理解这个"物外"之"外"的涵义呢?如果我们把"物"理解为一种眼前即见、具有某种具体形状的空间分布的东西,那么,"物外"是否意味着在"物"本身所占据的空间之外,是否意味着要离开这个空间而另有一个可以作为始源的处所呢,例如在作为主体的人的心灵里?看来不是。"物外"之"外",不能理解为一种空间界域之外,所谓的"物外"决非是在空间位置上要离开此"物"。《东坡易传》曰:"道德之变,如江河之日趋于下也,沿其末流,至于生蓍倚数,立卦生爻,而万物之情备矣。圣人以为立于其末,则不能识

---

① 金景芳、吕绍纲:《周易全解》,上海古籍出版社,2005年版,第525页。

其全而尽其变,是以溯而上之,反从其初。"(《东坡易传》卷九)即是说,欲"识"万物之"全"、"尽"道德之"变",必须"溯"其本源、返归"其初"。苏轼诗亦云:"老去独收人所弃,悠哉时到物之初。"(《客俎经旬无肉又子由劝不读书萧然清坐乃无一事》)又有:"游于物之初,世俗安得知。"联系到前边引用过的"细看造物初无物,春到江南花自开",可知此处的"游于物之初",即是苏轼反复说过的"与造物(者)游"或"神与万物交"的境界,也就是"游于物之外"。因此所谓的"物外",也就是"物之初",是在时间上能显示或化出"物"之成其所是的本源之域。海德格尔说:"超出存在者之外,但不是离开存在者,而是在存在者之前,在那里还发生着另一回事情。"①在这里,我们又一次邂逅了两位思想家之超越时空的思想冥合。

"神"在"物外",其实质是"神"在"物之初"。如果我们把与"物"相接、触目所见的状态界定为"在场",那么"物外"或"物之初",就是使"物"能够自生自化而得以呈现为"物"的"不在场"的东西。这个"不在场",悄然隐匿了自身而不显现。所谓"道,神而不显"表达的无非是,与"在场"之"显"相比,"道"自行隐匿于"不在场"之中,成为不可见、又不可测的"神"之状态。"神"的"不在场",又绝非是真的不在场,或者是在与物之"在场"毫不相干的"在场"之外,而是一种寓于"在场"的"不在场"状态,它隐匿在"在场"之中,从而使物之"不在场"不断地得以"出场"。也就是说,"神"虽"在场",却并不显现,它隐匿在物之自显自化之中而不可见。苏轼释《周易·说卦传》"神也者,妙万物而为言者也"时说:"万物之中有妙于物者焉,此其神也。"(《东坡易传》卷九)就"物"之成"物"而言,"神"隐匿于"物"之中,通过使物自生自化而显其妙,可谓"神"在"物"之中。就"物"之可见而言,"神"而不显、不可见,故可谓"神"在"物"之外。因此,苏轼说:

> "神之所为",不可知也,观变化而知之尔。天下之至精至变,与圣人之所以极深研几者,每以"神"终之,是以知变化之

---

① 海德格尔:《林中路》,孙周兴译,上海译文出版社,2004年版,第39页。

间,"神"无不在,因而知之可也,指以为"神"则不可。(《东坡易传》卷七)

作为变化,"神"本身是不可见和不可知的。隐而不显、阴阳不测,是"神"的本然状态。从这个意义上说,"神"是"晦而不明"的。但"神之所为",却可以通过"观变化而知之"。苏轼认为,"或变或化,未有见之者也,形象成而变化自见矣"(《东坡易传》卷七),从这个意义来说,"神"作为使万物以自化的"道"之显现,又是"晦而不失其明"的。倘若真的能够"修其可见致其幽",超越了在场者而直抵不在场之本源,"神"就不再是隐而不显之"晦"了,而显现为一种澄明、远大的大境界,苏轼名之以"光":

> 光者,物之神也,盖出于形器之表矣。故《易》凡言"光"、"光大"者,皆其见远知大者也。其言"未光"、"未光大"者,则监且陋矣。(《东坡易传》卷一)

到这里,我们似乎可以如此来描述"神"的状态:神,晦而明,明而晦,自不能者或陋者而观之,其晦也;自能者或智者而观之,则明也。晦而不失其明,明又不失其晦,或者说,见之晦而不能掩其明也,知之明却不能离其晦也。"神"在晦明变化中显现,倘若局限或拘泥于一时之"形",则"神"隐而不显。

晦与明相生相成之变化,才是"神"。生成的,而不是现成的,才是"神"之本质。苏轼在释《周易·大畜卦》时有一段话很好地诠释"神"之纯构成的特性,他说:

> 刚健者,"乾"也;笃实者,"艮"也;辉光者,二物之相磨而神明见也。"乾"不得"艮",则素健而已矣;"艮"不得"乾",则徒止而已矣。以止厉健,以健作止,而德之变不可胜穷也。(《东坡易传》)

"大畜"是《周易》中第二十六卦,"乾"下"艮"上。"乾"为天,性健,以喻生生不息之变化。"艮"为山,性止,以喻事物处于静止的存在状态。"乾"与"艮"相即相生、相摩相荡,神明才能显现,二者缺一不可。所谓的"神明"之辉光,也就是从事物的静止状态,亦即事物即目所见的在场,"看"到或显现出事物所始所终之变化。离开了事物的当前"艮"之在场状态,"乾"的生生之道也就只是空洞无物的"素健","神"就只能成为一种抽象的规定性存在,也就不成其为"神"了,反之亦然。苏轼在《胜相院经藏记》以"多宝山"为喻,说的也是这个道理:

> 我游多宝山,见山不见宝。岩谷及草木,虎豹诸龙蛇。虽知宝所在,欲取不可得。复有求宝者,自言已得宝,见宝不见山,亦未得宝故。

明乎此,则可知苏轼所谓"传神",绝不是离形以得"神似",或者以"形似"作为基础以攀升至"神似"之境地。这里没有形与神的分离,也不存在基础与高境的层级区分。之所以会有"形存神亡"的状况,只是人之有心、有为所致。人们常言"神而明之存乎人",其实,"神"而蔽之亦由于人,"道大如天,见存处人。小智自私,莫识其真"(《祭张文定公文三首》),是之谓也。苏轼对那种"以有常形为信,而以无常形者不信"的世俗之陋见提出批评,认为所谓"常形"者,亦是有变化的或亦由变化所致,"方者可斫以为圆,曲者可矫以为直"(《东坡易传》卷三)。以"常形"为"信",其实是人囿于所见、看不见"形"之变化的缘故,或者说,其根源是由于人往往以自己心中所想、眼前所见,来替代或遮蔽事物本然的显现。将自以为是的、固定不变的"形"看作是"物"自生自化而显现之"形",或者以丧失"物"变化生成之时机的"形"为"似",欲以通达"物"之"理",展现"物"之天然神韵状态,不亦谬乎?苏轼以为"心有所在,而物疑矣"(《东坡易传》卷四),正是"形似"症结所在。与之相比,水以无心应物,"连物而无伤"(《东坡易传》卷三),"不以力争"(《东坡易传》卷三)而终能胜物,其原因恰恰在于——水"虽无常形,而以物以为形者",因此"天下之信,未有若水者也"(《东坡易传》卷三)。

苏轼之所以强调"传神",其目的与其说是离形得似,或者形神相分,以形为基础、为依托,去传达"物"的内在特性、本质规律或主体的神韵意趣,毋宁说是在形神不分的基础上,以人之无心、无为,"酬酢万物之变",不自以为形,而是"随物赋形",以"物"之自行呈现的本己之"形"敞现其所从出的阴阳交合变化之"神",或者将物是其所是之"神"带入或蕴于"物"之为"物"的可见之"形"所敞开的"在场"之中。用苏轼的话说,就是"谁言一点红,解寄无边春"。即,将"无边春"之"神韵",深蕴于"一点红"之"形"中,从而通达"览之不有,睹之不无"的妙达境界。身与物化、使物自生自化以尽性穷理,是"传神"论的精髓与标志,也是突破所谓囿于所见之"形似"的关键所在。苏轼说,"'以神行智',则心不为事物之所尘垢,使物自运而己不与"(《东坡易传》卷七),所谓的"物自运",也就是"物之往来、屈信者,无遁形也"(《东坡易传》卷八)。"物"无遁形,以"物"为形,正是苏轼所谓的"传神"。要言之,"传神"者,"形神"不分,"神"孕于"形"中,始晦而终明。反之,"形神"相分,"神"离形得似,强明而终晦。"是故处下以倾高,则高者毕赴;用晦以求明,则明者必见"(《东坡易传》卷八),以此言谓传神之法,不亦可乎?

三、理:形神各当其处

"形""神"关系之外,苏轼更是首次在中国美学史上,在画论史上,提出了常形和常理的区分①。他说:

> 余尝论画,以为人禽宫室器用皆有常形。至于山石竹木,水波烟云,虽无常形,而有常理。常形之失,人皆知之。常理之不当,虽晓画者有不知。故凡可以欺世而取名者,必托于无常形者也。虽然,常形之失,止于所失,而不能病其全,若常理之不当,则举废之矣。以其形之无常,是以其理不可不谨也。世之工人,

---

① 王世德:《儒道佛美学的融合:苏轼文艺美学思想研究》,重庆出版社,1993年版,第185页。

或能曲尽其形,而至于其理,非高人逸才不能辨。(《净因院画记》)

又有:

> 昔岁,余尝偕方竹逸寻净观长老,至其东斋小阁中,壁有与可所画竹石,其根茎脉缕,牙角节叶,无不臻理,非世之工人所能者。与可论画竹木,于形既不可失,而理更当知,生死、新老、烟云、风雨必曲尽真态,合于天造,厌于人意,而形理两全,然后可言晓画,非达才明理,不能辩论也。今竹逸求余画竹,因妄袭与可法则为之,并书旧事以赠。元丰五年八月四日,眉山苏轼。(《自跋所画竹赠方竹逸》)

两段文字表达的是同一个意思。其意为:反对不知"常理"而"曲尽其形"的刻板的表面的肤浅的"常形"之似,而提倡符合"常理"的形似,其实质则是提倡"形理两全"的思想。虽然,"形"不可失,失则"人皆知之",但是,"理"更"不可不谨","理"之不当,则"举废之"。因此,相对而言,"理"更需强调,但绝无否定"形似"之意。

托"形"而失"理",或因"形"而得"理","形似"之外更当明其"理",从而通达"形神两全"境界。如此看来,"形"与"理"之间的关系如同"形"与"神"之间的关系是相同的。据此,有学者认为,苏轼此处所拈出的"理",即是"神",它们的意思是一样的。如徐复观先生就持此意见,他认为:

> 他(苏轼)的所谓常理,与顾恺之所说的"传神"的神,和宗炳所说的"质有而趣灵"的灵,乃至谢赫所说的"气韵生动"的气韵,及他所说的"穷理尽性"的性情,郭熙所说的"取其质"的质,"穷其要妙"的要妙,"夺其造化"的造化,实际是一个意思。今人郑昶《中国画学全史》三一三页引有宋张放礼如下的一段话:"惟画造其理者,能因(物)性之自然,究物之微妙,心会神融,默契(物之)动静,察于一毫(按其某物之特征特点),投乎

万象(按此一毫乃物之理、性、神,故可通于物之全体)。则形质动荡(形与神相融,有与无相即,故动荡),气韵飘然矣(按造其理,即得其气韵。气韵是神,是灵,故飘然)。"也正证明我上面对常理所作的解释,所以宋代对画所提出的理字,乃与"传神"一脉相传,并无郑昶所说的"宋人图画之讲理,实为其一种解放"(原著三一三页)的意味。①

然而,亦有学者不同意把"理"视为与"神"同一个意思,而认为是一种突破与进步。如王世德先生就认为,"'形理两全',这比'形神兼备'有更进一步的意义,更深刻的性质",并明确表示,"有的同志认为,形和理,实质上就是形和神,所谓得其理也就是传神,这恐怕是不对的,这种观点混淆了神和理。在我看来,传神是传物之神采,得其理是说物的千变万化是有规律,有情理逻辑的"②。徐中玉先生也认为,"形似不够,还要神似,那么,神似是否就完全够了呢?回答是:有时神似了也仍不够。还要当理,即整个作品都要合乎情理,符合生活逻辑,客观规律"③。

倘若我们本着"不离现象以言本体"的中国文化精神④,在"形神不分"、"形理合一"的基础上来理解,所谓的"传神",就是"通过真实生动的形象描绘,表达出自然物固有的'必然之理'"⑤,所谓的"理",也就是"出于自然的生命构造,及由此自然的生命构造而来的自然的情态而言"⑥,即是上文我们所说的使"物"生生而自运的阴阳变化之"神",那么,"理"与"神"之间并无根本上的差异。然而,因此就将二者不加区分,完全视为相同,似乎又不能体察苏轼的用意。苏轼言"神",更是多次谈及"理",涉及之处多不能通用。尤其

---

① 徐复观:《中国艺术精神》,华东师范大学出版社,2001年版,第220—221页。
② 王世德:《儒道佛美学的融合:苏轼文艺美学思想研究》,重庆出版社,1993年版,第186,187页。
③ 徐中玉:《论苏轼的创作经验》,华东师范大学出版社,1981年版,第67页。
④ 徐复观:《中国艺术精神》,华东师范大学出版社,2001年版,第118页。
⑤ 陶文鹏:《苏轼诗词艺术论》,上海古籍出版社,2001年版,第47—48页。
⑥ 徐复观:《中国艺术精神》,华东师范大学出版社,第220页。

是当人们多习惯以"形"指外形、外观,"神"指精神、神采,视"形"与"神"二元相对时,再谈"形"、"神"之间二合一、一而二的关系,总要给予这种谈论以一个新的视野,以便能够蕴含并更新人们对二者关系的认识。"理",所起到的作用就是对于"形"、"神"关系的一个节制。

苏轼尝言:"世之所谓变化者,未尝不出于一,而两于所在也,自两以往,有不可胜计者矣。"(《东坡易传》卷七)"出于一而两于所在",是苏轼非常重要的一个思想。意思是说,天下万物无一不源出于"道",但又各不相同,各有所在,千变万化,各有不同的显现,用形象的说法就是"地之美者,同于生物,不同于所生"(《答张文潜县丞书》)。苏轼以之作为支配宇宙万物变化的对立统一的规律①,即"自然之理"或"天下之理"。他说:

不知变化而一之,以为无定而两之,此二者皆过也。天下之理,未尝不一,而一不可执。知其未尝不一则莫之执,则几矣。是以圣人既明吉、凶、悔、吝之象,又明刚柔变化,本出于一,而相摩、相荡,至于无穷之理。"《东坡易传》卷七)

"形"与"神"之间的关系也在此"天下之理"的辖制之下。"形"作为"象"之所像,"神"作为"刚柔变化"之妙,虽源出于一,"形""神"合一,"形"因"神"生,"神"以"形"显,但二者则又各有所在。就其显现的方式而言,"形"显而"神"隐,"形"可见而"神"不可见,或者说,"形"是在场的敞开,"神"是不在场的隐匿。"形"与"神"在其所在,各司其职,方能相摩、相荡,于千变万化中化生万物,从而使宇宙自然生生不息,充满盎然生机。若"形"失其所显,或"神"丧其所隐,则"形"不似"形","神"亦不疑②"神";若"形"不真,"神"不妙,则"物"还成其为"物"么?"形"与"神"本出于一,又各在所在,各当其处,此

---

① 余敦康:《内圣外王的贯通:北宋易学的现代阐释》,学林出版社,1997年版,第87—89页。
② 此处之"疑"采取苏轼之说,以"疑"为"似",见《答晁君成一首》。

正是苏轼所谓之"理"。他说:"与可之于竹石枯木,真可谓得其理者矣。如是而生,如是而死,如是而挛拳瘠蹙,如是而条达遂茂,根茎节叶,牙角脉缕,千变万化,未始相袭,而各当其处。"细细揣摩这段文字,可知此处所连用的四个"如是",即是苏轼所谓"各当其处"的"得其理者"的具体表现。而所谓"如是"二字,既有"像这样"、"如此"之形貌,亦有"如其所是"之神髓。故可知文与可画竹石枯木,既曲尽其变化之"形",亦深谙其所以变化之"神",使"形""神"各当其处,才能使绘画"无常形"之类的自然风景,亦能不失其"形"真,亦不丧其"神"妙。这就是苏轼所说的"明于理"。就对客体物之神的主观理解而言,徐中玉先生与王世德先生的看法亦是正确的。

宋代是一个理学风行的时代。虽然苏轼时,理学尚处于发轫期,北宋理学最重要的代表人物程颢与程颐所创立的"洛学"学派,与苏轼、苏辙的"蜀学"又势同水火,互不两立,很难说苏轼曾受理学的影响,但宋代文人理性精神空前高扬,谈"理"、说"理"、释"理"之风盛行。按照葛兆光先生的说法,北宋文人"不仅仅满足于关于国家秩序与生活准则的建设,更探求秩序与准则的普遍性与绝对性的最终依据,因而他们不能不为这种超越了事物与现象的秩序和准则重新建立一个形而上的根本基础",于是"推寻天地万物背后的更超越的实在,就成了重建知识、思想与信仰世界的前提"①,作为一种普遍适用性的原则,"理"就这样应运而生。苏轼在"形"、"神"之外,更论及"理"之重要,不能不说与此种思想风气有相当干系。

虽然如此,苏轼对于"理"的理解,却与理学家,如程颐、朱熹等有根本的不同,显示了自己独立的思考与独特的见解。深入系统地考察、比较并阐述他们之间的关于"理"的思想的差异,是一篇大文章,限于论题所及,不再赘言,在此只是略作比对。要言之,程颐以"所以"释"理"②,朱熹以为"理"是"所以然者"③,苏轼则以"所以

---

① 葛兆光:《中国思想史》(第2卷),复旦大学出版社,2001年版,第235,199页。
② 张岱年:《中国古典哲学概念范畴要论》,中国社会科学出版社,1987年版,45—46页。
③ 蒙培元:《"所以然"与"所当然"如何统一:从朱子对存在与价值问题的解决看中西哲学之异同》,载《泉州师范学院学报》(社会科学版),2005年第1期。

然"释"理"。他说：

>"道"，其所行也；"德"者，其行而有成者也；"理"者，道、德之所以然；而"义"者，所以然之说也。(《东坡易传》卷九)

无可置疑，他们都是在"天人合一"思想的基础上对"理"所做的思考①，"理"具有"超越"自然与社会现实存在的终极意义。然而约略比较，还是可以看出他们之间的差别的。与程颐相比，苏轼更强调"理"在"然"(如此)中。如果我们把"然"理解为一种事物已然存在的状态，那么，程颐是要在万事万物之先"凸显一个非现实性、非时间性、非空间性"②的世界的最高本原，这个本原是脱离事物存在之"然"的抽象性存在。而苏轼"所以然"之理虽是形而上的，却并不离开"如此"而在的事物，"理"不是一种抽象的存在，而毋宁只能存在于已然存在的物中。朱熹也以"所以然"为"理"，强调"理"不能独立存在，只能在形而下的事物中存在，但朱熹往往在"所以然"之后加上一个"者"，如"圣人之道更无精粗，从洒扫应对至精义入神，通贯只一理。虽洒扫应对，只看所以然者如何"③，"然后考其象之所已然者，求其理之所以然者"④，又"窃谓是其然者，人事也；所以然者，天理也"⑤。"者"字的加入，使得朱熹"所以然"之"理"，不仅具有了一种规范化、现成化的倾向，也具有了超越"已然"之物而永恒存有的"实体"意味。与之相比，苏轼"所以然"之理，更强调于千变万化之"然"中呈现"理"之无穷。苏轼讲"理"，却不执于"理"，非现成化使此"理"具有一种灵动不居的构成特点，虽在一物，亦是如此。所以，苏轼说："物有畛而理无方，穷天下之辩，不足以尽一物之理。达者寓物以发其辩，则一物之变，可以尽南山之竹。学者观物之极，而游于之表，则何求而不得"(《书黄道辅品茶

---

① 张世英：《天人之际：中西哲学的困惑与选择》，人民出版社，1995年版，第32—35页。
② 葛兆光：《中国思想史》(第2卷)，第198页。
③ 朱熹：《二程遗书》卷十五，据《文渊阁四库全书》。
④ 朱熹：《经济文衡》后集卷十七，据《文渊阁四库全书》。
⑤ 朱熹：《晦庵集》卷五十八)，据《文渊阁四库全书》。

要录后》)。更有,朱熹于"所以然者"之外,又讲"所当然者",二者具有同样的地位,常连用并提,这使得朱熹之"理"具有符合规律之"事实"与理想追求之"价值"的双重原则。这不仅意味着朱熹之"理"必然走向与人的伦理道德规范的契合,而且意味着"理"的体系性和排外倾向进一步得到加强,使之有可能成为忽略或拒斥新事物、新问题而一味捍卫自身纯粹性的封闭而僵化的"道统"或"礼教"。这也许就是所谓的"卫道士"出现的原因吧。苏轼则讲"必然之理",也就是"岂其所以美者,不可以数取歟"中的"数"。这使得"理"在与人关联之时,更有如其所是地自行敞开的"自由"意味,人在这种自行敞开的"自由"中,无一念可执,并无故步自封的道理,从而获得更多的自由生存的可能性。

相较而言,苏轼更强调于变化中生成的自然之"理",即所谓的"妙理"。他以"道、德所以然也"释"理",其所节制的并不只是"显而不神"之"德行",对于"神而不显"的"道"同样适行。这种节制,不是限制,而毋宁是一种"让……自由"式的解放,使其在"动而不息"的"相摩、相荡"的"争执"之中能够自我确立。"各得其职而不乱",各在所在而不混。"行而成之"者显现,"所行"本身隐匿,而恰恰是隐匿者将显现者作为显现者显现出来。同时,显现者亦将隐匿者作为隐匿者隐匿起来。二者相即相生,而又各当其处,此所谓"理"也。对于"物"之"形""神",其理一也。

值得注意的是,这里的"各当其处"的"处"与"两于所在"之"在"该如何理解。从"如是而生,如是而死,如是而挛拳瘠蹙,如是而条达遂茂"的描述来看,所谓的"处"与"在"首先应当是变化到时一个"时"境,其次同时又是变化到时所展开的一个"视"境。因此,"处"与"在"是在具体的时间与具体的空间中显现出来的具体的处境。这个处境,就其与人之生存关联来看,指的其实是"物"与人相互照面时的当下存在之境,或者说,是在人的生存世界中"物"自行敞开的在场状态。以人的生存参与到"物"的自行敞开状态之中,并在这种敞开中尽可能对"物"保持开放,以获得自身生存更多的自由,这就使得"物"的自行开显具有了生存论的意义,也使得苏轼之"理"赢获了生存论存在论的根基,不复是抽象的概念和空洞的性理了。"触而不乱,至而能应,理有必至"、"因感微物,以寄妙理"、"所至得其妙,心知口难传"(《怀西湖寄晁美叔同年》)等都是人的生存活动的参与,方有"理"至的例证。

所以,苏轼特别强调"亲到此处"的生存亲证,"事不目见耳闻而臆断其有无,可乎"已然成为苏轼为人处事待物赏诗的基本态度。虽然今天看来,以"亲到此处"作为判断事物之有无的标尺,其局限性是明显的,但不可置疑的是,人"身临其境"的参与,对于"物"的整体呈现以及"理"的通达是极其重要的,同样对于艺术作品的创作与欣赏也是极其重要的。因为对于苏轼来说,"物一理也,通其意,则无适而不可",诗歌艺术也不例外,诗人的生存亲证成了通达"物理"的最切近的道路。他说:

>"两边山木合,终日子规啼。"此老杜云安县诗也。非亲到其处,不知此诗之工。(《书子美云安诗》)
>
>司空图表圣自论其诗,以为得味于味外。"绿树连村暗,黄花入麦稀。"此句最善。又云:"棋声花院静,幡影石坛高。"吾尝游五老峰,入白鹤院,松阴满庭,不见一人,惟闻棋声,然后知此句之工也,但恨其寒俭有僧态。若杜子美云:"暗飞萤自照,水宿鸟相呼。四更山吐月,残夜水明楼。"则才力富健,去表圣之流远矣。(《书司空图诗》)
>
>陶靖节云:"平畴返远风,良苗亦怀新。"非古之耦耕植杖者,不能道此语,非余之世农,亦不能识此语之妙也。(《题渊明诗二首》之一)

故而,我们不难理解,在众多研究者高蹈苏轼"哲理化"、"议论化"论调的同时,却难掩其诗作"贴近日常生活"的特色。其实不惟苏轼一人如此,整个宋代诗坛都有"日常化"倾向[①]。因此,我们在讨论苏轼

---

① [日]浅见洋二:《距离与想象:中国诗学的唐宋转型》,第239—261页。

关于"形"、"神"的理论时，如果遗忘或忽略了人的生存亲证的考察，那么这种讨论终将是"无根"而没有任何意义的。将"物"的"形"与"神"之间的关系，归之于以"理"节制，其目的并不是要上升为一种抽象的或逻辑的理论，而是最终要返归于人之生存境域，并在人的生存境域中的某个具体的时空中得以自行敞现。因此，苏轼在《传神记》里说：

> 传神与相一道，欲得其人之天，法当于众中阴察之。今乃使人具衣冠坐，注视一物，彼方敛容自持，岂复见其天乎！凡人意思，各有所在，或在眉目，或在鼻口。

所谓"传神"，应当"于众中阴察"其"意思"之"所在"，无论是"在眉目"，或是在"鼻口"，还是在其他什么地方，都应当"于众中"（取其自然的生存状态）而自行显现出来。否则"敛容自持"、故作姿态，尚不能"复现其天"，而谓之"传神"，可乎？研究者多注意到"取其形似以传神"，而忽略"众中""所在"之境的考察，若其"形""神"虽在却不当其处，则"形"可"似"，其"神"可传乎？

第三节　苏轼论物与艺术的生存论关联

北宋时，高邮有一著名画家陈直躬，善画雁，苏轼有题所画《雁》诗二首，其一曰：

> 野雁见人时，未起意先改。
> 君从何处看，得此无人态。
> 无乃槁木形，人禽两自在。（《高邮陈直躬处士画雁二首》之一）

此六句是说，野雁一见到人，即使未曾飞起，也已经改变了它原来的意向与动作，失去了其天然自在的情态。那么画家在哪里观察，才能够得到野雁在未见人的自然情态呢？可能是画家"形体静定像枯槁的枝木,内心沉静像熄灭的灰烬"①,所以才会画出"人禽两自在"的艺术境界吧。这一段文字纯用议论,简洁明了,但所蕴含的对于艺术的思考却不浅显。细细揣摩,这里至少表达了这样四层意思:其一,苏轼以"无人态"来作为对画家的肯定与赞扬,其实是间接地指出了"无人态"是一种艺术创作的极高境界,所谓的"无人态",在这里是指野雁在无人侵扰的情况下所持有的如其所是的自然而然的活动情态,即那种真实、自在、不矫饰、不造作的"合于天造"的境界。其二,达到这种"天工"的境界,对于人来说,须像庄子说的那样,"形若槁骸,心若死灰",首先要达到一种极其清静无为的心境和生存状态。"槁木"、"死灰"之说只是喻意,并非是说人真的要像干槁的枯木一样,其实是指人所达到的一种"无心"(没有心机)、"无持"(没有成见)而能与野雁为一的"得道"境界,正如伍蠡甫先生分析的那样,"苏轼……认为陈直躬乃是得'道'之士,'修养'很深,能像庄子所谓'形若槁木,心若死灰',使雁见了他,觉得他没有什么'机心',对他也就无须'戒备',尽可保持原来'自由自在'的情态,而他也就能得见这种情态,收入画中。换言之,一方面有陈直躬的不存'机心',一方面有雁的无须'戒备',于是形成人、禽之间的'两自在'——这便是苏轼所理解的陈直躬画雁而得'无人态'的原因了"②。其三,所谓的"无人态"也并非是真的不需要"人"的参与,野雁天然自得的神态不仅要画家以画笔绘出,而且必须首先进入画家观察的视野,在画家的眼前敞开其自然自在的情态。"无人态"须借助"有人在"的条件方可显现,虽说"见人时",野雁"意先改",不复是其本来的样子,但离开了人与野雁的关联,野雁的"无人态"也不可能显现。据传北宋花鸟画家易元吉在房前屋后凿置池塘,遍植芦苇水草,养了许多水鸟,常从窗口观察这些

---

① 苏轼此处"槁木形"显然是化用庄子之意,庄子《知北游》有"形若槁骸,心若死灰"之说,《齐物论》亦有"形固可使如槁木,心固可使如死灰乎"之语。此处解释采用陈鼓应先生对"形若槁骸,心若死灰"的译文。见陈鼓应:《庄子今注今译》,中华书局,1983年版,第567页。
② 伍蠡甫:《伍蠡甫艺术美学文集·野禽的"无人态"》,复旦大学出版社,1986年版,第489—490页。

水鸟的各种情态,以此来画出鸟的"天然"生机,显然,较之于"人禽两自在"的境界,易元吉的筑屋、凿池、观察更具"机心",而鸟所表现出来的活动形态,较之于"野雁",也未必是其本来天然的"无人态"了。有人、无人,看似形成悖论,实际上"有人在"是"无人态"不可更替和移除的前提,"物"的"无人态"也只能首先奠基于人之参与的基础之上。其四,"物"的"无人态"最终落实到人自身的生存上。这不仅意味着野雁"自在"的"无人态"须以人的"自在"生存为基础,而且意味着展现野雁之"无人态"的鹄的正在于展现人的"自在"的生存状态。人"自在"的生存状态,借助野雁的指引而得以展开,或者说人之自由自在的生存就敞开在野雁的"无人态"之中。正是在野雁"依依聚圆沙,稍稍动斜月。先鸣独鼓翅,吹乱芦花雪"(《高邮陈直躬处士画雁二首》之二)的情态中,蕴含了人的情趣,寄托着一种"豪纵放逸、浑朴天真、雍容旷达与大自然打成一片"的"野性"情怀①。

野雁以其所是的方式敞开其自由自在的"无人态",终归展开的是人与雁之间的存在关系,就此而言,"物"之"无人态"的敞开就不单纯是一个客观而外在的对象状态,而毋宁具有了人之生存的意蕴。这种意蕴又绝非是人作为主体而预先设定的"成心"或"机心",而毋宁是对人的某些主观情思、欲念的超越。这种超越使人能够跃出主观的自我设定而绽出到"物"中,以一种无所用心亦无所持居的纯净之心,与"物"冥合,遇"物"无伤,达到类似"采菊东篱下,悠然见南山"的物我浑然的境界。因此,"无人态"所追求的"物"的自在的境界,不是艺术家内在情思外化或投射的主观化的景象,也不是与人无关的、单纯摹写或刻画的外在的客体,而是"人禽两自在"的主客统一、和谐共生的存在状态。"无人态"所关涉的物与我之间的关系,不是主体与客体之间互返对象的关系,而是一种共同存在于大化流行之境域的生成关系。在绘画中追求"物"以其所是的方式呈现出来的艺术境界,就不单纯是一个对于客观外物的窥察、描摹与绘制的问题,而成了人如何在"物"之指引下参与到"物"之为"物"所敞开

---

① 朱靖华:《论苏轼晚年诗词中的野性》,载《朱靖华古典文学论集》,第194页。

的缘在境域之中。人与"物"各得其所,人无所用心、无所持见地生存着,"物"也不受削损、如是所是地存在着、显现着,从而敞开一个"人禽两自在"的和谐而自由的境界。

苏轼论画如此,论诗说文亦是如此。苏轼认为,"古来画师非俗士,妙想实与诗同出",又说"古来画师非俗士,摹写物象略与诗人同"。虽然诗画作为两种不同的艺术种类存在许多的差异,但它们在"摹写物象"、捕捉"妙想"方面是"一律"的。"诗画本一律,天工与清新",并非是说诗画二者之间没有差异的,而只是说它们在"天工与清新"方面是相通的。从某种意义上说,诗画之间的差异是它们之间能够共通的基础。所谓的"天工",即是自然而然、自生自化。所谓的"清新",即是不落窠臼、不入俗套,超凡绝俗而不滞留于成规,脱手天然而又不刻意于务奇。苏轼以"天工与清新"来概括诗画之间的共通之处,甚至以此来交通所有的艺术,无非是在标明各类艺术的至高境界其实都是那种应合大化流行而"与造物者游"的本真生存之境。"万物并育而不相害,道并行而不相悖"(《思堂记》),人在应物而作、循理而动,让"物"以其所是的方式自行敞开之际,得以复存人之本性,这就是苏轼所标举的"合于天造,厌于人意,盖达士之所寓也"的艺术境界。

一、不"留意于物"而"寓意于物":意与物合

前面讲过,苏轼虽然认为"天地与人,一理也",但人却常常"不能与天地相似",表面看来是"物有以蔽之",但其实质却是人有心于物所致,"心有所在,而物疑矣"(《东坡易传》卷四)。因而,虽然"天地设位",以成就、显明"万物自生自成"之大道流行,但人置身其中,却常常为物所蔽、为物所盖。"原其始不要其终,知其一不知其二,见其偏不见其全",不仅不能"得事之真,见物之情"(《乃言底可绩》),即不能使万物以其所是的方式向人展示其自身本来样子,而且人在与物周旋、"终日汲汲随物上下"(《与陈大夫八首》之七)之际,"丧其所存"(《江子静字序》)、迷失本性,是以"美恶横生,而忧乐出焉"(《超然台记》)。

"留连一物吾过矣,笑领百罚空罍樽",苏轼把这种虽生于天地

间、位于万物之中却不能乐"物"之所乐反而深为"物"所病的生存方式,称之为"留意于物",以区别于一种本真、本己的"寓意于物"的生存方式。苏轼在《宝绘堂记》中说:

> 君子可以寓意于物,而不可以留意于物。寓意于物,虽微物足以为乐,虽尤物不足以为病。留意于物,虽微物足以为病,虽尤物不足以为乐。老子曰:"五色令人目盲,五音令人耳聋,五味令人口爽,驰骋田猎令人心发狂。"然圣人未尝废此四者,亦聊以寓意焉耳。刘备之雄者也,而好结髦。嵇康之达也,而好锻炼。阮孚之放也,而好蜡屐。此岂有声色臭味也哉,而乐之终身不厌。
>
> 凡物之可喜,足以悦人而不足以移人者,莫若书与画。然至其留意而不释,则祸有不可胜言者。钟繇至以此呕血发冢,宋孝武、王僧虔至以此相忌,桓玄之走舸,王涯之复壁,皆以儿戏害其国,凶其身。此留意之祸也。
>
> 始吾少时,尝好此二者,家之所有,惟恐其失之,人之所有,惟恐其不吾予也。既而自笑曰:吾薄富贵而厚于书,轻死生而重于画,岂不颠倒错缪失其本心也哉?自是不复好。见可喜者虽进复蓄之,然为人取去,亦不复惜也。譬之烟云之过眼,百鸟之感耳,岂不欣然接之,然去而不复念也。于是乎二物者常为吾乐而不能为吾病。

通常人们把"留意于物"、"寓意于物"作为对待外物的两种态度:寓意于物,虽然是微小之物也能使人快乐,虽然是珍贵的物品也不会成为祸患;相反,留意于物,就是微不足道的物品也能成为祸患,珍贵的物品也不能让人获得快乐。王世德先生解释道,所谓"留意于物",就是"滞停于执求物欲,贪得无厌,就会招致祸患",而"寓意于物,就是寄托情意于物,不是停留于意欲占有此物,那么就能使人怡悦而不会产生祸患"。换言之,"留意于物"采取的是"实用物质功利态度,停留于执求占有物质之功利欲念",而"寓意于物"则采取的是"一种非贪得于实用功利占有欲念的态度,一种'游于物之外'的审美观赏态度"①。作为一种"对于事物采取非物质功利欲望的态度",王世德先生还把苏轼提出的这种"不可以留意于物"的美学思想,与康德关于审美的非物质功利态度的观点、席勒关于审美摆脱物质功利束缚的美学观点做了深入的比对,揭示出苏轼"寓意"论的重要美学意义。总之,以"留意于物"为功利的和占有的生活态度,而以"寓意于物"为审美的和愉悦的审美方式,是王世德先生阐释的核心,许多研究者也大多持此论。如"如果说'留意于物'是以无限的欲望索取有限的外物的话,那么'寓意于物'是以开放的视野来看待无限多样的世界,消解掉人对世界的占有欲望与僭越之心,保持住人在世界中的诗意栖息空间。"②

以有无功利之心,作为主体与对象之间关系的描述,并以此区分功利的(实用的)和审美的两种人生态度(或方式),大抵是不错的。然而,问题在于,以"功利"为尺度来解释人与物之间的关系还不够源始。"功利"作为衡量的标尺,其本身何所出、何所向的基础尚没有得到澄清,更重要的是,为何"留意"之"意"是一种功利的、占有的欲望,而"寓意"之"意"却是一种审美的、愉悦的情意,这样的问题还没有得到厘定。"留"与"寓",作为"留意于物"与"寓意于物"最重要的一字之差,它们的区别与联系还没有得到应有的正视。以有无"功利"为尺度释"留意"、"寓意",遮蔽了"留意"、"寓意"更为本源的原发根基,缩小了其更为广阔的阐释空间。

"留意于物"之"意"并非一定是功利的或者是占有的。苏轼在《跋文与可论草书后》中说:

> 余学草书凡十年,终未得古人用笔相传之法。后因见道上斗蛇,遂得其妙,乃知颠、素之各有所悟,然后至于如此耳。
> 留意于物,往往成趣。昔人有好草书,夜梦则见蛟蛇纠结。数年,或昼日见之,草书则工矣,而所见亦可患。与可之所见,岂

---

① 王世德:《儒道佛美学的融合:苏轼文艺美学思想研究》,第63、64、65—66页。
② 杨存昌、崔柯:《"寓意于物"看苏轼美学思想的生态学智慧》,载《山东师范大学学报》(人文社会科学版),2006年第6期。

真蛇耶,抑草书之精也?予平生好与与可剧谈大噱,此语恨不令与可闻之,令其捧腹绝倒也。

因其所见而得妙,故"留意于物",亦"往往成趣",这与苏轼一贯的思想是相通的。苏轼以为"凡物皆有可观,苟有可观,皆有可乐,非必怪奇玮丽者也。餔糟啜漓皆可以醉,果蔬草木皆可以饱。推此类也。吾安往而不乐"(《超然台记》)。不仅如此,倘若能以"物"引发一个人的"巧智",如"轮扁凿轮,伛偻承蜩",则即便对于"学道","物"亦"无陋者"(《送钱塘僧思聪归孤山叙》)。

"寓意于物"之"意"也未必一定就是无功利的愉悦的情意。文与可之于墨竹可谓"得其情而尽其性矣"(《墨君堂记》),可以算作是"寓意于物"的典型代表了,然而苏轼尝记录文与可之言并反思道:

> 昔时,与可墨竹,见精缣良纸,辄愤笔挥洒,不能自已,坐客争夺持去,与可亦不甚惜。后来见人设置笔砚,即逡巡避去。人就求索,至终岁不可得。或问其故。与可曰:"吾乃者学道未至,意有所不适,而无所遣之。故一发于墨竹,是病也。今吾病良已,可若何?"然以余观之,与可之病,亦求得为已也,独不容有不发乎?余将伺其发而掩取之。彼方以为病,而吾又利其病,是吾亦病也。熙宁庚戌七月二十一日,子瞻。(《跋文与可墨竹》)

文与可明确地将自己"寓意"画竹之举,视为一种"学道未至,意有所不适"之"病",尤其是当这种"寓意"之举成为个人乃至众人的嗜好,则更成为一种负担。

"留意于物","足以为病",亦可"成趣"。"寓意于物","足以为乐",但亦可为"病"。从这里可以看出,它们之间的分化,并非仅仅在于"意"本身是否与"物"存在或保持一种非功利的情感距离,或者并非在于"意"本身的区别所致。"留意于物",往往成趣,使物可观、可喜,以至于悦人之耳目或有适于用,"留意于物"之"意"所带来的情趣与快适，或许正是其"足以为病"的缘由之所在。而"寓意于物"，虽足以为乐，但持之以至于爱不释手，终至于祸乱，亦未可知，"寓意于物"之"意"所具有的喜好与愉悦的情感特色，或许也正成为其好而无度的嗜欲之源。就"意"所从出的本源来看，无论是"留意"之"意"，还是"寓意"之"意"，作为对于人生存世界之中的"物"的存在领会，它们都具有"足以为乐"的一面，同样也具有"足以为病"的潜在因素。

这样看来，"留意于物"或"寓意于物"，就不单纯是主体处置对象（外物）的态度问题了，而且首先包含了人作为生存于世的个体对待自我之"意"的方式问题。是"留"还是"寓"，甚至可以说，人与物之间的关系，很大程度上取决于人如何对待或处置"意"的方式。

首先，"留意于物"与"寓意于物"都揭示了一个基本的前提："意"与"物"的原初关联。我们前边讲到苏轼曾提出过一种"不假于外物"的"独存"得道的境界，即那种不借外物而自适其适、安贫乐道的人生境界。然而这种境界门槛过高，除了作为一种道德的风范之外，对于芸芸众生既没有实际的意义，也没有理论上的价值。因为无论如何，人生于万物之间，总要依凭外物以存活，所谓"饮水啜菽，居于陋巷"，也只是对生存条件没有更多、更高的要求而已。"意"，作为对人之生存的领会，总是自觉不自觉地借助人生存世界中的事物的存在来领会和见证自己个体的生存。也就是说，"意"作为人对自身存在的领会，总是首先对人生存世界中事物存在的领会。换言之，人如何领会他周围世界的事物的存在，人就如何领会他自己的生存。人的本质，就植根于这种对生存世界中事物存在的领会之中。"意"首先在外而不在内，在"物"而不在"意"自身，是"意"所从出的本源。

其次，"留意于物"的重心在于"留"。所谓的"留"，就是"止"。与万物自生自化的变化相比，"留"指一种停滞不前的静止持有状态，它揭示出一种日常化的生存方式，即现成化的模式，"若使缠绵留恋，不即一刀两段，乃是世俗常态"（《与滕达道六十八首》之六十三）。上一章，我们知道，"意"总是随缘而生、适遇而成的，一旦生成，便随物而逝。而偏偏"意"生成于某个具体的当下时刻，在"意"

所生发的这个现实时刻,事物呈现出其即目所见的在场状态,昭示出与之照面的人当前在场的生存状况。在事物的当前呈现中,遮蔽了事物所从出与所终归的曾在状态和将在状态,也就遮蔽了体现在事物变化过程之中的大化之道。而同时人生存的某些现实性确证也遮蔽了人之生存更为丰富的可能性。把这样一种在场状态执为长久地持存、滞留,即是所谓的"留意于物"。在"留意于物"的现成持有中,事物从其所源出的生生不息之道中被撕扯而出,被视为一种静止不变的、人能够占有、追索的现成对象,而"意"也从其所缘发的人与物相生相即的生存之域被连根拔出,置入特定的"试管"中进行定性定量分析,使之成为一种可以持有并度量事物得失、利害与悲喜的现成标尺。"意"的现成化,是功利、占有之心所从出的缘起。然而,"物"的现成化只是人的一种幻相。苏轼认为,"物之有成必有坏"(《墨妙亭记》),作为人欲望的对象,"物"不可能长久,"物之可以足吾欲者有尽"(《超然台记》),沉溺于事物的某个当前化的瞬间,看不到"物之废兴成毁"(《凌虚台记》)的整体性呈现之道,无异于如"隙中之观斗"的"游于物之内"——"自其内而观之,未有不高且大者也"(《超然台记》)。无论微小之物,还是珍贵之物,都必然有"废兴成毁"的时候。然而以"意"的现成化标尺来衡量,则有得失之虞、喜悲之求、福祸之虑了——"物",得之则喜,失之则悲,遇之则福,丧之则祸,"是以美恶横生,而忧乐出焉,可不大哀乎"。至于"家之所有,惟恐失之,人之所有,惟恐其不吾予也",或"志于其所欲得,虽小物,有弃躯忘亲而驰之",甚至"剖冢斲棺而求之"(《墨宝堂记》),所有这些"留意而不释"的行为,其最终必然是"其祸有可不胜言者"。故"留意于物"虽亦可"成趣",但其滞留于其所见之永恒在场,不能随物而化、应物而动,常常最终导致患祸。

再者,"寓意于物"之"寓",即是"寄托"、"寓居"、"依寓于……中"的意思。显然,与"留意于物"相比,"寓意于物"是将"意"寄寓于事物之中,随事物自显自化之缘(时机)而不断生成,所揭示出的是一种本真的生存方式。"万物之生芸芸"、"万物之逝滔滔"(《静常斋记》)),如"烟云之过眼,百鸟之感耳","自其变者而观之,则天地曾不能以一瞬"(《赤壁赋》)。人寄寓于天地间,与物齐一,随之俱化。"物至心亦至,曾不作思虑,随其所当应,无不得其当"(《成都大悲阁记》),做到"物之来也,吾无所增,物之去也,吾无所亏"(《江子静字序》),或者物来而"欣然接之",物去而"不复念也",纵使不能做到"无念",也要"随念随拂,勿使久留胸中"(《与王子高三首》)。人在让生存世界中的"物"以其所是的方式自然而毫无障碍地显现其本然状态之际,人之生存的本质亦同时绽出于"物"如其所是的敞开之境中。这种绽出,意味着人对生存的领会和人之生存本性的获得,本自"物"中来,又寓"物"中去。在"寓意于物"中,"物"自然而然所敞开的本然状态,就是人之生存的本真状态。在这里没有主体与对象的分立,只有物我的交汇与融合。只有在人的本真的生存领会中,"物"才能进入敞开之境,以其所是的方式敞开自身。而只有人绽出于"物"以其所是的方式自生自化之域并随之而俱化,"莫与之争,而听其所为",人才能"触而不乱,至而能应",才能"漠然而自定"、"介然而不忘",做到"但应此心无所住,造物虽驶如吾何",从而达到"静以存性"、"与道俱融"的境界。

因此,苏轼所谓"留意于物",其实源出于一种预先设定的"规绳"。在这种"规绳"的衡量下,合之则喜,不合则悲。人与"物"被当成两个彼此分立和现成持存的"实体",人与"物"之间是一种设定的主体与符合标准的对象之间的关系。人的某些生存领会的现成化和定型化,是"规绳"的规定性所从出的根源。而"寓意于物",则源出于大化流行之道,源出于"无心而一"的生存关联。"物"在"意"中敞开,"意"在"物"中栖身,人与物之间是一种相即相生、相摩相荡的生成关系。"留意于物",意味着"物"不能尽如其所是地敞开自身,即"物"不成其为"物",人只知其一而不知其二,则人的体验与领会必然为"物"所蔽并为"物"之无常变化所惑乱,在滞留与妄执中,则人亦不成其为人,即便有珍贵物品,又有何乐可适?"寓意于物",则意味着"物"能够自然而毫无障碍地自行敞开于人的生存领会之中。在"物"自行敞开并到时之际,人之生存的本真领会油然而生,展开或敞亮了人之为人的本己的生存状态。人依寓真吾于"物"之自生自化中,遇物无伤又能应万物之变,心与物合,人与物一,即便是微小之物,也能无往而不适。

二、从"不留一物"到"身与竹化":以物为形

苏轼有诗曰:"平生寓物不留物,在家学得忘家禅。"(《寄吴德仁兼简陈季常》)从生存论的角度来看,苏轼"寓物"的思想准确地揭示出人的本质性的存在方式:人依寓世界而生存。正如海德格尔所认为的那样,"在世界之中的存在必然是此在的先天建构"①。"寓物"意味着人首先栖居于物之中,存在于世界之中,从大道化生万物的那一刻起,人就始终备位于天地之间,这是人不可选择与违逆、又"莫知其所以然而然"(《东坡易传》卷一)的天命。这就是说,"人总是在世界万物之中存在,人持续地寓于世界万物之中,他从来都不能把自己与万物隔绝开来而孤悬于世界之外"②。这意味着,人与世界中的事物,首先不是作为独立的个体而现成地存在着的,"绝没有一个叫作'此在'的存在者(按:指人)同另一个叫'世界'的存在者'比肩并列'那样一回事"③。因此,人对事物的本己把握,不是作为主体的人对作为客体物的把握,而是让事物从昭然若揭的现成事物那里复归到物之为物的自生自成的本质存在之中。同样,人对自身存在的领会,不是作为主体的人对心理世界的内在透视或体味,而毋宁首先是把自己置放于世界之中的事物所敞开的境域之中。

正如"在家"才能学得"忘家"之禅、"在世"才能修得"出世"之法一样,"不留一物"也只有奠基于"寓物"的基础上才是可以理解的。"不留一物"绝不是与世界之中的事物隔绝、孤立开来,或者保持着足够的距离以不受侵扰,也绝不意味着把生存领会的触角从事物那里撤回到内心深处作纯思臆想。因为"我们并没有一个在世界之外,而又能理解这个世界的位置。我们也不是以一种与世界内的事物远隔的方式,存在于世界之中"④,而毋宁是不滞停于任何某些事物的现成状

---

① 海德格尔:《存在与时间》,第62—63页。
② 那薇:《道家与海德格尔相互诠释:在心一体中人成其人物成其物》,商务印书馆,2004年版,第83页。
③ 海德格尔:《存在与时间》,第64页。
④ 张文喜:《颠覆形而上学:马克思和海德格尔之论》,中国社会科学出版社,2004年版,第24页。

态,更加开放地出离自身,更加自由地把自己投入到事物的开显之中,以无所羁恋、纠葛的胸怀,纳万物之境、应万物之变、循万物之理。"不留一物",其实质就是心底无私、胸怀宽阔无碍而不牵绊于任何一物。苏轼进一步指出,若想达到这种"无私"的境界,不能单纯依靠个人主观的臆想与判断,而必须"观万物之变,尽其自然之理"。他认为,"凡学之难者,难于无私。无私之难者,难于通万物之理。故不通乎万物之理,虽欲无私,不可得也"(《上曾丞相书》)。俗语常说:"心底无私天地宽。""天地宽"不仅是"心底无私"的结果,同样也是"心底无私"的缘由。所谓的"天地宽",指的其实是"神与万物交"的宏大境界。苏轼在《书李伯时山庄图后》中曾记述道:

> 或曰:"龙眠居士作《山庄图》,使后来入山者信足而行,自得道路,如见所梦,如悟前世,见山中泉石草木,不问而知其名,遇山中渔樵隐逸,不名而识其人,此岂强记不忘者乎?"曰:"非也。画日者常疑饼,非忘日也。醉中不以鼻饮,梦中不以趾捉,天机之所合,不强而自记也。居士之在山也,不留于一物,故其神与万物交,其智与百工通。"

李伯时所绘《山庄图》之所以能给以如入其境的真实感觉,恰恰在于李伯时应合"天机",不滞留任何一物,"神与万物交"所达到的"不强而自记"的结果。从这里可以看出,"不留一物"与"神与万物交"是一体的,"不留一物",在本质上就是处于万物之中,以虚己无物之心应合于物,与造物者游的境界。苏轼曾经这样描述自己的感受:

> 东坡居士酒醉饭饱,倚于几上,白云左绕,清江右洄,重门洞开,林峦坌入。当是时,若有思而无所思,以受万物之备。(《书临皋亭》)

如此看来,"不留一物"所达到的境界,绝不是那种与物隔绝、闭关自守的封闭狭小的内心境地,而是一种寓身物中、神与物交、物我相融、万物自显的博大境界。由此可知,所谓的"不留一物",不单纯意味着不滞留于某个外物的现成状态,而且意味着人不能拘执于内心的某些欲念、想法和现成的意念。"无私",不仅仅是无"物",更是"无己"。苏轼在释《周易》"咸"卦时说:

> "咸"者以神交,夫神者将遗其心,而况于身乎? 身忘而后神存,心不遗则身不忘,身不忘则神忘。故神与身非两存也,必有一忘。足不忘屦,则屦之为累也甚于桎梏;要不忘带,则带之为虐也甚于缧绁。人之所以终日蹑屦束带而不知厌者,以其忘之也。(《东坡易传》卷四)

人若有心,则不能忘身;不能忘身,则不能存神;不能存神,则无以与万物交、与造物者游,也就不能应合万物之变、通达万物之理。因而,"不留一物"而达万物之理,必然走向"身与竹化"的"物化"境界。

苏轼在《书晁补之所藏与可画竹》三首诗之一说:

> 与可画竹时,见竹不见人。岂独不见人,嗒然遗其身。其身与竹化,无穷出清新。庄周世无有,谁知此疑神。

前边我们曾引过苏轼在《墨君堂记》中称赞文与可之于竹"可谓得其情而尽其性"的话,意思是说,文与可对于竹,能于"千变万化"中"得其理",即不仅能得竹之情、曲尽其形,而且能得其常理、尽竹之性。何以能够如此? 徐复观先生解释说,是因为文与可不是一般的人,而是一位"高人逸才"。"所谓高人逸才,是精神超越于世俗之上,因而得以保持其虚静之心。因为是虚静之心,竹乃能进入于心中,主客一体。此时不仅是竹拟人化了,人也拟竹化了;此即《庄子·齐物论》中的所谓'物化'。由此而所画的竹,即能得其性情"。这段话其实是对"身与竹化"的一个解释,徐先生认为,"'其身与竹化'的物化,最是艺术上的重要关键"[①]。只有"身与竹化",才能够"成竹于胸",不仅能够描摹出竹的千变万化之姿容与情态,更能把握到竹子生长

---

① 徐复观:《中国艺术精神》,华东师范大学出版社,2001年版,第221—222页。

的本性，使竹能够以其所是的本己方式自行现身出来。而欲做到这一点，必须首先要有一个虚静之心，用徐复观先生的话说就是"非为主观的主体"，也就是要达到"忘我"或者"丧我"的程度。

这种解释不无道理，然而尚难达乎人与物在本源状态上的统一。人之所以能够"忘我"或者"丧我"而有一个虚静之心，并非是主体专心致志或者集中思想的结果，也不纯然是主体精神超越世俗之上的缘由。若是把"身与竹化"归结为主体尽心努力的结果，在一定程度上遮蔽了主体之为主体所源出的根基。正如我们上面所分析的那样，人并不首先是一个独立于事物之外的主体，而后才能冲破内在领域的限制，超越主客之间的鸿沟，达到与事物相互融合、身与物化的境界的。身与物化，原本就是以事物的整体性存在世界作为人自我生存的前提和依据，就是人生在世的本质，就是人最真的生存方式。人抛却主体的私心杂念，以一颗虚静如水镜般迎纳事物的自生自显的澄明之境，也即是投入、绽出到事物所敞开的境域之中。让竹子以其所是的方式不加干涉地自行敞显于人的生存领会之中，其实是苏轼所宣扬的人的本性的复归。倘若这里，一定要用"寄情达意"之类的模式来表达此时"了然于心"或者"了然于口与手"的"竹"的意义，那么，与通常人们所理解的主观感情的抒发或者"移情"不同，它有着深刻的生存论存在论的意义。它寄托的恰恰不是内心需要宣泄和疏解的主观的情意，而毋宁是一种宁静的、无心无己的、无所思虑亦无所幻想的自然之意、本性之情。它不以己意夺天工之造，不以私好篡万物之形，而是遇物无伤、随物赋形，循万物之理、通达万物之妙。因而，"其身与竹化"，才能够"无穷出清新"，敞开人与竹应合大化流行的、自生自显的澄明之境。"烦君纸上影，照我胸中山……我心空无物，斯文何足关。君看古井水，万象自往还"（《书王定国所藏王晋卿画著色山》），说的是同样的意思。正是在这个意义上，苏轼把文与可等一些优秀的艺术家称为"得道"之人，也正是在这个意义上，诗文书画等在苏轼眼里就不再是一些用来娱乐消遣的雕虫"小道"，而具有了通达"大道"的意味。从一个人的诗文书画中，完全可以推知一个人"得道"的深浅，例如他就曾说过"聪能如水镜以一含万，则书与诗当益奇。吾将观焉，以为聪得道深浅之候"（《送钱塘僧思聪归孤山叙》)的话。

写山画水,身与物化,不是单纯的感情的疏泄与投射或外移,而是要尽可能地敞显事物无穷之变化、通达事物自生自化之理。这样就必然要放弃对自我意志的孤执、摆脱主观方面的横加干涉,"不自为形"以免破坏或遮蔽事物的本然状态,而是以物为形、因物以赋形,就像水那样,不固信常形,故能遇物无伤而达天下之信。

苏轼在他的作品中曾不止一次地以"水"为喻,论及"因物赋形"。如《仁宗皇帝御书颂》:"圣人如天,时杀时生。君子如水,因物赋形。天不违仁,水不失平。"《滟滪堆赋》:"唯其不自为形,而因物以赋形,是故千变万化而有必然之理。"《文说》:"及其与山石曲折,随物赋形而不可知也。"《画水记》:"画奔湍巨浪,与山石曲折,随物赋形,尽水之变,号称神逸。"《东坡易传》里表达的也是同样的意思:"今夫水,虽无常形,而因物以为形者,可以前定也。是故工取平焉,君子取法焉。惟无常形,是以迕物而无伤。"

徐中玉先生认为,所谓的随物赋形,就是"客观存在的事物本来是什么样子,就该给它写成什么样子,不同的事物就该写出它们种种不同的样子"。作为一种完整的创作理论,"随物赋形"就是"不但要写出事物的常形与变形,即写出事物的形象,还要写出事物的神情、生气,即写出事物的某些本质方面,而且'体物'往往与'写态'即表现某种进步的有社会意义的思想有着联系"。① 王世德先生则认为,把"随物赋形"通常作为"按客观事物的本来面貌描绘、刻画事物的形象"来理解的做法,不很确切,因为在文章创作中,所要表达的不只是客观事物的形象,"其实内在隐含着'作者的情意自然奔放'之意"。他提醒说,"'随物赋形'的'形'也不只是'形似'之'形',而是包括'神似'在内的整个对象活生生的形象、形态"。因此,他认为,"苏轼之意不局限于语言要自然,不要矫揉造作,要穷形尽相,而且还要求遵循客观事物变化运动的规律,让感情自然奔放,按照事物在运动中的变化规律去反映事物的自然形成的千姿百态,包括各种气势。从根本上说,随物赋形是对老庄崇尚自然的美学观的继承和发

---

① 徐中玉:《论苏轼的创作经验》,第18,31页。

展,它要求冲破刻板模式的束缚,让作家在生活中产生自然的感兴,自由地发挥创造性,让真情自然奔放,自由地抒情达意,文理自然,曲折事物多姿之变化"①。

倘若我们把他们所说的"客观存在的事物"理解为与人之生存有着"无心而一"原初关联的世界中的事物,而不是独立于人之外、与人的生活相隔绝的纯粹外物的话,或者把所谓的"情意"也理解成为是在与物交合的过程中所展开的人之生存状态——亦即事物之存在状态,一句话,如果我们本着物我冥合的原发思想而不是主客分立的思维模式来理解的话,他们的解读是毫无异议的。

苏轼之所以以"水"为喻,多次论及"随物赋形",其目的并不仅仅限于对于某种具体的创作方法的描述,而是因为苏轼相信,在所有的事物之中,"水几于道"。他说:"阴阳一交而生物,其始为水。水者,有无之际矣。始寓于无而入于有矣。"(《东坡易传》卷七)从这个层面上讲,把"水"视为苏轼文艺美学的思想基础②,是有道理的。因此,苏轼以"水"之"随物赋形"的禀性来说事,就不会是单纯在说水与物之间的关系,尤其表达的不是一个无常形的事物与另一个有常形的客观事物之间的关系,甚至也不是来描述实物的水因外物而呈现出的千变万化之姿态。苏轼尝说:

> 今夫水在天地之间,下则为江湖井泉,上则为雨露霜雪,皆同一味之甘。是以变化往来,有逝而无竭。(《通其变使民不倦赋》)

> 阴阳之相化,天一为水。六者其壮,而一者其稚也。夫物老死于坤,而萌芽于复。故水者,物之终始也。意水之在人寰也,如山川之蓄云,草木之含滋,漠然无形而为往来之气也。为气者水之生,而有形者其死也。死者咸而生者甘,甘者能往能来,而咸者一出而不复返,此阴阳之理也。(《天庆观乳泉赋》)

---

① 王世德:《儒道佛美学的融合:苏轼文艺美学思想研究》,第128,130页。
② 王启鹏:《水:苏轼文艺美学的精髓》,载中国人民大学中文系编:《中国苏轼研究》(第一辑),学苑出版社,2004年版。

> 天以一生水,地以六成之,一六合而水可见。虽有神禹,不能知其孰为一、孰为六也。(《送钱塘僧思聪归孤山叙》)

很显然,苏轼在这里所说的"水",并非局限于客观实物的"水",而且蕴含了他关于万物所源出之"道"的思索。因它接近于万物的"始基"而具有一种形而上的"虚灵"性,冷成金教授认为,"'水'的形上本质就是不戕害万事万物的自然本性、顺应万事万物的自然规律的自然之道"①。

尽管如此,苏轼却明确表示,"此善之上者,几于道矣,而非道也",即"水"并非就是"道"本身。"道"生物以隐,"水"遇物而显,与"道"的不可见、不可说相比,"水"接物而成形、尽显本色的特征更为明显。所见皆非"道",可说亦非"道",应该说用"水"来喻寓世之人对"道"本身的切己与本真的领会,即喻"道"之"意",才更为更贴切。苏轼以为:

> 夫道之大全也,未始有名,而易实开之,赋之以名。以名为不足,而取诸物以寓其意,以物不足,而正言之。(《东坡易传》卷八)

"道"本身是一种"大全",其内涵"廓然无一物",却"不可谓之无有",虽具一切"有"的可能性,却又近于虚无,难于训明。② 因而,"道可道,非常道","正言之"其实是很困难的。人生在世,短暂一生,难以识见"道"之大全,通常便采取"取诸物以寓其意"的路数。所以,苏轼有"物一理也,通其意,则无适而不可"(《跋君谟飞白》)之说。

"水"源出于"道",遇物而显,因物以为形,却无常形,迕物无伤,而达千变万化之理,所以,苏轼认为,"水"是"天下之至信者"。信者,诚也。诚者,苏轼以为,乐之之谓也,自信也。上文我们分析过,

---

① 冷成金:《苏轼的哲学观与文艺观》,第59页。
② 王水照、朱刚:《苏轼评传》,第181页。

苏轼赋予"诚"以一种"'是其所是'而又'不能不如其所是'的本真本己"的意义,他以"诚然"来言"意",其目的在于表达一种"切己而寓物而生的、恰当适时而入深入微的人生感悟"。这种人生感悟,其实正是寓世之人对"道"的本真领会,苏轼以"水"说之,无非是暗示这种领会所展开的一种至信本真而近"道"的境界,正如同以"诚然"来言"意"之本真本己的状态一样。

王启鹏教授认为,"水"作为文艺美学的一个观念,包含了这样的意思:"一方面,是创作主体意识的自由表达,无拘无束,兴到即言,意尽言止。另一方面,是要求客观物象的天然呈现,'羚羊挂角,无迹可寻',使主客体浑然契合,不留人工痕迹。"①若把"水"的这两方面整合到一起(其本来就是源出一体的),表达的正是"意"之特性。"意"即物而生、寓物以显,在让事物如其所是地自行敞开之际,也同时展开人之本真、本己的生存状态。"随物赋形"之"形",既敞开了物之为物的本真存在状态,同时也聚集了人之人的本真生存状态。此形"生于所遇,而不自为形",寓于物而有形,所遇之万事万物本然状态呈现之际,就是本己之"意"现身之时,也就是文思如泉、倾泻而出之日。所以,苏轼《自评文》曰:

> 吾文如万斛泉源,不择地皆可出,在平地滔滔汩汩,虽一日千里无难。及其与山石曲折,随物赋形,而不可知也。所可知者,常行于所当行,常止于不可不止,如是而已矣。其他虽吾亦不能知也。

作文赋诗如同行云流水,所可知者,听任大道之召唤,回应自然之呼声,遇物而有,随物赋形,当行则行,当止则止。所不可知者,"莫知其所以然而然也",命也,道也。唯有不可知者在,唯其不自为形,故其可知之行止、所赋之形,方为"不能不为之"的自然之文理。这样"自成文理"而创作出来的诗文书画,才能够"合于天造,厌于人意",才可以通达万物之理、应合于大道之声,才能够作为"士之所寓"而

---

① 王启鹏:《水:苏轼文艺美学的精髓》,载《中国苏轼研究》(第一辑),第151页。

成为人们诗意栖居的处所。

如此看来,"意"在"物"的指引下而现身出来,既是人之所为,又是人应合自然而不能不为之的天命。"意"因"物"而获敞显之"形",同时也把其所从出之天命隐入其中、带上前来,于千变万化之中隐显其必然之理。这也许正是苏轼以"水"之"随物赋形"来喻诗意现身的用意吧。

从"不留一物"的主张起步,没有走向一种封闭的主体内在情结的任意宣泄,反而走向了"身与竹化"、"以物为形",在"物"的引领下,敞显人本真、本己的生存状态,从而走向守存本性、通达大道之路,通达物我共生、意与物合的艺术境界,这恰恰是由人"寓物"的本真存在方式所决定的。这是苏轼基于人的生存论的根基而对物与诗所做出的最为本质思考。

第四章 言：诗化的道说方式

这一章，我们来考察苏轼对于语言的思索。

众所周知，文学艺术是语言的艺术。这一方面意味着语言是文学存在的载体和传播的媒介，文学通过语言并且只有通过语言才能存在。正如高尔基所说，"文学的第一个要素是语言。语言是文学的主要工具，它和各种事实、生活现象一起，构成了文学的材料"①。另一方面意味着，文学是语言本身的艺术。巴赫金说，"文学最基本的特征是，语言在这里不仅是交际和表达—描绘的手段，而且还是被描绘的客体"②。这就是说，语言本身就是文学加工和构筑的"对象"。语言是文学存在或赖以栖身的家园，只有在语言中并且只能在语言中，文学才成其为文学。

语言，是每一个从事文学创作的人都首先和必须遭遇的最为重要的核心问题。无论他有多么美妙的创意和缜密的构思，也无论他有多么高明的观念和精深的理论，最终都必须运用语言并且在语言中予以显现，接受语言的裁判。人类是一种具有语言能力的生物，人们早已生活于语言的世界之中。尽管如此，语言仍然像是一座巍峨云汉的高峰，横亘在文人骚客的面前，阻断了他们通往自由与梦想的路途。著名作家歌德曾说："那试图用文字表达艺术经验的做法，看来好像是件蠢事。"另一位著名作家高尔基则认为，"世界上没有比

---

① 高尔基：《论文学》，人民出版社，1978年版，第332页。
② M. M. 巴赫金：《M. M. 巴赫金文集·文学中的语言（第5卷）》，莫斯科，1996年版，第287页。转引自［俄］瓦叶哈利泽夫：《文学学导论》，周启超、王加兴等译，北京大学出版社，2006年版，第127页。

语言的痛苦更强烈的痛苦了"①。

中国很早就开始了对语言的思考。到春秋时,语言与"道"(世界之本源)之关系,已经成为最为重要的问题,进入了哲人的思想视野,成为先秦诸子争鸣不止的焦点。发萌于此的"言意之辩",在魏晋玄学时代达到高潮,此后仍不绝于耳。流风所及,诗学自不能免。陆机《文赋》开篇即云:"恒患意不称物,文不逮意。盖非知之难,能之难也。"刘勰《文心雕龙》也说:"方其搦翰,气倍辞前;及乎篇成,半折心始。何则? 意翻空而易奇,言征实而难巧也。"可见对于"言不尽意"的无奈正是作家内心不约而同的呼声。

苏轼基于自己的生存领会与文学实践,继承并发展了孔子"辞达而已矣"的观念,提出了"辞以达意"、"不可以有加"的诗学思想,明确表示"言尽其意"的境界是能够达到的。然而,这并不表明苏轼不曾遭逢到"言不尽意"的窘境,实际上他也常在给友人的书信中写下"言不能尽意"、"未能尽意"或"书不能尽区区"等等类似的话。因此,如同"言不尽意"论者总在语言的允诺下清楚表达着自己遭遇语言时的难堪一样,苏轼其实是在"言不尽意"的日常言说方式的基础上宣泄着"笔力曲折,无不尽意"的快意。如果说,"言不尽意"的困境对作家提出了超越语言、寄意于言外的要求,那么,我们可以认为,苏轼的"辞达"说则是应和了这种超越性的要求而寻找到的、不同于日常言说方式的另一种言说方式。正是在这别样的言说方式中,苏轼自由而快乐地抒写着、表达着自己的真情实意,才思睿智,言辞畅达,"像充沛的源泉,在地上激荡腾涌,随处都能喷薄而出,像春云浮空,飘荡卷舒,随所变态;像秋水汪洋,奔流萦迴,各呈奇景"②。

这是怎样的一种言说方式呢? 苏轼又是如何具体运用这种言说方式的呢? 这正是下文所要回答的主要问题。

---

① 转引自童庆炳:《现代诗学问题十讲》,中国海洋大学出版社,2005年版,第13页。
② 顾易生、蒋凡、刘明今:《宋金元文学批评史》,上海古籍出版社,1996年版,第166页。

第一节　言止于达意：在恣意中道出自身

苏轼及其弟苏辙自幼聪慧过人，又受到其父苏洵精心的训练，很早就表现出相当突出的写作才能。据说苏轼十岁时，便能仿照欧阳修《谢宣诏赴学士辽，仍谢赐对衣、金带及马表》写下拟作；十来岁时，遵父命作《夏侯太初论》，竟写出了"人能碎千金之璧，不能无失声于破釜；能搏猛虎，不能无变色于蜂虿"这样的警句，深为老苏喜爱①。苏洵在《上张侍郎第二书》中说他两个儿子"引笔书纸，日数千言，坌然溢出，若有所相"。可见苏氏兄弟似乎从来不曾为语言如何表达犯过愁。这似乎应该归之于他们所有的天生的语言禀赋，天然为之，不学乃成。其实不然。苏轼兄弟笔下千言，恰是他们在苏洵指导之下，"韬龀授经"，熟读经史，浸淫其中，长久磨炼的结果。因之，他们对语言也有着自己的考量和见地。

苏辙在《亡兄子瞻端明墓志铭》中曾论及苏轼早期的文章说：

> 少与辙皆师先君，初好贾谊、陆贽书，论古今治乱，不为空言。

"不为空言"，正是他们对文字所提出的标准与要求，也是苏轼对语言所做出的最初的思考。人们也许会认为，"不为空言"，太过寻常而又略显空泛，不足以充分彰显苏轼作为一代语言大师的卓绝才能，也不足以代表苏轼对语言的切己思考。但正是这种看似简单而实难做到、看似寻常而颇精深的观念，伴随了苏轼文学创作的一生。"不为空言"，与其说是对语言的一种规定，毋宁说是对语言的一种限制，是对言说方式边界的一种限定。从限制出发、从语言的边界出发，而不是首先从"畅所欲言"或者"振振有辞"宣泄方式出发，是苏轼对于语言思考的起点和终点。在二十几岁出蜀之初，苏轼就在《策总叙》里明确提出"意尽而言止"的观点。绍圣二年（1095）或三

---

① 曾枣庄：《苏轼评传》，四川人民出版社，1981年版，第11—12页。

年,苏轼在与侄婿王庠的信中提到"辞达"时说:"辞至于达,止矣,不可以有加矣。"元符三年(1100),也就是苏轼过世前一年,他在《与谢民师推官书》中又一次提到"辞达"时说:"言止于达意。""意尽言止"、"不可以有加"、"止于达意",都是对言说的限定。所谓的"止",就是语言的阈限。在这个阈限之内,言辞即是达意的,当行则行,如行云流水;越过这个阈限,则为"空言",不可不止。所谓"空言",无疑是指一种无根、不实而空泛的言说方式。它与苏轼所谓"有意而言"、"辞以达意"的言说方式处于一种恰恰相反的对立状态。

言说之"止",历来为苏轼研究者所忽略,甚至有学者称苏轼正是基于"止于达意"片面性的批评而发展了孔子"辞达而已矣"的主张的①。很显然,苏轼以前的儒者对孔子这句话的理解,主要强调的是"而已"二字。《论语集解》引孔安国说:"凡事莫过于实,辞达则足矣,不烦文艳之辞。"司马光:"孔子曰:'辞达而已矣',明其足以通意斯正矣,无事于华藻宏辩也。"(司马光《答孔司户文仲书》,《司马温公文集》)把"文艳之辞"或"华藻宏辩"限定在言说之外,以尚言辞之"质",是历来儒者的理解。没有迹象表明苏轼"翻转"了这种传统,相反,苏轼继承了语言不事雕饰的思想。他在给李方叔的信中说,"前日所贶高文,极为奇丽,但过相粉饰,深非所望,殆是益其病尔"(《答李方叔十七首》之十一)。他批评李方叔所示"古赋近诗"有"伤冗"之嫌,"后当稍收敛之",他提醒说:"足下之文,正如川之方增,当极其所至,霜降水落,自见涯涘,然不可不知也。"他甚至把自己获罪也归之于"名过其实"之患:"又仆细思所以得患祸者,皆由名过其实,造物者所不能堪,与无功而受千钟者,其罪均也。深不愿人造作言语,务相粉饰,以益其疾。"(《答李方叔书》)今人以为,儒家尚"质",故不重视语言技巧,取消或限制了语言的文学性,而苏轼对"辞达"的理解恰恰尚"文",故标举语言所具有的独立的审美价值,所以苏轼赋予"辞达"说以新意,是"为文学性的有力鼓吹"的一次"翻案"②。其实,苏轼的高

---

① 王世德:《儒道佛美学的融合》,第166—167页。
② 李壮鹰:《略谈苏轼的创作理论》,载《浙江师范学院学报》(社会科学版),1981年第1期。

明之处并不在于"翻转",而在于深化。如果说苏轼"尚文",那么,这个"文",恰恰不是与"质"相对立之"文",而就是"质"本身。他说:"夫言止于达意,即疑若不文,是大不然……辞至于能达,则文不可胜用矣"(《与谢民师推官书》)苏轼并没有另起炉灶标举语言"独立"的价值,而是认为"辞达"本身即是"文"。即他非但不认为在"意尽"之外尚可有独立之"文"存在的可能性,也不认为"达意"之内"疑若不文"的判断。苏轼此解,不仅深化了"文"的理解,而且也纠正了"质"即"不文"的看法。孔子曰:"文质彬彬,然后君子。"苏轼对"辞达"的理解,或许更符合孔子的本意。单纯突出苏轼对"文"的张扬,或者凸显苏轼对语言独立性的鼓吹,其实是论者对苏轼的一种误读。

《说文解字》释"止"曰:"止,下基也。像草木出有址,故以止为足。""止"的本义为"脚",引申为"止步"、"停止"、"阻止"。但"止步"之处也含有"草木之所出之址"、"脚下有根"或者"阻止之限"的意思。所"止"之处,是其"本根"所极、所显之处。因此,苏轼所说"辞至于达,止矣,不可以有加矣",或许意味着在语言所"停止"、"驻足"之处正敞开或者指说着语言所从出的本源和根基。

一、有意而言:言说之根基

我们已经知道,以"意"为主的创作思想是贯穿苏轼一生的。因此,如何将"意"形诸于"言",即"意"与"言"之间的关系,必是他在创作上予以关注和重点探索的主要问题。在"言"与"意"关系的问题上,苏轼一生中并无根本性的变化。

苏轼初出茅庐便在《策总叙》中提出了"有意而言"、"意尽言止"的观点。我们曾在第二章讨论"意"时引用过此段文字,以说明苏轼对"意"的思考。很显然,苏轼对"意"的思考,是与"言"相互关联的。"有意而言,意尽而言止",方为"天下之至言"。只要是"出于其意之所谓诚然者",则其言语文章,就可以"卓然近于可用",才有存在的价值。"意"是言说的根据、甚至存在的本源。"言"总是要以是否"有意"为标尺,"言"是否成功也要以是否出于"诚然"之"意"作为衡量的标准。"有意而言"、"意尽而言止",把"言"紧紧地跟

"意"联系在一起,"言"不离"意",苏轼早期的对"言"与"意"关系的思量颇有些"言"、"意"一元论的倾向。一旦率意为文,则"言"就是"意",而"意"就是"言"。

《策总叙》所提出的"言"随"意"出、"言"不离"意"的"言""意"关系,在苏轼晚年提出的"辞达"说中亦有反映。1095年左右,苏轼在《与王庠书》中说:

> 前后所示著述文字,皆有古作者风力,大略能道意所欲言者。孔子曰:"辞达而已矣。"辞至于达,止矣,不可以有加矣。(《与王庠书》)

"道意所欲言者",即道说出"意"所想言说的之意,其实就是"有意而言"。"意"之前用了表示"言说"、"表达"之意的"道",而不是"言"或者其他表示"写"、"说",是否暗示着一种与通常"言"、"说"不同的"道说"方式,或者纯粹是一种用语上的巧合,我们不得而知。但是,把"意"所要言说的"内容"表达或者显现出来,的确是苏轼对于"言"的要求或者理想,也是苏轼平生颇为得意之处。

"有意而言"、"言止于达意","意"既是"言"不能逾越的界限,同时也是"言"存在之根本。我们曾经对"意"进行过生存论的考察,把"意"理解为在世之人对自身生存的领会或人生感悟,它所展开的是人生在世的切己的生存状态。因此,苏轼把言说归根于"意所欲言",也就是把这种言说归之于"意"所从出的生存论的根基,归之于"意"所蕴含的生存状态的展开。"意"作为生存状态的领会,有"欲言"的倾向。把这种领会"所欲说者"形之于口或手,即赋予以声音或者符号,道说出去、传达出来,即是所谓的"言"。"言"首先不是作为声音或符号而单独存在的,而是作为"意"的呈现者或传达者的身份而出现的。"言",总是先有"意"(义),而后才有"形"(声音或符号)。"言"首先是对"意"的传达和显现,而后才成为语言。

"语言"不是作为一个现成的对象而单独存在的,它总是有所道说、有所显现。他说:"事有以拂乎吾心,则吾言忿然而不平,有以顺适乎吾意,则吾言优柔而不怒。天下之人,其喜怒哀乐之情,可以一言而知也。"(《春秋论》)"可以一言而知"者,并不在于"言"本身,而在于"言"之所出与其所向,在于"言"所显现出来的"情"与"意"。我们应该注意到苏轼对于"古之言者""尽意而不求于言"的描述,它似乎告诉我们,把"言"本身作为现成的对象或目标来加以"追求"是不对的。类似的提醒还出现在其他地方。例如,在《范文正公文集叙》中他解释孔子"有德者必有言"时说:"非有言也,德之发于口者也。"(《范文正公文集叙》)表面看来,"德之发于口者",即是"有言"。而苏轼偏偏将二者对立起来,其用意无非是说,"有德者"之"有言",是"德"有所流露而形之于口的自然显现,而不是另寻现成的"语言"作为手段或工具来表现的结果。在《既醉备五福论》中他说:"夫诗者,不可以言语求而得,必将深观其意焉。"(《既醉备五福论》)所表达的意思是,不要将"诗"之"言语"看作是一个独立自存的客体,而要深究其所道说之"意"。

任何语言文字作为符号都是音形意的结合体,苏轼把"言"系于"意"似乎并没有特别之处。但是,苏轼所说的"有意"之"意"却不是作为词语内涵的现成"意义",而是根植于人的生存领会,它所展开的是人生存于世的切己的生存状态。"言"作为"意"之显现,它所显现的恰恰是人生在世的生存状态。因此,在这里,"语言本身就不只是一个空洞的交流手段,也不就是那只在使用中才具有意义的游戏规则,而是一个承载着原初'消息'和含义的存在论域。它收拢着、滋养着和保存着我们的生存世界"[①]。在"言"所道出与显现出的东西中,包含着一种人对自身生存的理解或者解释,它揭示出人与万物并生而不悖的大道流行的自然进程。

然而,大化流行,生生不息,人之生存也应天地之化而不断日新。因而,人对生存的领悟和对大道的体悟也不可能一成不变、永远持留,"意"总在生成与变化之中。从根源上讲,作为"意"之言说,"言"不可能是现成的。但是,当"言说"把"意"从永动之流中截取出来予以显现时,"言说"的关注点被限制在生存的某一实际状态,

---

① 张祥龙:《从现象学到孔夫子》,第251页。

这一实际状态由于被切断了与大道、与人的整体生存的联系而往往被当作一种现成状态。这样,"言说"就被当成了对现成对象的揭示,"言说"所达乎的言语就被理解为用来传达、传递某种与现成事态相适应的现成观念的符号系统或者工具。作为工具的语言虽然也有"意义",但这个"意义",从根源上被切除了它与大道上、与人的生存的原初关联,它背离了意义本身,背离了其所依凭和源出的不断生成与变化的生存领悟。

"言"一旦道出就有变成现成事物的危险,它在有所显现的同时,也有所遮蔽自己的根基。人们往往只抓住它所显现出来的东西,而遗忘了它所遮蔽的更为切己的生存领悟,正如海德格尔所言,"所云得到领会,所及则只是浮皮潦草的差不离"①。"言"的这种既显现又遮蔽的特点,不是人之所为的结果,却正是语言自身的本性。因此,人们在日常生活中所接触和运用的语言往往是一种"失去"了根基的无"意"之"言"。

苏轼批评那些不适于用、亦不能出其意,只为追求功名而玩弄词藻的儒者时说:

> 自汉以来,世之儒者,忘己以徇人,务射策决科之学,其言虽不叛于圣人,而皆泛滥辞章,不适于用。臣尝以为晁、董、公孙之流,皆有科举之累,故其言有浮于其意,而意有不尽于其言。(《策总叙》)

这样的文章虽然引经据典,似乎与圣人之言差不多,也有可能词采华茂,但是因为写文章的人,为"科举"声名所牵制,遗忘了自身切己的生存领悟,而从他人出发,又不期于实际所用,所以其所言必然是一些无"意"之言,或者言浮于意,或意不尽于言。它们正是苏轼所谓"有意而言"的反面典型:没有根基而"泛滥辞章"的"空言"。晚年他在批评扬雄时观点依然变化不大,认为扬雄之文其实也是言浮其意、词不达意而专于"雕虫篆刻"之空文。他说:

---

① 海德格尔:《存在与时间》,第196页。

> 扬雄好为艰深之词,以文浅易之说,若正言之,则人人知之矣。此正所谓雕虫篆刻者,其《太玄》、《法言》皆是类也。而独悔于赋,何哉? 终身雕虫,而独变其音节,便谓之经,可乎?

扬雄的《太玄》、《法言》是拟《周易》、《论语》而作,苏洵对之尝有"好奇而务深,故辞多夸大,而可观者鲜"(《太玄总例总引》,《嘉祐集》卷七)的批评,苏轼亦持此见解。"浅易",是指其"意"浅薄、空泛无根,"若正言之,则人人知之矣",但扬雄却煞有介事,在"事辞称则经"的思维下,一方面庄重其言,拟儒《经》以为文,而谓作赋为"雕虫篆刻,壮夫不为";另一方面又以不下于"赋"的琢刻工夫,变其章节,艰深其词,不仅以此夸耀同侪,甚至因而菲薄屈原之赋,其矫揉造作、"无得于心而侈于外"、自尊自大之情状。苏轼以为这才是真正的"雕虫篆刻"。①

苏轼把"言"与缘发于切己生存的"意"紧密联系在一起,似乎有重"意"轻"言"、言意一体化的倾向,有取消语言独立存在价值的嫌疑。然而正是这种关联,把"言"从作为一种现成事态传递工具的固着形态解放出来,使之融入或返回到生生不息、灵动不居的生存境域,而成为一种真正自由与切己的本真言说。从这个意义上说,"意"对"言"的限制,不是封闭,而恰恰是一种开放或者指引,使"言"能够在根基处如其所是地有所显现、有所道说。

二、自伸其喙:说的自我性

如同我们在第二章对"意"之向来我属特性的探讨,苏轼对"言"的思量,多次强调"言说"的自我性。这里所使用的"言说"的"自我",不是指伽达默尔在《人和语言》中对语言本质特征做概括时使用的"自我"。伽达默尔认为,语言首先具有一种"本质上的自我遗忘性",即"活语言根本意识不到语言学所研究的语言的结构、语法

---

① 参考李贞慧:《苏轼"意"、"法"观与其"古文"创作发展之研究》,第413页。

和句法",也就是说"语言越是生动,我们就越不能意识到语言"①。他所谓的"自我"指的是语言自身。伽达默尔概括的语言"自我的遗忘"现象,苏轼称之为"忘声"。他说:"婴儿生而导之言,稍长而教之书,口必至于忘声而后能言,手必至于忘笔而后能书……口不能忘声,则语言难于属文,手不能忘笔,则字画难于刻彫。"(《虔州崇庆禅院新经藏记》)这里所说的"言说的自我性",不是针对"忘声"现象而言,而指的是生存于世的人作为生存的个体自说自话、言自己之言,即苏轼所说的"自伸其喙"。他在《送水丘秀才叙》中说:

> 水丘仙夫治六经百家说为歌诗,与扬州豪俊交游,头骨硗然,有古丈夫风。其出词吐气,亦往往惊世俗。予知其必有用也。仙夫其自惜哉。今之读书取官者,皆屈折拳曲,以合规绳,曾不得自伸其喙。仙夫耻不得为,将历瑯瑘,之会稽,浮沅湘,遡瞿塘,登高以望远,摇桨以泳深,以自适其适也。

"喙",本义是鸟兽的嘴,借指人的嘴。"自伸其喙"最直接的解释,就是用自己的嘴说自己心中的话,即苏轼常说的"言发于心而冲于口"。类似的说法,还有前文曾引用过的以"候虫时鸟"之"自鸣"喻赋诗作文等。

"言说"的"自我性",从其包含的意思来说,大约可分两层理解:其一,是自己独特的言说方式;其二,言说所显现的是切己的生存状态,即言说的内容是自己亲身领悟的。前者指一种不拘格套而自成一家的言说风格,在苏轼那里表现为"嬉笑怒骂皆成文章"。后者则表现为一种真率无拘、自由狂放、自得天成的生存本性,敞开的一种"以天地胸怀来处理人间事务"的"天地境界"②。对于苏轼来说,这两层意思是紧密相联,内外和谐统一的。因为他心中无执,所以他能够应物之变,在言语中展现复杂多变、丰富多彩的人

---

① 伽达默尔:《哲学解释学》,上海译文出版社,2004年版,第65—66页。
② 参见冯友兰:《新原人》,载《中国现代学术经典·冯友兰卷》(下卷),河北教育出版社,1996年版。

生感悟和千变万化、灵动不居的人与世界的和谐共生的生存状态。因为天地变化无常、人生无待,又随时呼唤着不拘一格的显现和言说方式。

在现实生活中,从形式上看,人们似乎都是自说自话、自言自语,用自己的嘴说自己想说的话的。为此,苏轼对"言说"自我性的强调似乎纯属多余,其实不然。王国维曾把苏轼与屈原、陶渊明和杜甫并列称为"旷世而不一遇"的大文学家,除了具有"文学之天才"、"高尚伟大之人格"、"济之以学问"、"助之德性"等突出特征之外,王国维还特别提到,"屈子感自己之感,言自己之言者也","宋以后之能感自己之感,言自己之言者,其惟东坡乎?"①把"言自己之言"看作是遴选和评价大文学家的一条具体标准,可见在文学创作中"自说自话"之难能可贵。苏轼本人在《书黄子思诗集后》中也以"自得"来称颂曹植、刘桢的诗。苏轼平生所标榜和自负的"自成一家",当然也包含着"言说"的"自我性"。

"言自己之言"之所以难得,至少有两种原因:

其一,是语言自身的特性所致。从本质上讲,语言是一种社会现象,它是社会全体成员共同拥有并约定俗成的。伽达默尔说,"只要一个人所说的是其他人不理解的语言,他就不是在讲话","在这个意义上可以说,讲话并不属于'我'的领域而属于'我们'的领域",因此他把"无我性"(指讲话主体)作为语言存在的第二个基本特征②。因此,从根本上说,并没有一种真正属于自己(而不属于别人)的语言,只要他在言说,他一定在操着与别人相同的语言,说着别人听得懂的话。语言的这种"无我性",揭示了人作为个体与他人共在的生存状态。从生存论的规定性来说,人在本质上首先就是共同存在的。人生在世,人首先与通常不是他自身,而是操持于甚至消散于来照面的他人的共在之中,处于他人可以约定的范围之中而属于他人之列,成为海德格尔所说的掩盖了自己本质的、"庸庸碌碌"的、"中性"的

---

① 王国维:《王国维文集·文学小言》(十,十二),姚淦铭、王燕编,中国文史出版社,1997年版,第27,28页。
② 伽达默尔:《哲学解释学》,第67—68页。

"常人"。"常人"的言说,也就成为一种人云亦云、鹦鹉学舌的、无根基的"闲言"①。语言自身就带有一种遮蔽性甚至是欺骗性,所以苏轼说:"巧言令色,帝之所畏也。故以言取人,自孔子不能无失。"(《乃言厎可绩》)

其二,是人为限制的原因。人作为个体在社会上生活,总是被各种各样的"成规"(即苏轼所谓的"规绳")所环抱着、包裹着,人在其中"屈折拳曲"、"曾不得自伸其喙",也被各种各样的"名利"(或"爱欲")诱惑着、牵引着,人处其间"仓皇扰乱"、"失己之所存"。苏轼在《答张文潜书》中批驳王安石以一己之好强制推行一种"文字"(言说)的标准时说:

> 文字之衰,未有如今日者也。其源实出于王氏。王氏之文,未必不善也,而患在于好使人同己。自孔子不能使人同,颜渊之仁,子路之勇,不能以相移。而王氏欲以其学同天下!地之美者,同于生物,不同于所生。惟荒瘠斥卤之地,弥望皆黄茅白苇,此则王氏之同也。

王安石的文章"未必不善",但他"患在好使人同己",强制天下推行他自己的学说和文章风格。其结果势必如同"荒瘠斥卤之地,弥望皆黄茅白苇"一样,摧残和扼杀了文学言说的生机,造成文学之衰落。而现实生活中所遭逢的"规绳",又岂是王安石之"同"所能类同、所能比拟的?"乌台诗案",不正是一个人深受"规绳"之禁锢、鞭笞,以至于生命朝不保夕的缩影么?

语言自身的既敞亮又遮蔽的本性,往往会切除或遮蔽了"言说"源始、真实而切己的生存联系,使"言说"滞留在一种无根的漂浮之中,埋没于"言浮其意"的"泛滥辞章"之中。果如此,说得越多,越失去本己自身。而人为的限制,则扼制了人的咽喉,剥夺了人自由言说的权力,使人唯唯诺诺,不敢言语。前者需要依仗一种高风绝尘、卓尔不群的洞见明识,予以解蔽,冲开"闲言碎语"或"陈词滥调"的锁

---

① 海德格尔:《存在与时间》,第146—151页,第196页。

闭,以敞开"言说"源始而本真的生存论根基。后者则需要一种刚健勇毅、坚忍不拔的勇气,使人能够"傲睨雄暴,轻视忧患"(张耒《书东坡先生赠孙君刚说后》),"见义勇于敢为,而不顾其害"(苏辙《墓志铭》),以期能够内心虚静、超然物外,排除利害之侵扰,不为祸福所牵制,于充实澄明之境中,复得本己、本真之自我,以成就高尚伟大之人格。由此可见,"言说"的自我性是难以达到的。而这些,苏轼却都做到了。在"无我"之中敞开"本我",又于"非我"之中成就"真我",他无疑为其后的世人"言自己之言"提供了最成功、最理想的范例,难怪王国维先生要惊呼宋以后惟东坡一人而已了。

需要注意的是,苏轼"言自己之言"的获得,并非是特意标新立异、特立独行或者追时求奇、"有意而为之"的,而毋宁是复归生存的本源而不得不为之的。唯其源出于生存之本性,应合大道之召唤,才能有"发于心而冲于口"、"不吐不快"的自然天成之"言说"。是故,我们也就能理解,为什么苏轼喜欢以一些不具人的生命意识,却能出于本性而顺应天时的候虫时鸟之自鸣,来喻指自己"言说"的用意了。

三、穷而后工:工夫在言外

苏轼作文赋诗,工于"命意",以自出新意为佳。表现在言说方面,则常常不拘体制、不落前人窠臼,以我为是,自成一家之言。此可以从他"以文为诗",以"议论"、"才学"甚至"文字"为诗,或者"以诗为词",别开豪放词风等等打破常规、"破体"的做法可以窥其一斑。

仅以苏轼策论文为例①。如果与唐代以来,尤其是其当代古文家相比,苏轼的言说至少有两项主要的特点:一是既不依经立说,亦少有取合于古义者,这即是许多儒家学者一再批评的"不纯"、"不实"或"虚枵";一是文多事少,这即是后世文论家常说的"驰骋"、"汗漫"或"波澜"。不依经说古义为论说之依据,则常需自出议论,所以后世常有"凭空发论"、"架虚行危"或"无中生有"等评论。文多事少,则往往自出己见,往复论说,常常以曲作直、一意到底,呈现

---

① 李贞慧:《苏轼"意"、"法"观与其"古文"创作发展之研究》,第166—170页。

出排山倒海的气势。从文章的性质与内容看,策、论都是宋初进士考试的正规科目,是以现实政教之致用为主的文类。此类实用性非常强的文体,苏轼都能如此自由而率意地言说,其他文体则可想而知。

苏轼在《谢馆职启》中云:"轼之内顾,岂不自知。性任己以直前,学师心而无法。自始操笔,知不适时。"因此,虽是自说自话的自由发挥,但他对之有着清醒的认识,能够自知自审,所以并非盲目任性的胡言乱语。苏轼文中所谓"自出己意"的言说,往往是从寻常、却具有普遍性的人情事理或生活经验上发论,又能杂用史事,即便是于史实无征,也能推断历史,使之入情入理,能够自圆其说,所以有根有据,感人之余亦颇能服人。《刑赏忠厚之至论》中虚拟尧与皋陶之对话,连欧阳修也信以为真,即是最著名、最极端大胆的例子。

对于这样的行文言说方式,钱基博先生曾论述道:

> 凭空发论,看似羌无故实,其实洞明世故,融贯史实而抒为抽象之理论,此所谓言之有物,持之成故也,东坡之论,皆是如此,岂必侈考证、罗名物而后言之有物哉!吾见考据家之文,往往详证博引,语无归宿,愈侈为有物,愈见其中枵耳。"①

李贞慧博士对此评论说:

> 苏轼由于学养深厚,对人事感知敏锐,而且又富有独立思考能力,因此虽然是凭空发论,于前说古义无所倚傍,然其识见之特出,议论之精彩,都使他的文章仍具有很强的说服力,即便有时逻辑不见得谨严,说理不见得圆融,也就是如朱子所说的"觉得一段中欠了句,一句中欠了字",或者竟如罗大经所说的"以曲作直",不无强词夺理之处,但却少有人不被其虚实错综的论辩,及充满自信的神采所倾倒;加以文字平易,行文流畅,因此读他的文章,常如叶适所说,只觉"纵横倏忽数百千言,读者皆如

---

① 钱基博先生讲,吴忠匡记:《东坡文讲录》,载《四川大学学报丛刊》第六集,1980年10月。

其所欲出,推者莫知其所自来",往往不及细辨,即为其文字所慑。①

两位学者论述精到缜密,分析鞭辟入里、恰中肯綮,准确地把握到苏轼激扬文字、酣畅淋漓的言说议论的魅力及其缘由。故不厌繁赘,抄录于上。在他们的分析中分别提到了"洞明世故"与"对人事感知敏锐",可见对人情琐事的体察入微,是苏轼之所以在言辞表达上能够左右逢源、游刃有余、纵横捭阖的主要原因。有话要说,是说好话的前提。人对生存的切己领会越真切、越实在,他所展开的生存状态的可理解性就越强,所敞显的生存的可能性就越丰富,就越接近于人生存的本真状态。

然而,并非每一个人都能对生存本性有如此真切与实在的领会的。人虽然都生存在这个世界上、生活于天地万物之中,但人对自身生存本性的领会、对天地万物的体察却常常被遮蔽,如苏轼所言,"变化乱之,祸福劫之,所不可知者惑之"(《东坡易传》卷七)。只有"无蔽"于此三者,人才能参透自身生存的本质,参天地万物之育化。因此,人对生存本性的"无蔽",是决定生存领会是否本真的关键。当然做到完全的"无蔽"是不可能的,因为自行遮蔽是"道"之本性,"无蔽"同时也是一种遮蔽。"无蔽"与"遮蔽"始终处于相互生成、相互争执的构成态势。因而,始终保持着对生存状态的开放姿态,无所执、无所待,是获得本真与切己的生存领会的保证。这也许就是穷居苦旅、一无所有、一无所执之人往往更有感人至深之妙语奇文的原因吧。

因穷(或祸、患、不平)而有好声妙文的现象,早已成为中国文学史中公认的一条文学传统与创作规律,所谓"欢愉之辞难工,而穷苦之言易好也"(韩愈《荆潭唱和诗序》),前人论说已多。在对这一现象的思考上,苏轼基本上继承了欧阳修"穷而后工"的思想,"非诗能穷人,穷者诗乃工。此语信不妄,吾闻诸醉翁"(《僧惠勤初罢僧职》),"醉翁",即是欧阳修之号。其他如"秀语出寒饿,身穷诗乃

---

① 李贞慧:《苏轼"意"、"法"观与其"古文"创作发展之研究》第165—166页。

亨"(《次韵仲殊雪中西湖》)、"诗人例穷蹇,秀句出寒饿"(《病中大雪,数日未曾起观,虢令赵荐以诗相属,戏用其韵答之》)、"恶衣恶食诗愈好,恰是霜松鸣春鸟"(《次韵徐仲车》)、"清诗出穷愁"(《九日次定国韵》)等,皆秉承欧阳修之意。

但苏轼并非一味继承,而是联系实际,有着自己的思考。简言之,较之于欧阳修,苏轼对"穷而后工"的看法,于两处有所突破。

其一,欧阳修以为"非诗能穷人,殆穷者而后工也"(欧阳修《梅圣俞诗集序》),而苏轼则在"穷而后工"基础上,尤其是联系到自己的遭遇,以为"书诗能穷人,所从来尚矣,而于轼特甚"(《答陈师仲主簿》)。在欧阳修看来,诗不是导致人受穷的原因,只是穷困的人"无所施于世",能够"苦心危虑,而极于精思"(欧阳修《薛简肃公文集序》),所以能写出好诗。其言下之意是,"穷而后工"其实是身处困境之人无计可施之后一种无奈选择,"穷者之言"虽好,却也并不值得人(尤其是富达之人)追慕。而在苏轼看来,不仅穷者之言易好,而且诗本身的确能"穷人","信知诗是穷人物,近觉王郎不作诗"(《呈定国》),诗的本性中的确含有使人"受穷"的因素。这意味着写好诗不再是"穷人"的"专项扶贫基金",而是一种自觉、自愿的积极选择。这种选择,必定已然置诗能否穷达于度外,不会惧怕"诗能穷人"的结果,因而这种选择也必然超越"穷达"之虑,而专注于诗本身所带来的快乐。所以苏轼说:"人生如朝露,意所乐则为之,何暇计议穷达?云能穷人者固缪,云不能穷人者亦未免有意于畏穷也。"(《答陈师仲书》)

其二,欧阳修认为,"凡士之蕴其所有而不得施于世者,多喜自放于山巅水涯之外,见虫鱼草木风云鸟兽之状类,往往探其奇怪。内有忧思感愤之郁积,其兴于怨刺,以道羁臣、寡妇之所叹,而写人情之难言,盖愈穷则愈工"(《梅圣俞诗集序》)。因此,"穷者之言",在欧阳修看来,指的是穷者言穷之言,即道说穷困感愤郁积之"穷言"。所谓的"穷者之言易工"实质上指的是"穷言易工"。苏轼虽然赞同"穷苦之言易好",但并不赞成"穷者"一味言"穷"。这可以从他对孟郊诗的评价得到佐证。"我憎孟郊诗,复作孟郊语",苏轼欣赏孟郊之处在于孟郊作诗出于肺腑之真性,"诗从肺腑出,出辄愁肺腑",

有动人心魄的感染力。另一方面，苏轼不满意之处在于孟郊总是写寒思苦语，沉溺于愁苦之中而不能振拔，因而有"何苦将两耳，听此寒虫号"（《读孟郊诗二首》）之嫌恶。在苏轼看来，穷达乃天命所为，"遇不遇固自有定数"，虽然处"厄穷无聊"之际，发"奇思""以自表于世"（《答毛泽民七首》之七），值得肯定，但达则喜、穷则悲，向非学道之人所为、亦非诗之本性。倘若能静以存性、不计穷达而应合天意，才是最可贵的。"知君不向穷愁老，尚有清诗气吐虹"（《次韵张琬》）、"诗如东野不言寒"（《书林逋诗后》）才是艺术应该追求的更高境界。

因此，在苏轼那里，"穷而后工"超越了一种实际的生存处境的局限，而获得了生存论存在论的解读。作为一种本真而自由的言说，诗不是对贫困而愁苦的生存状态的消极摹写，而是对这种艰窘之境的超越。处穷而不怨，居陋而不忧，平和之中透着骨气，豪放之外寄托妙理，"雄豪而妙苦而腴"（《赠诗僧道通》），才是真正的清音妙语。"穷"不是作为这种诗化言说的现成对象而出现的，确切地说，"穷"导引或引领了这样的一种言说方式，让它在一无所有的人生境遇中，挣脱尘网樊笼的羁绊，以一无所执的超然承担起"生生不息"、穷达有致的"天命"。"遣子穷愁天有意，吴中山水要清诗"（《和晁同年九日见语》），这才是苏轼想要和想听的那种言说。反过来说，这种超然而自由的言说，必定放弃了对实际状况、现成对象的沉溺与滞留，甚至是语言自身字斟句酌的留恋，"字字觅奇险，节节累枝叶。咬嚼三十年，转更无交涉"（东坡语，引自周紫芝《竹坡诗话》）是苏轼反对的。在这种放弃中，往往包含着对安逸富足的淡然和对功名利禄的超然，无所求故无所有，无所有故无所执，以通达、敞亮的纯构成之势，保持着人性的淳静与大道的真朴。然而，这是极难的，"人常蔽于安逸，而达于忧患"（《与蹇授之六首》之五），因此才显示出"穷"对于通达的引领作用。苏轼所言"诗是穷人物"，其意大抵如此。

苏轼有言"谪仙窜夜郎，子美耕东屯。造物岂不惜，要令工语言"（《次韵和王巩》），又有"诗人例劳苦，天意遣奔驰"（《次韵张安道读杜诗》）。大意是说，李白与杜甫遭受穷苦劳顿的厄运，并非是造物主不怜惜他们,而是要使他们经受磨难,以无可逃之坦然直面惨淡人生,在颠沛流离的困境中锻炼出词工语妙的语言以展现生命的本然和生存的本质。这种锻炼,不是对语言本身的推敲琢磨的训练,而是在天意的遣送之下对人之本性的锤炼与锻造。因而,与对作为现成符号的语言训练相比,这种锻炼不在语言内部,而毋宁是在语言的外部。陆游一句"汝果欲学诗,工夫在诗外"(陆游《示子遹》),传达的可不就是包括苏轼在内所有有成就的诗人的心声?苏轼曾对"性与道之辨"有一个绝妙的譬喻,他说:"敢问性与道之辨?曰:难言也,可言其似。道之似,则声也;性之似,则闻也。"(《东坡易传》卷七)其意是说,"道"与"性"是一而二、二而一的关系,即若成道,必存性,欲存性,必闻道。因此,欲令诗语妙,工夫在言外,这个"言外"其实就是存性闻道之所在。延伸一下,则可认为,要想获得一种自由而本真的言说方式,工夫不在言说本身,不在于倾听语言自身的浅唱低吟之声,而在于首先放弃所有,回归本源,倾听大道化生所发出的天籁之音。这正是苏轼对"穷而后工"的思考所要揭示的深邃之处。"诗人例劳苦,天意遣奔驰"(《次韵张安道读杜诗》),作为诗人,这是宿命,也是天职。"诗画本一律,天工与清新",对于诗语,它既指生发之本源,也指一种至高的境界。这正是:

> 十年冰檗战膏粱,万里烟波濯纨绮。
> 归来诗思转清澈,百丈空潭数鲂鲤。(苏轼《次韵王定国南迁回见寄》)

第二节 达于物之妙:在体物中敞显世界

在谈到苏轼晚年诗歌时,朱熹曾说:"东坡晚年诗固好,只文字也多是信笔胡说,全不看道理。"[①]朱熹以封建伦理道德的现成化眼光来看苏轼"以意驱驾"、狂放自由的作品,自然是不合儒家的正统

---

① 《朱子语类》卷一百四十,第3326页。

"道理"的。苏轼晚年集一生心得而拈出的"辞达",在他眼中,自然也就只有"信笔胡说"的印象了。用一种僵化的伦理标准来衡量苏轼,本不足论。倒是清人潘德舆的一番话,更能启发对苏轼"辞达"的理解。他在《养一斋诗话》中说:

> "辞达而已矣",千古为文之大法也,东坡尝拈此示人。然以东坡诗文观之,其所谓"达",第取气之滔滔流行其畅其意而已。孔子之所谓"达",不止如是也。盖达者,理义心求,人事物状,深微难见,而辞能阐之,斯谓之达。"达"则天地万物之性情可见矣,此岂易易事,而徒以滔滔流行之气当之乎?以其细者论之,"杨柳依依",能达杨柳之性情者也;"蒹葭苍苍",能达蒹葭之性情者也;任举一境一物,皆能曲肖,神理托出毫素,百世之下如在目前,此"达"之妙也。"三百篇"以后之诗,到此境者,陶乎?杜乎?坡未尽逮也。①

潘德舆认为,苏轼的"辞达",只是"第取气之滔滔流行其畅意",即只是逞胸中一人之意气。而孔子所谓"辞达",不是对个人意气的逞强,而是达乎"天地万物之性情",在于求人事物状之"理义",阐其深微。因此,他认为苏轼未逮达物之妙。其实,这是个人之偏见。"杨柳依依"、"蒹葭苍苍"固能达杨柳、蒹葭之性情,苏轼"乱石穿空,惊涛拍岸,卷起千堆雪",难道就不能达赤壁之性情而如在目前乎?

依我们看来,若是把对孔子"辞达"之"达"的理解,与"达意"糅合到一起,倒正是苏轼"辞达"说的正解。东坡以"言止于达意"解"辞达",常会引来误解。其根源往往在于误解者望文生义,以为"达意"之"意",只是个人心中的主观情意。第二章已详述,苏轼之所谓"达意"之"意"并非仅仅是个人主观臆想,而是通"万物一理"之"意",但也决非因此就是一种客观的道理或规律,而是处于主客未分状态的物我相融的人生感悟。此"意"上通于天地,下达乎万物,

---

① [清]潘德舆:《养一斋诗话》(卷二),载郭绍虞编选:《清诗话续编》(四),上海古籍出版社,1983年版,第2035—2036页。

又断之于中心,恰是"搜研物情,刮发幽翳"的"致道"之"意"。因故,苏轼在过世前一年(1100)所作《与谢民师推官书》中才会对"辞达"说有如下完整之论述:

> 所示书教及诗赋杂文,观之熟矣。大略如行云流水,初无定质,但常行于所当行,常止于所不可不止,文理自然,姿态横生。孔子曰:"言之不文,行而不远。"又曰:"辞达而已矣。"夫言止于达意,即疑若不文,是大不然。求物之妙,如系风捕影,能使是物了然于心者,盖千万人而不一遇也。而况能使了然于口与手者乎?是之谓辞达。辞至于能达,则文不可胜用矣。

"言止于达意",许多人以为强调的就是尚"质"的表现,就是不要文采,苏轼不以为然。苏轼以"求物之妙"和"使是物了然于心与口、手"来进行反驳,以"求物之妙"或"使是物了然"来做"达意"的注脚。在今人看来,"意"是主观情思,"物"是客观物象,二者既有主客之分,又有内外之别,怎么能彼此印证呢?可见在苏轼的思维中,主客之分并非如今天这样截然明显。所谓的"达意",并非仅仅指内在的"畅其意",也蕴含有写"人事物状"之"性情"、"神理"如在目前的意思。

这封信由于写作的特殊时间及其对苏轼一生在创作上的主要观点的甚高的概括性,被学者视为苏轼一生创作思想与经验的总结,所以历来深受研究者重视,所论颇多。台湾李贞慧博士在其博士论文《苏轼"意""法"观与其古文创作发展之研究》中,对此段文字进行了详细的解读。就目前阅读所涉及范围,笔者认为李贞慧博士的论述是目前分析最详尽、阐释最精微的文本解读,对本书多有启发。只是李博士着眼于"意""法"之讨论,尚未展现"意"论的诸多方面,因之还有继续研究之空间,本节所论,则侧重于言(辞)与物之间的关系,以继续探讨苏轼对语言的思考。

一、使了然于口与手:在言说中物成其物

"言"与"物"的关系,通常被理解为符号与实物的关系,即作为符号媒介的语言系统与所指称的外在客观事物的关系。对于"言"

与"物"关系的探讨,可以上溯到先秦诸子对于"名"与"实"的关系的讨论。"必也正名乎"作为论辩原则和逻辑要求,在春秋战国时代引起了诸子们广泛的回应。"名"指的就是用来指称事物的语词,"实"指的是被指称的事实。《墨子·经说上》云:"所以谓,名也;所谓,实也。"它们之间的关系,归根到底,是语言(言)到底能否真实地说明现象世界(物)的问题。因为作为事物的指称,"言"并非就是事物本身,而是一种人为的符号,它代表着人们关于该事物的某种"观念"。这种"观念"能否真正切合客观的事物本身(客观世界),因而就成为先秦诸子十分关心和需要回答的重要问题。概而言之,他们的回答大致分为两种意见:一种是肯定,一种是否定。儒、墨、法诸家大多持肯定意见,认为语言能够反映和说明世界之"实"。而道家则持否定看法,他们对语言与客观事物确定的对应关系表示怀疑,并进一步认为语言无法反映和传达世界的本原和本体,即"道"的问题。①

　　苏轼自幼熟读经史,对此段及其以后争论的历史自然相当熟稔。一方面,他接受了老庄"道不可道(言)"的观点,认为作为万物"大全"的"道"是"难言"的;另一方面,他也接受了孔子"言以足志,文以足言"的"辞达"观,认为"言"是可以"达意"、"达物"的。即便是对于"难言"之"道",作为文学家的苏轼也没有放弃过自己以"言""合于大道"的努力,他常采用"言其似"的方式来"言说"那些如"道"一般"不可言说"的"东西"。他尝有言曰:"其实有不容于言者,故以似者告也。达者因似以识真,不达则又见其似,似者而日以远矣。"(《东坡易传》卷八)这实际上已然宣告,至少在他那里,"言"是无所不达的,这等于给他自己那种酣畅淋漓的"言说"方式找到了情理上的依据,而且释放出更多自由的空间。

　　"求物之妙"在言(辞)上的表现(形态),被苏轼表述为"使了然于口与手",完整的表述应为"使是物了然于口与手"。"口"指用嘴说,即言说,"手"在这里指用手写,即文字书写,较之于通常被理解为现成表述符号体系的语言或"言","口"与"手"无疑赋予语言文字以一种实践活动的状态,可统一理解为"言说"。"了然",在这里

---

① 周裕锴:《中国古代阐释学研究》,上海人民出版社,2003年版,第6—18页。

是一个非常关键的词语,对于理解整句话甚至苏轼"辞达"说的具体涵义是至为重要的。"了然",通常指清楚、明白、明晰、敞亮的样子或状态。除此之外,"了",也有"完全"、"全然"、"完整"或"结束"、"了结"的意思。"了",作"结束"、"了结"讲时,恰好与"辞止"之"止"的含义相通,作"完全"、"全然"、"完整"讲时,又与前面所论"物"之"形神兼备"、"形理两全"整体观念耦合。而"了"做"清楚"、"明白"、"明晰"、"敞亮"讲时,则"了然"又与苏轼在《书李伯时山庄图后》中所言"有道而不艺,则物虽形于心,不形于手"中的"形",含义相近了,其意可解为"使之现形"、"显现"、"显露"、"显示"或"使之可见"。因而,"使是物了然于口与手"的涵义,可直译为"使那个事物能够清楚而完整地显现在人们的言说之中而已"。

朱熹曾说:"苏文只是大势好,不可逐一字去点检"①(《朱子语类》卷一三九)。我们以这种方式解释"了然"来理解苏轼的"意思",是否就是一种"以文害辞,以辞害意"的阐释做法,是否过于牵强附会?现在下断言还为时过早,一切要看苏轼"以辞达物"的观念中是否真的蕴含这些的"意思"。

"使是物了然于口与手",首先是对物之形的言说,也就是在言说中把事物的外形,包括形体、形貌、形状、姿态、颜色、声音等外在的样子或形态整体性地传达、显现出来,使人读了文字有栩栩如生、"宛然在目"的感觉。诗学史上称之为"形似",用东坡的话或可称之为"搜研物情"。苏轼对于"物形"的理念,我们已在前文第三章第二节详细论述过。较之于绘画,诗歌等语言艺术本不以描绘、呈现事物的可视性形象见长,诗人蒲伯甚至有言:"凡是想无愧于诗人称号的作家,都应尽早地放弃描绘。"②但苏轼认为,"诗中有画"是一种较高的艺术境界。他曾以之来评价王维的诗歌,以至于几乎成为王维诗歌的定论。"诗中有画"当然不能简单地理解为诗歌的"形似",但首先应当包含对事物外形的呈现则是可以肯定的。他曾说:"古来画师非俗士,摹写物象略与诗人同。"(《欧阳少师令赋所蓄石屏》)又

---

① 《朱子语类》卷一三九,第3311页。
② 转引自莱辛:《拉奥孔》,朱光潜译,人民文学出版社,1979年版,第96页。

说:"韩干画马真是马,东坡作诗如见画。"(《韩干画马十四匹》)苏轼把对物之形的言说称之为"写物之功"。他说:

>诗人有写物之功。"桑之未落,其叶沃若。"他木殆不可以当此。林逋《梅花》诗云:"疏影横斜水清浅,暗香浮动月黄昏。"决非桃、李诗。皮日休《白莲》诗云:"无情有恨何人见,月晓风清欲堕时。"决非红莲诗。此乃写物之功。(《评诗人写物》)

这段话作于元祐三年(1088),指出了诗人应有"写物"即"指物呈形"①(沈约语,《梁书·王筠传》)的功力。人们通常拿来论证苏轼轻视"形似"的诗句,"论画以形似,见与儿童邻。赋诗必此诗,定非知诗人",则作于元祐二年。这并非是说,在这一年,苏轼的思想发生了改变。其实最迟在熙宁八年(1075)作《盐官大悲阁记》时,苏轼已经开始重视精确地传达"常形"的重要性和积极意义,而不是只将其视之为工匠的技艺。到元丰八年(1085)作《书吴道子画后》论画时甚至出现"道子画人物,如以灯取影,逆来顺往,旁见侧出、横斜平直,各相乘除,得自然之数,不差毫末"之论。北宋末范温《潜溪诗眼》有云:

>形似之语,盖出于诗人之赋……古人形似之语,如镜取形,灯取影也。②

可见苏轼强调"写物之功",其实质是强调文学艺术的一种精当的写实、描摹功能,使人读了文字,能在第一时间将事物清晰地带到(或显现在)读者的眼前。

其次,仅仅有"形似"还是不够的。"物"之为"物"并非仅仅徒具其外形。外形的存在,是让事物从幽冥中走出来,予以显现,进入

---

① 转引自王运熙、杨明:《中国文学批评通史:魏晋南北朝卷》,上海古籍出版社,1996年版,第251页。
② 范温:《潜溪诗眼》,引自蒋述卓等编著:《宋代文艺理论集成》,中国社会科学出版社,2000年版,第504页。

人们的视野以成其所是。但同时,倘若止于外形,它就会遮蔽物之为物的物性,使人只见其形,不识其神采妙理,结果物亦不成其为物。这就是苏轼所谓的"赋此必此诗,定知非诗人"的意思。诗人"搜研物情"不是终极目的,而在于"刮发幽翳",也就是说在于"寻其可见致其幽"。对于诗歌的终极目标来说,"指物呈形"只是一条通道而已,"求物"不是"辞达"之目的,"求物之妙"才是真正的"达"。苏轼以"系风捕影"喻之。在苏轼的诗文中,"风"与"影",常被用来作为隐匿于可见之"形"之中变化不居、不易把握的不在场的"东西",以隐喻物之为物的本根。"物之妙",如风、影一般,"执之而不可得也,逐之而不可及也"(《清风阁记》),无所不在而又无所在,遇物成形又不自为形,自行隐匿是它的本性,不仅难于目见,而且难于"意造",一旦显形,则丧其本性,不再称其为"妙"。若直接以"妙"说"妙",蹈虚空而入,则必言之无"物","物"之不存,则"妙"之安在?又何来"物之了然"?"求物之妙"必将以"物"为托,使人"见"物,方可"知"物,从而"识"物之精妙。因此,"使是物了然",则必是使"是物之妙"与"是物之形",即使是物显现出可见的一面,并在可见之中把不可见之"幽翳"深蕴于其中,以便在"目视"中得以"神遇"。因而,辞以达物,必是将物之可见与不可见之整体存在状态达乎言说,使其可见者可见,不可见者深隐于可见之中,随可见之形貌呼之以欲出。

其三,用平易晓畅的言说方式使"物"之可见的一面得以显明,而使其不可见的一面得以隐匿其中,是一种依凭物之本然存在状态的言说。苏轼说:"是故处下以倾高,则高者毕赴;用晦以求明,则明者必见。"(《东坡易传》卷八)因此,明者明、晦者晦的言说方式,必将把"物"之为"物"之整体带入敞亮之中,"物"如其所是地自行显现于言说之中。苏轼批驳扬雄说:"扬雄好为艰深之词,以文浅易之说,若正言之,则人人知之矣,此正所谓雕虫篆刻者。"扬雄的毛病在于"词"的言说与所论"说"之理关系的误解。"词"的言说应当是"浅易"的,不可以求之太过而至于晦涩,以便能够首先把人带入明晰和敞亮之中的。而所论"说"之理本身应当是"艰深"的,既不可用之太过直露以至于浅陋,也不可以"妙"求"妙"、以"奇"求"奇"以至于"迂"、"僻",以便将之深蕴于"词"的言说所敞开的光亮之中以自行显现。扬雄的做法恰恰相反，所以只能是"雕虫篆刻"者、言之无物之徒了。苏轼一向反对"浮巧轻媚丛错采绣之文"（《谢欧阳公翰书》），反对"枝词以为观美者"（《凫绎先生诗集叙》），强烈批驳"用意过当，求深者或至于迂，务奇者怪僻而不可读"（《谢欧阳公翰书》）的做法，对"学海波中老龙，圣人门前大虫"之类既无精当之形、又无物理之识的所谓"豪气"语更是大加鞭挞，斥之为"京东学究饮私酒食瘴死牛肉饱后所发者"（《评杜默诗》）。所以，在这个意义上，所谓的"了然"首先又指"言说"本身的清晰、明晰与敞亮，以使所言说之物得以显形，显露出来，与人照面。

因此，"使是物了然于口与手"，至少包括了三个环节的"了然"：一是言说本身所开启的语言"了然"之境，二是在语言的敞亮之境被带上前来的事物"了然"以显形，三是在事物所显现出来的展开状态中，物之为物的本性以深隐的方式"了然"自行运行于其间。这三个环节，环环相扣、节节相粘，组合成一个完整的整体：在言说所开启的显明之境中，物以形显，又蕴其神采、藏其妙理，从而得以如其所是的自行绽放开来。或言之，在晓畅之言说中，物成其物自行敞开在读者面前，此称为：以辞达物之"辞达"。

谢枋得《文章轨范》曾经评苏轼《范增论》曰："此是东坡海外文字，一句一字，增减不得，句句有法，字字尽心。"①可谓深谙东坡"辞达"之妙，亦足见朱熹之评，偏见矣。

二、亲到其处知语工：在吟咏中带出世界

在上面对"使是物了然于口与手"所做的阐释中，我们蓄意放过了对"是物"之"是"的理解。既然我们承认苏轼晚年的文字"句句有法，字字尽心"，那么这个出现在前一句中，而在此句中的承前省略的"是物"必有深意。它的出现是偶然的么？看来不是。从语感上看，"使物了然于心"，较之"使是物了然于心"更加平畅自然。增加了的"是"音节，打破了整句话的均衡节奏，且与前一个"使"字音相同，而与之相连成的三个音节"使是物"都是仄声，读来更加拗口。

---

① 谢枋得：《文章轨范》卷三，据《文渊阁四库全书》。

从语法上看,此处"是物"之"是"作指示代词使用。作为书信往来,若非有意,似乎没有必要将口语中的系词再行用作指示代词。按王力先生以语法为主要根据对汉语史所作的初步划分,北宋属于中古期(公元四世纪到十二世纪),这一时期的首要特点是"在口语的判断中系词成为必需的句子成分"①,也就是说,"是"已作为判断系词在口语中频繁使用,已经大量反映到诗歌作品中。苏轼在诗歌中就常用之,如"人言洞府是鳌宫,升降随波与海通"(《浮山洞》)、"倦客登临无限思,孤云落日是长安"(《虔州八境图八首》之二)、"想见芝罘观海市,绛宫明灭是蓬莱"(同上之七)、"山上有遗塔,应是奉佛人"(《屈原塔》)等等。再者,从苏轼对用字的态度上看,虽说苏轼用字用语不喜字斟句酌,但那只是针对"奇险"、"怪僻"而言,并不表示苏轼用语不加考究。苏轼曾以"横"字易王平甫《甘露寺》诗句"平地风烟飞白鸟,半山云水卷苍藤"中的"飞"字,并且说:"大抵作诗当日煅月炼,非欲夸奇斗异,要当淘汰出合用事。"(《书赠徐信》)此话说于东坡去世的当年元月(建中靖国元年,即1101年),与《与谢民师推官书》(1100)出于几乎同一年,可以看作是苏轼晚年对锻字炼句的态度。无独有偶,在论及"辞达"的另一封书信《答虞傅俞括》(1094)中,我们发现了"是"字更为明确的使用。他信中写道:

> 孔子曰:"辞达而已矣。"物固有是理,患不知之,知之患不能达之于口与手。所谓文者,能达是而已。

这里用了两个"是",用法相近,都是指示代词,但作用不同。第二个"是"是作为一个独立的指示代词使用的,复指前边所讲的"物固有是理""达之于口与手"这种情况。第一个"是",则与"是物"之"是"用法及意义相同。在总共三次论及"辞达"的书信中,有两次出现了作为指示代词的"是",而且出现在寻常看似不必使用的位置。因此,可以肯定,苏轼将"是"置于"物"、"理"之前,并非仅仅出于语言习惯,而是别有用意的。

---

① 王力:《汉语史稿》(上),中华书局,1980年版,第35页。

"是"作为指示代词,意义相当于"此",理解为"这",表示近指,但也可理解为"那",表示远指,甚至有专家以为"是"不定远近,表示中指①。但无论是近指、远指,还是中指,都是用来指示、标识或代替某个具体的人或事物,或者某种具体的状况的。通常,指示代词具有指示、区别和替代作用。"能达是而已"的"是",起的就是替代作用。"是物"或"是理",是以"是"来修饰一个名词,所起的是指示作用,并兼有区别之意,这就是说,被修饰的名词所表示的人或物,不是在普泛、一般的意义上使用的,而是被特殊指定的个别现象。

这意味着苏轼所说的"是物"或"是理",并不是在一般的意义上使用的,而是一种强调。它不是指在任何时候、任何情况下都适用的、无所指的、空泛的"物"或"理"。"是"的指示和区别作用,作为修饰毋宁是一种限制,它限制着人们对"物"或"理"做普泛而抽象的理解,强调着他所说的"物"或"理"须限定在某种具体的而特定的范围之内。在这里,"是"揭示出一种具体而实在的环境或场景的存在。这种场景的存在先于被指示的事物,只有在场景的先行"揭示"中,事物才会作为被指定的"对象"而出现和存在,才会成为"辞达"所要通达的"了然"之物。这里的"先于",不是指先有一个这样的场景,而后把事物作为场景中的现成摆设置放到场景之中,而是说场景与物一起被揭示出来。毫无疑问,这种一起被揭示的状态是更为源始的状态,它先于事物被指定为一种处于主客二分的关联之中的独立而具体的对象。

更值得注意的是,这里的场景不是作为一个独立、客观的场景而存在的。"是"所指示的事物的或近、或远、或不定远近的状况,是由这个场景之中独立言说的主体(人)来规定的。但无论远近,所指示的事物都是作为场景中存在或者存在过的人们所熟悉的"对象"被揭示出来的,以便区别于其他事物。由此,在"是"把所指示之物的场景揭示出来的同时,也把场景中人与物之间的熟悉关系"供认"出来。因此,我们可以认为,苏轼所谓的"是物",与其说指的是特定而具体的客观事物,毋宁说指的是那种在人的生存视野中前来照面的,

---

① 吕叔湘:《指示代词的二分法和三分法》,载《中国语文》,1990年第6期。

与人的生存相关联并为人所熟识的事物。"是物"之"是"就不单纯是对事物客观场景的揭示,其根基处乃是对人与物共在同一世界同一场景的揭示,并在这种揭示中把人与物之间的亲密关系一并带将出来。这意味着,"物"只有进入这种被揭示出来的场景之中才能为人所熟悉,并加以区别、限制而有所指示,成为"是物"。反过来说也一样,人只有进入被先行揭示出来的场景之中才有可能去熟悉和指定某物,"物"才作为"是物"而存在。因此,"是物"之"是"在根基处乃是对人与物共生、共在关系的揭示。这种关系从某种意义上揭示的正是生存的人与所生存的世界之间的共在与共生的关系,要言之,即人与世界的本源关系。

因此,"使是物了然于口与手",言说所要通达的就不单纯是独立于人而存在的客观事物和它的客观规律,言说所展开的毋宁是在人与世界的关联中被揭示出来的事物的本然状态。言说所展开的事物的本然状态,同时也意味着对人与事物亲密关系的揭示,意味着对人的生存状态的揭示。在事物是其所是的展开状态中,同样呈现着人之是其所是的生存状态。事物的展开状态愈是纯粹,那么,人的生存状态也就愈能得到更为本真的澄明。

无论对于诗歌的创作者,还是欣赏者,欲臻(或识)达物之语妙,首要的都必须建立起与所达之"是物"的熟悉或亲密的生存关系。对这种关系的本真展开(或描述、或体味),就是妙语。苏轼说:

> "两边山木合,终日子规啼。"此老杜云安县诗也。非亲到其处,不知此诗之工。(《书子美云安诗》)

杜甫对云安县山中情景的描绘,只是通过词语的阅读是不能领会其精妙的,必须亲自来到山中,才能领略和感受它的妙处。这就是说,由于读者对杜甫所言说的事物缺乏置身于人与物生存关系之上的本源性领悟,词语也就失去了场景的先行铺垫而无法如其本然地展开。如此仅靠通过词语的想象而组合成的事物展现出来的"样子",因缺少了与之共在的人之生存的支撑而煙没了其本己的模样。所谓"亲到其处",首先意味着人与物共同进入了彼此关联的世界,其次意味着在这个世界中人与物之间一种亲密的共在关系的建立,使诗中所言说之物对人(阅读者)来说不再是"他物"而是"是物",从而使诗对"是物"的言说具备了本然呈现的可能性。在人与物共同构建的亲密世界中,能够"知诗工"、"识语妙"也就自然是水到渠成的事了。

苏轼的这段话引起了后人的共鸣。北宋末年周紫芝在《竹坡诗话》就直接沿袭了这一段话的说法,并联系自己的实际体验而有所展开。这可以看作是对苏轼"亲到此处"较详的一种解释。他说道:

> (余)尝独行山谷间,古木夹道交荫,惟闻子规相应木间。乃知"两边山木合,终日子规啼"之为佳句也。又暑中濒溪,与客纳凉,时夕阳在山,蝉声满树,观二人洗马于溪中。曰:此少陵所谓"晚凉看洗马,森木乱鸣蝉"者也。此诗平日诵之,不见其工,惟当所见处,乃始知其为妙。①

"当所见处"与"亲到此处"所表达的意思是一样的。

同样的说法还见于苏轼的其他的文字中,如:

> 陶靖节云:"平畴返远风,良苗亦怀新。"非古之偶耕植杖者,不能道此语,非余之世农,亦不能识此语之妙也。(《题渊明诗二首》之一)
>
> 孟东野作《闻角》诗云:"似开孤月口,能说落星心。"今夜闻崔诚老弹《晓角》,始觉此诗之妙。(《题孟郊诗》)
>
> 司空图表圣自论其诗,以为得味于味外。"绿树连村暗,黄花入麦稀。"此句最善。又云:"棋声花院静,幡影石坛高。"吾尝游五老峰,入白鹤院,松阴满庭,不见一人,惟闻棋声,然后知此句之工也,但恨其寒俭有僧态。若杜子美云:"暗飞萤自照,水宿鸟相呼。四更山吐月,残夜水明楼。"则才力富健,去表圣之流远矣。(《书司空图诗》)

---

① 周紫芝:《竹坡诗话》,载《历代诗话》,第343页。

后人读苏轼本人的诗歌作品,也有过类似的评论。如:

> 东坡居吴中久,颇熟其风土。尝作诗云:"荷尽已无擎雨盖,菊残犹有傲霜枝。一年好景君须记,正是橙黄橘绿时。"论者谓:非吴人不知其为佳也。(陈善《扪虱新话》卷八)①
>
> 东坡为程筠作归真亭诗云:"会看千字诔,木杪(细梢也)见龟趺。"龟趺是碑座,不应见于木杪也。(《王直方诗话》)②
>
> 学者多议子瞻"木杪见龟趺",以为语病,谓龟趺不当出木杪。殊未之思。此题程筠先墓归真亭也。东南多葬山上,碑亭往往在半山间,未必皆平地,则下视之,龟趺出木杪,何足怪哉。(《石林诗话》)③

以上各段文字从正面或反面都揭示出一个相同的洞见:在所言说之物的背后存在着一个先行构建的、人与物密切共在的世界,即"是"的世界,对这个世界的先行构建或揭示,乃是能否通达(或领会)此物"了然"状态的关键。苏轼在论李峤诗歌的工拙时,曾经说道:

> "昔时青楼对歌舞,今日黄埃聚荆棘。山川满目泪沾衣,富贵荣华能几时。不见秖今汾水上,惟有年年秋雁飞。"李峤诗也。盖当时未有太白、子美,故峤辈得称雄耳。其遭离世故,不得不尔。雨中闻铃犹涕下,峤诗可不如撼铃耶?以此论工拙,殆未可也。(《书李峤诗》)

以李峤所处"遭离世故"之世界,来论说其诗言说之工拙,正是这一洞见的批评实践。

言辞所通达的"是物"之"了然"状态,所展开就不单纯是客观对

---

① 陈善:《扪虱诗话》,上海书店,1990年版,第87页。
② 郭绍虞辑:《宋诗话辑佚》,中华书局,1980年版,第16—17页。
③ 同上,第17页。

象的存在状态,其中必然隐匿着一个人与物共在的、"是"的世界。进入并揭示这个隐匿的世界,必然会敞显出与世界密切关联的人之生存状态。苏轼尝言:

> 仆自东武适文登,并海行数日,道傍诸峰,真若剑铓。诵柳子厚诗,知海山多尔耶?子柳子云:"海上尖峰若剑铓,秋来处处割人肠。若为化作身千亿,遍上峰头望故乡。"(《书柳子厚诗》)

在柳宗元这首《与浩初上人同看山寄京华亲故》的言说中,所"了然"敞开的并非仅仅是"海山多尔"的景象,而是思亲之苦、思乡之痛,展开的是欲见亲人而不得的游子的生存状态:身在柳州,亲人却在远方,千山万水阻隔,"若剑铓"之"割人肠"。苏轼长期远离家乡,羁旅岭南,海行途中,吟咏柳诗之际,所"了然"者,又岂止是"海上尖峰""真若剑铓"般栩栩如生所能囊括?没有对这个羁旅远游的生存世界的体悟和领会,"海上尖峰若剑铓"这个寻常比喻,又怎能称得上"辞达"之妙呢?

言说所通达的"了然"状态,敞显出"是物"整体的本然存在状态,同时也把人本己的生存状态带出来。但这并不意味着,人与物之间亲密关系的建立,是人的主观意愿干涉或内在情感投射的结果。相反,人却要克制甚至摈弃人为的随意行为,苏轼说:"欲令诗语妙,无厌静且空。"因此,人与物之间的这种亲密关系,与其说是人的主观感情的维系与连接,毋宁说是在本根处的存在关联。这种关联愈接近本根,则人与物之间的关系就愈亲密。人与物之间的关系愈亲密,则言说所及的"是物"就愈本然,其所隐显的人之生存就愈本真,这意味着言辞之所达也就愈"了然",是谓之"辞达"。上述所引苏轼关于司空图与杜甫诗歌高下之比较,正出于此。司空图之诗句虽工,但由于其所言之"棋声"、"花院"、"幡影"与"石坛"并非如其所是地自然呈现,其所赋予之"静"与"高"之状态,并非"是物"之所有,而是人之感受的主观侵用。因此,苏轼"恨其寒俭有僧态"。而杜甫之诗句则不同,"暗飞萤自照,水宿鸟相呼。四更山吐月,残夜水明楼"。物是其所是、本然地呈现于言说的展开之中,清新而自然,在事物了然于言说之际,杜甫之"才力富健"亦呼之欲出,人与物亲密无间、和谐共生的世界在吟咏中绽放与敞显出来,这不正是苏轼论及"辞达"时所倡导的"达"即"文"、"文"则美妙的诗意的世界么?

"亲到此处"的说法,从创作者的角度来说,提醒着言说者要融身于与物和谐共在的世界之中,以便在这个切己的世界中让事物如其所是地"了然"达于言说。苏轼说"身与竹化"、"成竹在胸",表达的正是此意。另一方面,从阅读者来说,"亲到此处乃知其工",在提倡"亲证其事然后知其义"①的经验阅读方式的同时,也限制了诗歌作品中事物的自由展开。因为如果每每读诗之际,都要先行予以"亲证",恐怕吟咏诗歌就会成为劳苦累赘的事,无复是诗意的生存状态的自由展开了。因此,"亲到此处"的说法,从反面提醒着言说者要从日常性的生存开始,拆除所言之世界与阅读者所寓世界之间的屏障,尽量缩小二者之间的隔阂,使二者之间有一条同生共在的通达之途,以便在言辞的显现中,身临其境,自由地进入诗意的世界。"竹外桃花三两枝,春江水暖鸭先知"(《惠崇春江晚景》),不必"亲证",咏罢,春江晚景即已"宛在目前",这正是苏轼诗歌日常性特点的表现,明人王圣俞曾说:"文至东坡真是不须作文,只随事记录便是文。"(王圣俞《苏长公小品》)可谓一语中的。除非言说者能在言说中自行地呈现出所言之物所依寓的完整世界,以便阅读者感同身受,直接融身于言说的世界之中,才可能达乎此境。然而这又远非诸如诗歌、散文一类篇幅短小的文体所能负载的了。

第三节　冲口出常言:在纵笔中入乎化境

南宋周紫芝(1082—1155)在《竹坡诗话》中曾记载:

> 有明上人者,作诗甚艰,求捷法于东坡,作两颂以与之,其一云:"字字觅奇险,节节累枝叶。咬嚼三十年,转更无交涉。"其

---

① 惠洪:《诵智觉禅师诗》,载《冷斋夜话》(卷六),据《文渊阁四库全书》。

一云："冲口出常言，法度法前轨，人言非妙处，妙处在于是。"乃知作诗到平淡处，要似非力所能。①

在这段文字的记载中，苏轼首先批评的是明上人的作诗方式。他认为"字字觅奇险"般的字雕句琢，就像"节节累枝叶"一样，即便如此咬文嚼字"三十年"，距离真正的诗和诗意的言说，也是毫无关联、毫无益处的。苏轼在《文与可画筼筜谷偃竹记》写道：

　　竹之始生，一寸之萌耳，而节叶具焉。自蜩腹蛇蚹以至于剑拔十寻者，生而有之也。今画者乃节节而为之，叶叶而累之，岂复有竹乎！

苏轼论画竹，主张"必先得成竹于胸中"。而"节节累枝叶"，是胸无成竹的表现，所以是不可能整体性地呈现"竹"之为"竹"的全貌的。在苏轼眼中，明上人的作诗方式，在对字词刻意推敲的同时，遗忘了作为诗之言说所要展开或呈现的最为重要和最完整的"东西"，因而是一种"只见文字不见全诗"的苦吟型的作诗方式。其次，苏轼应明上人所谓"捷法"之求，认为作诗的所谓"捷法"与"妙处"，即在于"冲口出常言，法度法前轨"。诗文"冲口而出，纵手而成"，不事雕琢，而近乎天然，一向是苏轼自我标榜的"平生快意"之事，也是人们对苏轼赋诗作文的主要印象，如"新诗如弹丸"、"好诗冲口谁能择"、"人言此语出天然"或"信手拈得俱天成"等等。这种观点显然不同于黄庭坚的"文章必谨布置"、"行布佺期近"的论说，与杜甫"为人性僻耽佳句，语不惊人死不休"的态度也大异其趣，而更接近于李白的"清水出芙蓉，天然去雕饰"。杨万里就把苏轼与李白归为一类，属于"子列子之御风"、"无待者神于诗者"②的天才诗人③。

　　尽管苏轼与李白之间有许多相近之处，但并非相同。这不仅表

———————

① 周紫芝：《竹坡诗话》，载《历代诗话》，第348页。
② 杨万里：《江西宗派诗序》，载《诚斋集》卷八十，据《文渊阁四库全书》。
③ 周裕锴：《宋代诗学通论》，巴蜀书社，1997年版，第216页。

现在苏轼明确表示,"冲口"而出的是"常言",所要"参照"、"效法"的"法度",只是"前轨"而已,而且表现在苏轼虽然对李白赞赏有加,说他与杜甫"以英玮绝世之姿,凌跨百代"(《书〈黄子思诗集〉后》),"扫地收千轨,争标看两艘",成为后世诗人无法企及的巅峰,但也颇有微词。尤其在用语方面,他说"李白诗飘逸绝尘,而伤于易"(《书学太白诗》),认为李白"豪俊,语不甚择,集中往往有临时卒然之句"(《书李白集》)。

对于李白、苏轼之间的异同比较,研究甚夥。这种研究多以唐诗与宋诗之异为基调展开来。钱钟书先生尝言其间的差异云:"天下有两种人,斯分两种诗。唐诗多以风神情韵擅长,宋诗多以筋骨思理见胜。"又云:"且又一集之内,一生之中,少年才气发扬,遂为唐体,晚节思虑深沉,乃染宋调。"①这种洞见已成唐宋诗之异的定论。李白、苏轼之异,也无出其右。如有学者称,李白与苏轼的差异在于:一是"天真率真",一是"刻意精工",因而在作品的意蕴上,前者在于"简洁明白",后者在于"繁复深微"②,此论甚是。较之于"刻意精工"与"繁复深微",我们自然容易明白苏轼为什么对李白有"伤于易"、"语不甚择"的微辞了。

因此,苏轼的"冲口出常言,法度法前轨"与李白"清水出芙蓉,天然去雕饰",在相近的表面下,掩盖着深度的差异。这种差异,也导致了他们被人认同的程度的大不相同。人人尽知"出芙蓉"、"去雕饰"之美,却未必知晓"出常言"、"法前轨"之妙。故而苏轼才要特别强调"人言非妙处,妙处在于是"的重要性。那么,苏轼为什么要说"冲口"而出的是"常言",并以之为作诗的"捷法"与"妙处"呢?这正是接下来要回答的问题。

一、以故为新,以俗为雅:返求寻常之本真

明上人咬文嚼字,每字必"觅奇险"以至于"作诗甚艰"而又苦苦

---

① 钱钟书:《谈艺录》,中华书局,1984年版,第2页。
② 李春青:《在文本与历史之间:中国古代诗学意义生成模式探微》,北京大学出版社,2005年版,第216,218页。

为之的原因,不得而知。但有一点可以肯定,作为处在宋朝的诗人,在享用盛唐之音的同时,明上人一定感觉到了作诗的悲苦。因为中国古典诗歌,到盛唐时已进入黄金时期,臻达完美境界,面对唐诗所达到的不可企及的顶峰,宋人难免会发出"世间所有好句,古人皆已道之"①的感慨。这种悲叹,是宋代诗人普遍的心声。唐宋八大家之一的王安石就曾说过"世间好语言,已被老杜道尽;世间俗言语,已被乐天道尽"②之类的话。尝师从苏辙的诗人韩驹也说:"目前景物,自古及今,不知凡经几人道。今人下笔,要不蹈袭,故有终篇无一字可解者。盖欲新而反不可晓耳。"③作诗忌沿袭与重复,而于前人美地良田之外,找寻尚未开垦的处女地,又何其艰难! 明上人也许正是为避雷同,才会体会到"字字觅奇险"的艰难。

唐诗极盛而难以为继,正是宋人赋诗行文不得不面对的前提。无视这个前提的存在,就难于回避前人已经言说的词语及其意义,就会有沿袭、重复,甚至是剽窃之嫌。绕过它,另辟蹊径,"自铸伟词",如韩愈所力主的那样"陈言务去",一方面会导致如苏轼所说的那样,"用意过当,求深者或至于迂,务奇者怪僻而不可读",另一方面实际上又无"伟词"可铸,到头来只好"暗合孙吴",出现苏轼所描述的"余风未殄,新弊复作"的现象:"大者镂之金石,以传久远;小者转相摹写,号称古文。纷纷肆行,莫之或禁"(《谢欧阳内翰书》)。

较之于韩愈"惟陈言之务去"和"惟古于词必己出,降而不能乃剽贼"的主张,宋代的诗人们普遍感到"自铸伟词"的艰难,黄庭坚一句"自作语最难"道尽了其中的遗憾。但这种遗憾并不是一种无奈,而是基于对于诗歌语言的深刻反思。所谓"陈言"非但无法回避,也不必回避,甚至可以利用。黄庭坚认为,"古之为能为文章者,真能陶冶万物,虽取古人之陈言入于翰墨,如灵丹一粒,点铁成金也"④。

---

① 陈善:《韩文杜诗用字有来处》,载《扪虱新话》卷九,第100页。
② 胡仔:《杜少陵·九》,载《苕溪渔隐丛话》(前集)卷十四,第90页。
③ [宋]魏庆之:《诗人玉屑》卷八《沿袭·不蹈袭》引陵阳先生《室中语》,据《文渊阁四库全书》。
④ 黄庭坚:《答洪驹父书》,载《山谷集》卷十七,据《文渊阁四库全书》。

不但如此,他们还对韩愈"力去陈言"的观点进行了回击。王安石以"力去陈言夸末俗,可怜无补费精神"来表达对韩愈的不满。黄庭坚则认定"退之作文,无一字无来处",用一种"以子之矛,攻子之盾"的方式,拆解了韩愈立论的基础。苏轼没有直接反驳韩愈"务去陈言"的主张,但他认为,与柳宗元相比,"退之豪放奇险则过之,而温丽靖深不及也"(《评韩、柳诗》),并且认为"诗格之变自退之始"(《评韩诗》)。在苏轼看来,"好奇务新,乃诗之病"(《题柳子厚诗二首》之二),韩愈在诗歌创作方面追求新奇、怪险,对后世诗歌的语言风格带来一定消极影响。

  正是基于传统的因袭与新变,宋代有独创性的诗人纷纷提出"以故为新,以俗为雅"的创作理念。陈师道《后山诗话》云:"闽士有好诗者,不用陈语常谈。写投梅圣俞,答书曰:'子诗诚工,但未能以故为新,以俗为雅尔。'"①苏轼《题柳子厚诗二首》之二云:"诗须有为而作,用事当以故为新,以俗为雅。好奇务新,乃诗之病。柳子厚晚年诗,极似陶渊明,知诗病者也。"其后,黄庭坚有云:"盖以俗为雅,以故为新,百战百胜,如孙吴之兵;棘端可以破镞,如甘蝇飞卫之射。此诗人之奇也。"②南渡之后,杨万里也曾于《诚斋诗话》云:"用古人句律,而不用其句意,以故为新,夺胎换骨。"又云:"有用法家吏文语为语句者,所谓以俗为雅。"③可见,"以故为新,以俗为雅"乃是整个有宋一代的共识。周裕锴教授认为,"从某种意义上来说,宋诗由沿袭走向新变,正以此八字为起点;宋诗的一切独创成就、本色特点,都与此八字分不开"④。"以故为新,以俗为雅"的主张,虽非苏轼独倡,但苏轼的影响却是最大的。

  苏轼在《次韵孔毅父集古人句见赠五首》中相当集中地表达了"以故为新"的思想。

---

① 陈师道:《后山诗话》,据《文渊阁四库全书》。
② 黄庭坚:《再次韵(杨明叔)并序》,载《山谷内集诗注》卷十二,据《文渊阁四库全书》。
③ 杨万里:《诚斋诗话》,据《文渊阁四库全书》。
④ 周裕锴:《宋代诗学通论》,第178页。

> 世间好句世人共，明月自满千家墀。（其一）
> 路傍拾得半段枪，何必开炉铸矛戟。
> 用之如何在我耳，入手当令君丧魄。（其二）
> 诗人雕刻闲草木，搜抉肝肾神应哭。
> 不如默诵诗千首，左抽右取谈笑足（其四）
> 痴人但数羊羔儿，不知何者是左慈。
> 千章万句卒非我，急走捉君应已迟。（其五）

苏轼认为，前人的好句应该属于世人共有，它就像是明月当空，自然会照耀千家万户。如果前人的诗句已经很好地表达了自己的内心情感，又何必另辟蹊径，"自铸伟词"，重新"开炉铸矛戟"呢？与其"搜抉肝肾"、"雕刻草木"而字字觅险、苦吟寒唱，"不如默诵诗千首"，"左抽右取"，夺他人酒杯浇心中块垒。但这种借鉴前人的诗句，并不是抄书公般的重复和蹈袭，而是要烂熟于心中，熔铸为自己胸中之气，所谓"腹有诗书气自华"是也，并在此基础上，予以改造和点化，使之如从己出。一旦诗情迸发，那左抽右取的古人诗句也随之一起喷发，就像左慈快速逃入羊群中，曹操"遂莫知所取焉"一样，与羊群浑然为一，难以分辨。这时候，"急走捉君应已迟"了。因此，苏轼对"以故为新"的理解，必然使之走上一条"以才学为诗"的创作道路。"平生五千字"，"堂上四库书"，正是苏轼一生以才学赋诗的写照。

"以才学为诗"，无论是在苏轼以前，还是在其后，都不是一个崭新和独创的话题。之前，大诗人杜甫就有"读书破万卷，下笔如有神"之说，其后更有黄庭坚"取古人之陈言入于翰墨"的"点铁成金"论。苏轼的可贵之处在于，他虽倡导"以故为新"、"以才学为诗"，但他自己并没有隐没于古人的佳句妙语之中，只是以之作为作诗之"材料"，强调"用之如何在我耳"。更为重要的是，他对李白、杜甫的"诗人例穷苦，天意遣奔逃"的宿命有更清楚的体认，并把这种体认植根于对本身生存的本真领会之上，"阅世走人间，观身卧云岭"，"游遍钱塘湖上山，归来文字带芳鲜"（《送郑户曹》）。他曾引录杜甫的整首诗来表白自己的对生存的感悟，并对"剽窃"的指责辩说道：

"用拙存吾道,幽居近物情。桑麻深雨露,燕雀半生成。村鼓时时急,渔舟个个轻。杖藜从白首,心迹喜双清。晚起家何事,无营地转幽。竹光团野色,山影漾江流。废学从儿懒,长贫任妇愁。百年浑得醉,一月不梳头。"子瞻云:"此东坡居士之诗也。"或者曰:"此杜子美《屏迹》诗也、居士安得窃之?"居士曰:"夫禾麻谷麦,起于神农、后稷,今家有仓廪。不予而取辄为盗,被盗者为失主。若必从其初,则农、稷之物也。今考其诗,字字皆居士实录,是则居士诗也,子美安得禁吾有哉!"(《书子美屏迹诗》)

把别人完整的一首诗说成是自己的,却以"禾麻谷麦,起于神农、后稷"而后世无不取之为例以自辩,虽有自我开脱之嫌,但无"沽名钓誉"之意。因为他认为此诗所展开的正是他自己真实的生存状态,以之作为自己的诗,有何不可?此段文字,揭示出苏轼以才学为诗,并不在其名,而在其实的用意。这与后世炫耀才识、徒以学问增其辉采之行径、用心迥异。"字字皆居士实录"之"实",正是诗人本真、本己的生存,也就是苏轼一贯倡导的"吾之所以为吾"之"正"(《明正·送于伋失官东归》)。

更值得注意的是,"以故为新",还隐含着对语言更为本质的思考。海德格尔说:"语言是存在之家",在语言中栖息着存在的历史。诗人谛听道说而走进语言,本身就意味着走进了存在的历史,并在语言本真的敞开中,迎面撞上言说所带将出来的事物自行展开的历史存在状态。这使他们得以突破触目所见之局限,参与到"生生不息"的大化流行中去,从而与造物者神游。前人诗歌所言说的事物,虽然是以曾在的方式栖身于诗句中,但它们总是会在未来某个时刻"到时",向人们敞开它历久弥新的姿态。从这个意义说,语言的"以故为新"是把"故有"的事物,以其所从出与所曾在的方式,在与人相逢照面的当下,敞开其"崭新"的姿态容颜。因此,"以故为新"其实正是语言的本真特征之一。问题在于,当人们"使用"着语言,在对语言进行"雕刻""咬嚼"之际,语言符号凸显,其所言说之物消隐,人们

只能得到语言之皮,而无法得到语言之骨。因此,苏轼才会认为:

> 天下几人学杜甫,谁得其皮与其骨?
> 划如太华当我前,跛牂(zāng,母羊)欲上惊崷崒(qiúzú,高峻的样子)。
> 名章俊语纷交衡,无人巧会当时情。
> 前生子美只君是,信手拈得俱天成。

如果眼中只有"名章""俊语",无法领会其当时所寄寓的"天成"之情意,那么,语言本身所凸起和堆砌的词藻,就会如巍峨陡峭的华山横亘面前,而那些咬文嚼字,一味苦吟的"诗人",则像一只瘸腿、不健全的母羊,难以爬上高峻、峥嵘的山岗。所以,"夫诗者,不可以言语求而得,必将深观其意焉。"(《既醉备五福论》)又云:"天下之事,散在经、子、史中,不可徒得,必有一物以摄之,然后为己用。所谓一物者,意是也。不得钱不足以取物,不得意不可以用事。"始终以"意"为主,蕴"意"出新,把自我的生存投入或融身到前人诗句所曾展开的存在状态中,以之作为本己的生存"实录",从而倾听造物者化生万物之音,通达大道生生不息之化境,这正是苏轼在语言上"以故为新"所蕴含的深意,也是苏轼在创作中虽用事(典)繁富,却不见"故"只见"新"、不见"用字"只见"驭意"的根本原因。

如果说,"以故为新",是指对于前人的陈言的化用,那么,"以俗为雅"则是对方言俗语等日常性语言的活用。我们在苏轼对"以俗为雅"的态度中,大抵也能探测出他基于语言本身所做的类似的考量。

在宋以前,历代诗人都严于雅俗之边界,视"阳春白雪"与"下里巴人",形同水火。如晋张协《杂诗》之五云:"不见郢中歌,能否居然别。《阳春》无和者,《巴人》皆下节。"李白也在《古风五十九首》之二十一云:"郢客吟《白雪》,遗响飞青天。徒劳歌此曲,举世谁为传?试为《巴人》唱,和者乃数千。吞声何足道,叹息空悽然。"周裕锴认为,"这种'曲高和寡'的自我标榜,除了表现出诗人精神上的孤独感之外,也折射出六朝至唐诗人特有的高雅的贵族心态"。鉴于此,宋人把诗歌语言的"以俗为雅"作为津津乐道的话题，根源在于，与前人比较，宋人"生活态度和审美态度都趋于世俗化，士人不是回避俗世，而是身处俗世能获得精神上的超越。于是，在宋诗中，《下里巴人》亦可升华为《阳春白雪》"。另一方面，"由于历代诗人追求高雅，使得《阳春白雪》反而成为'国中属和者数千人'的流行曲，从而变得通俗甚至陈俗。相反，俚俗的《下里巴人》则有可能因其在诗坛的稀少，而成为'曲高和寡'的高雅音乐"。前者在于"以俗"为手段，以"为雅"作目的，"通过诗人的艺术构思使'俗'的原料结晶为'雅'的成品"；后者则在于，"'俗'的原料本身即具有'雅'的效果"。① 周裕锴教授以诗人生存态度的差异与雅俗语句间的陌生化效果相互转化为理由，来论证宋人"以俗为雅"的转变，其理可通，尤其是后者"陌生化"理论的运用更加令人信服。

  就语句、语词本身而言，无所谓"雅"、"俗"之分，它们都基于人对自身的生存领会。但雅俗之分，并非空穴来风，使用的人群和使用的频率，的确是衡量雅言俗语的现成标准。一种言语使用的人多了，甚至成为流行语，人人都在重复这样的说法，原本属于高雅的言辞也会成为俗语。而一种方言土语，倘若经了某人的言说，而拢集了不同寻常的特殊意义，也可能成为高雅的语言。如果排除了对使用者地位的简单依附②，"雅"、"俗"本身的区分，还潜藏着人们对它们所呈现出的生存状态的渴望或漠视的态度。一种言词之所以成为俗语，只是因为其中所展开的生存状态，为大多数人所漠然视之。这种漠视，不是出于陌生，而是出于一种人人自以为是的熟识。熟识到无需考虑即可领会的程度，至于它是否还有别的蕴含或者到底蕴含了什么样的特别东西，倒在其次了。也就是说，人们在一种平均而无差别的状态中领会着俗语所言本身，"俗语"之"俗"，因其无多深意而"俗"。而雅言就不同了，起初它必展开一种崭新的状态，把人带入一种新奇与雅致之中，让人流连其中，深味其底，领会到一种不同寻

---

① 周裕锴：《宋代诗学通论》，第505—506页。
② 当然，这种比附是不可排除的，但这种简单的比附本身恰恰遮蔽了雅言所从出的源始的东西，而使之堕落为一种无根基的闲言俗语。

常的新鲜感受。这种新鲜感受反过来又打开了深蕴其中的人的生存状态。不排除这种新鲜感受中有好奇的成分,但是这种好奇只为雅言本身,当新鲜感消失,雅言也就立即成为俗语了。因此,"雅言"之"雅",必有深意。从这个意义上讲,"俗语"不可入诗,入诗必赋"新生"之意,方显雅趣;"雅言"亦不可常入诗,常用则必藏其"意",流于平庸。

苏轼在诗歌创作中提倡俗语,并不在于以俗写俗,而在于变俗为雅,赋予俗语以不同寻常的涵义,从而达到雅化。这种赋意的方式,不是额外附加什么,而是让俗语之本真生存的内涵凸显出来,冲破常人平庸化的理解阈限,而自行敞显其内在本真的涵意,这就是苏轼所说的"熔化"之功。他曾说:"街谈市语皆可入诗,但要人熔化耳。"他在诗歌中大量运用当时不便于入诗的新鲜词汇及方言、土语,常常将它们置放到一个看似最不该出现的地方,使其在与其他言辞的比照与牵扯之下,凸显出一种间离与陌生化的效果,从而把它本身所蕴含的或所指向的更为深层的意蕴带上前,获得一种别致而新鲜的雅趣。例如,他曾在诗中写道:

> 半醒半醉问诸黎,竹刺藤梢步步迷。
> 但寻牛矢觅归路,家在牛栏西复西。
> (《被酒独行,遍至子云、威、徽、先觉四黎之舍三首》之一)

诗人喝醉了酒,在"竹刺藤梢"的海南荒林中迷失了方向。朦胧中,他看到了草丛中的牛粪,记起了自己的家是在牛栏西边。于是想到,只要寻觅着草丛中的牛矢之迹,一路追踪觅路前行,就可以到达"牛栏西复西"的家了。纪昀评此诗曰:"牛矢字俚甚!"牛矢之为牛屎,人犹恐之不及,但苏轼却把它与"归路"、"寻觅"、"家"等人生之大事联系起来,使"牛矢"成了指引诗人迷途知返的界标。"牛矢"一词在敞显出一种浓郁的南国荒林乡土气息的同时,也活画出诗人怅然若失而强作诙谐的人生感受,散发出一种哲理禅思的无穷意味。

对于那些不能敞开其深层内在意蕴已被秕平的俗语套话,苏轼是大加斥责与批判的。例如他说杜默"学海波中老龙,圣人门前大虫"之类的语,无识无意,一味狂豪,是"京东学究饮私酒食瘴死牛肉饱后所发者也"(《评杜默诗》),又评石曼卿《红梅》"认桃无绿叶,辨杏有青枝"诗云:"此至陋语,盖村学中体也。"(《评诗人写物》)即便对于杜甫的诗句"百虑视安危,分明囊贤计。兹理庶可广,拳拳期勿替",苏轼也以因其与"世人雷同"而无新意绽出,而称之为"真村陋也"(《记子美陋句》)。

周裕锴教授在《宋代诗学通论》中总结了宋代诗学"以俗为雅"的几种表现形态:(一)采用方言俗语;(二)采用歇后语或借代语;(三)采用官府公文中的套语。另外,他还特别提到了宋人喜欢使用动词和虚词来改换意象组合方式的特点。其目的在于,区别于唐人喜用名词造境的方式,以使意象重新具备传神体物的功能和生动有力的态势。他认为,"宋人造语都主要集中于追求'陌生化'的效果。……忌熟求生,一语道破宋诗人力图在语言上立异于唐诗的竞技心态"。①

"以俗为雅"的这几种情况,在苏轼的诗歌作品中不但极为常见的,而且运用得也极为娴熟,"熔化"得不见痕迹。此类事例颇多,论作已丰,不再赘述。朱弁《风月堂诗话》曾就苏轼"以俗为雅"的言说特点评论道:"世间故实小说,有可以入诗者,有不可以入诗者。惟东坡全不拣择,入手便用,如街谈巷说,鄙俗之言,一经坡手,似神仙点瓦砾为黄金,自有妙用。"②可谓得其精神。这里需要辩明之处在于,苏轼提倡"以俗为雅",其终极目的却并不在与唐诗一较高下的竞技心理,一味地追求"陌生化",其本身就是追新务奇的"诗病",毋宁说,苏轼"以俗为雅",倒是在寻求一种自然而新鲜的言说方式,并在这种未被"陈词滥调"污染与籽平的言说中,清理与敞亮出其所言及的事物的本然状态,以便勾连与展开与事物存在相关联的人的本己的生存领会,而不仅仅是滞留于言说所云本身"雅"与"俗"的既定划分。"以俗为雅"的大量运用,最终成为苏轼借鉴散文手法,冲破传统诗体拘禁,寻求自然、本真言说的诗歌创作的又一大特点:"以

---

① 周裕锴:《宋代诗学通论》,第506—524,511页。
② 朱弁:《风月堂诗话》,中华书局,1988年版,第106页。

文为诗"。清人赵翼对此评论说：

> 以文为诗,自昌黎始,至东坡益大放厥词,别开生面,成一代之大观。尤其是不可及者,天生健笔一枝,爽如哀梨,快如并剪,有必达之隐,无难显之情。此所以继李杜后为一大家也。①

以"有必达之隐,无难显之情"来揭示苏轼"大放厥词"的内在根源,的确是切中肯綮的洞见。正如苏轼自己曾说过的那样："夫心之精微,口不能尽,而况书乎？然先生笔端有口,足以形容难言之妙,而轼亦眼中无障,必能洞视不传之意也。"(《与刘宜翁使君书》)"形容难言之妙"、"洞视不传之意"正是苏轼一生舞文弄墨的不二法门。

若从语言的形式来看,"以故为新"指的是前人已说之"陈言","以俗为雅"指的是下里巴人所言之"俗语",那么,苏轼所谓"冲口出常言"之"常言",可以理解为"陈言"与"俗语",理解为一种寻常平俗的语言。较之于李白"清水出芙蓉"般的清新飘逸的文字,苏轼似乎是在避其锋芒,而走上一条通俗化、平易化的语言改造的道路。这其实是就语言论语言的极大的误解。"以故为新,以俗为雅",并不是对语言形式的单纯改造,即把"以故"、"以俗"作为手段,把"新"、"雅"作为目的,对陈言、俗语进行加工、雕琢,"推陈出新",使之成为一种新奇或雅致的语言。苏轼"以故为新,以俗为雅",其实只是不避陈言俗语,是在陈言俗语的言说中,清理或勾连出其所关联的事物的本然状态和人的本己的生存领会。但这种清理或勾连,并非就是求其深、逞其易,而是让这些陈言或俗语,从陈规与浅薄的锁闭状态中敞亮开来,展开其"远而不尽"、"近而不浮"的深层意蕴。这种意蕴不是作为现成语言的词语解释的含义,而是在人的实际生存中,所言之物与人相关联的、普遍而独特的意义整体。说它普遍,是就其合于天造,应合于自然变化之理,因而是人人可以意会的;言其独特,是就它厌于人意,出于在世之人的本己的生存领会而惟有苏轼能够揭示出来的。因而,所谓的"新"、"雅",就在陈言俗语之中,就在陈言

---

① 赵翼:《苏东坡诗》(一),载《瓯北诗话》卷五,人民文学出版社,1963年版,第56页。

俗语"文字之表"。苏轼所谓的"常言",就不是指一种庸俗浅陋的现成语言,而是指一种与人的生存紧密关联的切己的言说。这种言说"发于心而冲于口",不计"新故"、不避"雅俗",植根于人之生存的本根处。这样看来,这种"常言",倒与寻常的闲言碎语、陈词滥调泾渭不同,意趣有别,其本身就是一种"新语雅言"了。对此,后世一些睿智的诗评家倒是看得很是透彻:

> 苏长公片言只字与金玉同声,虽千古未见其比,则以其胸中绝无俗气,下笔不作寻常语,不步人脚故耳。①
> "新"岂易言!意未经人说过则新,书未经人用过则新,诗家之能新,正以此耳。若反以新为嫌,是必拾人牙后,人云亦云;否则,抱柱守株,不敢逾限一步;是尚得成家哉?尚得成大家哉?②

二、质而实绮,癯而实腴:臻达平淡之天成

苏轼反对"字字觅奇险,节节累枝叶"的作诗方式,其实是反对从文字开始,一字一句推敲似的作诗。"以故为新,以俗为雅",也绝不意味着有意去搜索与征用一些"适用"的陈言与俗语,并把它们当成现成的语言材料将之改造成诗。那么在苏轼眼里,"冲口出常言"是一种怎么的言说方式呢?它的妙处在哪里?它为什么竟是一种诗意的言说,或者竟是一种富有文采的言说呢?它呈现出一种什么样的形态或风格呢?

苏轼在对明上人进行批评时,非常肯定和坚决地下了一个结论,即"咬嚼三十年,转更无交涉"。意思是说,这样咬文嚼字的作诗法,哪怕如此推敲三十年,与真正的诗也没什么关系。"转更无交涉",本是禅语,出自"城外草作何色"的著名公案,讲的是唐代中叶禅师

---

① 李贽:《又与从吾》,载《李贽文集·焚书》增补一,北京燕山出版社,1998年版,第313页。
② 赵翼:《苏东坡诗》(一〇),载《瓯北诗话》卷五,第63页。

慧忠的故事。原文如下：

> 时十月中旬，有诸座主来礼拜和尚。师问："城外草作何色？"对曰："作黄色。"师遂唤少童子问："城外草作何色？"对曰："作黄色。"师曰："座主解经解论，与此厮儿见解何殊？"座主却问和尚："城外草作何色？"师曰："见天上鸟不？"座主曰："和尚转更勿交涉也。愿和尚教某等，作么生即是。"师却唤座主："向前来！"座主一时向前来。师见诸座主不会，遂笑曰："诸座主且归寺。"别曰："却来。"诸大德默然而往。明日又来："愿和尚为某等说看。"师曰："见即见，若不见，纵说得出，亦不得见。"诸供奉曰："从上国师，未有得似和尚如是机辩！"师曰："他家即师国，贫道即国师。"诸供奉曰："我等诸人谩作供奉。自道解经解论；据他禅宗，都勿交涉。"①

"勿交涉"在此段文字中出现两次，一次是诸座主说慧忠答非所问，一次是诸座主说他们自己解经解论非正道。慧忠禅师的答非所问，却正是传道，诸座主的看似正常的回答倒是真的"转更无交涉"。此中玄机，不在于"转更无交涉"的理解，而是慧忠禅师的这句话："见即见，若不见，纵说得出，亦不得见。""城外草作何色"，问答之际，并不得见，以"见天上鸟不"作答，恰是正解。而"黄色"之答，乃是假想之色，故"勿交涉"。苏轼以之说诗，其意为，明上人字斟句酌的苦吟作诗，正如以"黄色"答"城外草作何色"一样，若不见诗，纵说得出、说得再多，亦不能得到诗，简言之，"只见文字不见诗"。"字字觅奇险"的文字之所以与诗"勿交涉"，其深层原因乃在于这些文字缺乏诗意整体呈现的根据。这种根据并不来自于语言本身的锻打与锤炼，也不来自人的主观臆想或经验判断，而是来自一种"见即见"的本真呈现。

在另一首颂诗中，苏轼对这种"当下即见"的本真呈现，作了具

---

① ［南唐］静、筠禅僧编：《祖堂集》卷第三《慧忠国师》，张华点校，中州古籍出版社，2001年版，第116—117页。

体的描述,即:

> 冲口出常言,法度法前轨,人言非妙处,妙处在于是。

所谓"冲口出常言,法度法前轨",就是"当下即见"、"当下即是"的本真呈现。诗歌是语言的艺术,但它不是通过字字句句累加组合而成的。苏轼告诉我们,"冲口出常言",不是作为工具或媒介的语言对于诗的表述,而是作为诗化的言说,对于诗的整体显现。只有在诗冲口而出的显现中,语言才能作为诗的语言而出现,"好诗冲口谁能择,俗子疑人未遭闻","新诗如弹丸,脱手不暂停","新诗如玉屑,出语便清警"。在好诗冲口不择的呈现中,字句的奇险、词藻的雅俗、前轨的限制,似乎都不成为问题了,只是"浩然听笔之所之"(《书所作字后》),而又不能不为之,达到一种"当其下手风雨快,笔所未到气已吞"的效果。这也正是苏轼在《自评文》中所作过的描述:

> 吾文如万斛泉源,不择地皆可出,在平地滔滔汩汩,虽一日千里无难。及其与山石曲折,随物赋形,而不可知也。所可知者,常行于所当行,常止于不可不止,如是而已矣。其他虽吾亦不能知也。

较之于一种现成语言的表述,"冲口出常言"所言及的东西,比所言本身即"常言"更加源始,它们是"常言"所从出的本源,也是"常言"成为诗化语言的根据。作为与人的生存紧密相联的言说,"常言"首先展开了在世之人当前的生存状态,把当前人所操劳于世的状态呈报上来。作为言说,"冲口出常言"首先不是现成的语言材料的叠加,而总是有所展开、有所呈报。所以苏轼说:

> 诗须有为而作,用事当以故为新,以俗为雅。好奇务新,乃诗之病。柳子厚晚年诗,极似陶渊明,知诗病者也。

诗是对人之在世有所作为的言说,只有在这种有所作为的显现中,

"陈言"、"俗语"才能获得生存论的支持而具备"为新"、"为雅"的可能。一味地"好奇务新",必然跳过对切己的"有为"的显现,涣散为一种言之无物的"诗之病"。因此,"冲口出常言",应该是对人之在世有所作为、有所操劳的呈报和显现。这种显现和呈报,是切己的,因为它关乎一种向来我属的个体生存,同时它也应该是本真的,它所展开的是在世之人于世操劳的真实状态。

正是由于对这种言说所展开的切己与本真的生存状态的关注和体认,苏轼发现了陶渊明,开始了他好陶、学陶、拟陶、和陶、崇陶的生涯。通常认为,苏轼酷爱陶渊明有两个原因:一是崇尚渊明的性情和为人,认同陶渊明的生活方式、人生价值;二是爱好陶渊明诗歌的"质而实绮,癯而实腴"的艺术特色。苏轼说:

> 吾于诗人,无所甚好,独好渊明之诗。渊明作诗不多,然其诗质而实绮,癯而实腴,自曹、刘、鲍、谢、李、杜诸人,皆莫及也。吾前后和其诗,凡一百有九篇,至其得意,自谓不甚愧渊明。今将集而并录之,以遗后之君子,其为我志之!然吾于渊明,岂独好其诗也,如其为人,实有感焉。渊明临终《疏》告俨等:"吾少而穷苦,每以家弊,东西游走,性刚才拙,与物多忤。自量为己,必贻俗患,俛仰辞世,使汝等幼而饥寒。"渊明此语,盖实录也。吾真有此病,而不早自知,平生出仕以犯世患,此所以深愧渊明,欲以晚节师范其万一也。
>
> (苏辙《东坡先生和陶渊明诗引》引苏轼所作书语,载《苏轼文集》,第 2515 页)

"吾于渊明,岂独好其诗也,如其为人,实有感焉",这句话简明扼要地表明了苏轼喜爱陶的原因。"好其诗"是以"感其人"为前提并同步发展形成的。苏轼熙宁外任期间,人生思考、价值取向已开始接受陶渊明的影响,尤其是认同与追慕陶渊明的人生贵在适意的"高人"生活方式与人格风范。至贬谪黄州,垦辟东坡,亲身体验了陶渊明式的"躬耕南亩"的生活,思想情感进一步贴近。晚年远贬岭海,枯槁淡泊的生活,加深了对陶渊明"入乎其内"的体悟,开始创作和陶诗,极力追求陶诗风格,最终在有宋一代平淡风尚的影响下,从更深的层次理解陶诗,发现了陶诗平淡之美的深刻内涵与真正价值。

首先不是由于诗歌作品所呈现出来的语言特色和风格,而是由于作品对陶渊明切己的生存状态的本真显现,苏轼才喜欢陶渊明这个人,继而喜爱陶渊明的这种本真的言说方式,并推崇这种言说所表现出来的"质而实绮,癯而实腴"美学风格。这是苏轼好陶、学陶、推崇和追慕陶渊明诗歌风格的前提。换言之,首先是"真",而不是"美"本身,导领与牵引着苏轼对陶渊明人格的体认和对诗歌作品的喜爱,以及对其诗歌作品所表现出来的"美"的发现与推崇。因此,理解苏轼对陶渊明本真的生存方式的认同,是理解陶渊明"质而实绮,癯而实腴"风格的关键,也是理解"冲口出常言"式的言说为何竟是诗意的言说的关键。

首先,苏轼十分推重陶渊明的生存之"真"。他说:

> 孔子不取微生高,孟子不取于陵仲子,恶其不情也。陶渊明欲仕则仕,不以求之为嫌;欲隐则隐,不以去之为高;饥则叩门而乞食,饱则鸡黍以延客:古今贤之,贵其真也。(《书李简夫诗集后》)
>
> 古人所贵者,贵其真。陶渊明耻为五斗米屈于乡里小儿,弃官去归。久之,复游城郭,偶有羡于华轩。①
>
> "秋菊有佳色,裛露掇其英。泛此无忧物,远我遗世情。一觞聊独进,杯尽壶自倾。日入群动息,飞鸟趋林鸣。啸傲东窗下,聊复得此生。"靖节以无事自适为得此生,则凡役于物者,非失此生耶?(《题渊明诗二首》)

陶渊明生存之本真,历来为人推崇。萧统说他"任真自得"(《晋书·陶潜传》),清人施补华言其"真至,寓于平淡"(《岘佣说诗》),陶渊明自己也认为自己"质性自然,非矫厉所得"(《归去来兮辞》序)。"此中有真意,欲辨已忘言",早已成为陶渊明本真生存状态的写照。

---

① 引自惠洪:《冷斋夜话》卷一。

苏轼所推崇的陶渊明的"真",是一种不为世俗所累,不愿心为物役,剥除了矫情的自然的生命之情,而这种生命之情不是以绚丽峥嵘的方式表现出来的,而是以"寓于平淡"的方式表现出来的①。苏轼对陶渊明这种本真生存方式的认同,是基于自己与陶渊明有着大体相近的社会经历、思想性格以及处世态度。所以,苏轼一再地说"渊明形神似我"(王直方《直方诗话》引),②甚至说"我即渊明,渊明即我也"(《书陶渊明〈东方有一士〉诗后》)。因此,对陶渊明"真"的认同与"师范",正是对于自己生存方式和生存态度的肯定。

其次,苏轼也非常欣赏陶渊明之"真"的"冲口而出"的言说方式。他说:

> "清晨闻叩门,倒裳自往开。问子为谁与?田父有好怀。壶浆远见候,疑我与时乖。褴褛茅檐下,未足为高栖。一世皆尚同,愿君汨其泥。深感父老言,禀气寡所谐。纡辔诚可学,违己谁非迷。且共欢此饮,吾驾不可回。"此诗叔弼爱之,予亦爱之。予尝有云:言发于心而冲于口,吐之则逆人,茹之则逆予,以谓宁逆人也,故卒吐之。与渊明诗意不谋而合,故并录之。(《录陶渊明诗》)

"言发于心而冲于口",是苏轼一贯坚持的言说方式。从年轻时候"有意而言,意尽而言止,天下之至言也"的主张,到晚年"辞止于达意"的理论概括,这种"以意为主",以"意"驭"言"的言说方式,本质上并没有大的改变。就此而言,苏轼拟陶,作和陶诗数篇,与其说是模拟之作,毋宁说是找到了一位跨时代的志同道合者。他在《和陶赴江陵夜行》中云:"诗人如布谷,聒聒常自名。"又在《答程父推官六首》中公开自己的创作意图道:"仆焚毁笔砚已五年,尚寄味此学(诗),随行有《陶渊明集》,陶写伊郁,正赖此耳!"因此,苏轼创作和陶诗,并不是出于形式主义的学习或者模仿,而是"充满勃郁而见于

---

① 冷成金:《苏轼的哲学观与文艺观》,第591页。
② 郭绍虞辑:《宋诗话辑佚》,第45页。

外"、"不能不为"的本真、本己的敞现。他说:"每体不佳,辄取读,不过一篇,惟恐读尽,后无以自遣耳!"(《书渊明羲农去我久诗》)朱靖华先生认为,"苏轼的和陶诗,显然就是借渊明之酒杯,浇自我之块垒而已!"①我们认为,苏轼和陶诗,不仅浇的是东坡自我的块垒,而且所用之酒杯也是东坡自备的,只是借了与渊明"追和"与相会之名而已。

这种"冲口而出"的言说方式,其实质是一种"实录",也就是对人的真实生存状态的本真记录。"实录"一词,苏轼亦多次说过,如上面所引"渊明此语,盖实录也"。他在《书子美屏迹诗》也说过:"今考其诗,字字皆居士实录,是则居士诗也"。《题渊明诗二首》之一又云:

> 陶靖节云:"平畴返远风,良苗亦怀新。"非古之偶耕植杖者,不能道此语,非余之世农,亦不能识此语之妙也。

这里所推崇的正是陶渊明对自己躬耕生活的真实记录。

第三,在此基础上,苏轼对陶渊明"质而实绮,癯而实腴"的诗歌风格赞赏备至。他认为,陶诗的造诣要超过李白、杜甫,"渊明作诗不多,然其诗质而实绮,癯而实腴,自曹、刘、鲍、谢、李、杜诸人,皆莫及也"。把陶诗摆在李白、杜甫之上,常常招来后人非议。如清人吴觐文说:东坡"好陶之至,不自知其言之病也","杜老诗已独绝千古,而谓其不及渊明,吾尤至死不服!"②倘若就诗歌艺术本身的美学价值和美学风格而言,苏轼此论的确太过偏颇,但苏轼熟识李、杜,又才识过人,绝非虚张声势、沽名钓誉之徒,因此,此论决非唐突妄言,而是自有道理。

他说:

> 苏、李之天成,曹、刘之自得,陶、谢之超然,盖亦至矣。而李

---

① 朱靖华:《朱靖华古典文学论集》,第137页。
② 引自《古典文学研究资料汇编·陶渊明卷》,中华书局,1962年版,第203页。

> 太白、杜子美以英玮绝世之姿,凌跨百代,古今诗人尽废,然魏、晋以来高风绝尘,亦少衰矣。(《书黄子思诗集后》)

又说:

> 故诗至杜工部,书至颜鲁公,画至吴道子,天下之能事毕矣,能事毕,而衰生焉。(《弇州山人稿·告史余节语帖》引)

苏轼认为,李白、杜甫在诗歌上"英玮绝世,凌跨百代",是"三代历汉至唐而备",尤其是六朝以来诗格技法逐渐成熟、定形乃至规格化之后的最高峰。虽极美极富,但诗律诞生以前那种得之于天然,或许法度上稍嫌粗糙,也不见得完全谐调却素朴浑成的"高风绝尘"的美感,便不复可见了。仅就诗歌而言,李杜已极尽诗家之变化,已是"精能之至",故李杜之后,不复再有"作"诗之人。

但苏轼崇陶之处,却并不在"精能之至"的完备,而在于"高风绝尘"的素朴。苏轼"师渊明之雅放,和百篇之清诗"的原因也在于此。李、杜虽好,但已极巅峰,无以为继,无法超越。相比较声韵修辞偶对之讲究的杜诗,陶渊明"初看右散缓,熟看有奇句"的素朴平淡的陶诗,却因形式上较少限制,在言说方式上有更多的自由空间。更重要的原因乃在于,陶渊明"意不在诗,诗以寄其意耳",因而追和陶诗,就不是单纯对诗的模拟,而是对一种素朴平淡而自由本真的生存状态的仰慕和回归。要言之,崇陶、师陶,不是其诗,却在其人,不在美学风格的应合,而在于本真生存的回归。就一种淳朴平淡而自由本真的生存状态即人之生存本性而言,把陶渊明列为诗人之首,列为李杜之上,就自有其道理在焉。有学者称,"陶潜最独特的魅力,是他对人生意义的终极追问,以及在此追问中所建构的新的人格范型。"[①]陶潜首先是作为一个本真生存的人的形象进入苏轼的世界的,他的诗歌,正是对任真、自然的生存状态的言说,或者说是对这种

---

① 李建中:《试论陶诗的人格精神》,载《华南师范大学学报》,1997 年第 6 期。

平淡、淳朴生活的实现。在陶渊明那里，本真地活着，本身即是诗，本身即在诗化的言说中，诗即是人之生存的本真显现，诗在这里不是作为人生活的外在装饰和点缀而存在的，它植根于人的本真的生存之中，它是生命的存在。从这个意义上说，诗即是人，人即是诗，人与诗相生而共在，诗的至高境界不在于诗，而在于人，这正是苏轼"感其人"，"好其诗"的原因之所在，也是苏诗把陶诗摆在李、杜之前的缘由。

"质而实绮，癯而实腴"，作为一种平淡的风格，也应该放到"人诗共在"诗意生存的语境中加以理解。所谓的"质而实绮，癯而实腴"，通常理解为"能在质朴平淡的形式下面，蕴藏着无比丰富和意味深长的情意"①。清人温汝能曾说，陶渊明"其心盖真切淡，故其诗也真切淡"②。"质而实绮，癯而实腴"首先是一种自然的人生态度，其次才作为一种平淡的美学风格。所谓的"质"与"癯"，指的是一种"任性逍遥，随缘放旷"、"质朴自然"、落尽铅华的生存方式。而"绮"与"腴"，则指的是一种深蕴生存之中的人生况味。这种人生况味原天地不息之运转，感万物万千之变化，而悟人生丰富、真淳之意蕴。作为一种被普遍认可的诗歌美学概念，"平淡"（或"淡"）最晚自中唐已经开始，至北宋时，成为最为主要的文学风尚和美学思潮。但"平淡"的内容则发生了很大的转变，即"平淡"，不再是与世疏离、闲雅淡漠的"平淡"，而是立足人间。真正深入现实生活，从平凡琐碎、甚至是卑微不堪中去发现的"平淡"，"平淡"成为一种平凡而琐碎的生存中所体悟到的人生境界。在这种转变的贡献中，梅尧臣的作用是功不可没的。③ 苏轼所追求的"质而实绮、癯而实腴"的艺术造诣，首先就是这样一种在平凡而琐碎的生存状况中所体察到的人生境界，把这样的人生境界，以一种"冲口而出、纵笔而成"的言说方式予以展开和显现，就是诗意的话语和美的风格，也就是一种外表平

---

① 朱靖华：《朱靖华古典文学论集》，第145页。
② 温汝能：《陶诗汇评自序》，转引自朱靖华《朱靖华古典文学论集》，第146页。
③ 参见李贞慧：《"平淡"文学观的历史发展——自汉至北宋中期的考察》，载《苏轼"意"、"法"观与其古文创作发展之研究》之附录。

淡、内涵丰富而文采斐然的言说。因此,所谓的"妙处在于是",其实并不是在于一种语言本身的雅俗和美丑,而在于能够本真地展开一种平淡、自然、本己的生存状态,并在这种展开状态中,蕴含着丰富、淳真的人生况味以及人与世界和谐共处的消息,从而静存本真之自我、通达万物之变而参天地之化育。

结语

在中国文学史上，苏轼无疑是一位大师级的人物，其创作实绩之宏富、作品体格之创变、笔力之纵横，彪炳古今，令历代文人学子为之赞叹与倾倒。而更让人钦仰、追效的是他对人生的思考和他处理人生的方式。他基于超拔的人生领悟、融合儒、道、佛思想之精华而筹划的本真、本己的诗意化生存方式，影响了后世一代一代文人人生模式的选择和文化性格的设计。对苏轼而言，对人生的思考和对艺术的探索是完美地统一在一起的。他的艺术作品就是他对人生的领悟，诚如王水照先生所言，"苏轼作品的动人之处，在于展现了可供人们感知、思索的活生生的真实人生，表达了他深邃精微的人生体验和思考。"①同时，他的诗意化的人生本身就是他创作的最动人的"作品"。在现实生活中，他是一位真正的诗意栖居者。苏轼把文学艺术与人生问题紧紧地捆绑乃至交融在一起，他对于文学艺术的探索与思考，无不基于他自身深刻的生存领会与人生体验。本书把苏轼的诗学思想置于生存论的视域中加以阐释，正是出于此种"实事"本身的考量，目的在于探讨其诗学思想的本己特性和内在意蕴，从而揭示其人生与艺术思考的奥秘。

苏轼对艺术之为艺术的思考，散见于诗论、词论、文论、书论和画论以及其文艺作品之中。在全面阅读和深入考察的基础上，我们从中挑选了四个复现率高、具有本原本体意义、相互间具有系统关联的范畴——即"道"、"意"、"物"、"言"，作为阐释的立足点。并围绕这

---

① 王水照：《苏轼的人生思考和文化性格》，载《中国苏轼研究》第一辑，学苑出版社，2004年版，第1页。

些核心范畴搜集、梳理与之相联的命题、议论和见解,按一定的逻辑关系将它们综合起来,以组合成能够包蕴该范畴意义内涵和思理特点的理论网络,在具体的诠释中展现它丰富的理论内涵。根据作品本身存在形态和逻辑关系的先后,"道"、"意"、"物"、"言"按由内而外(或由隐而显)的层递关系排列,基本上勾画出苏轼诗学思想由内及表的逻辑次序和整体结构,显现了苏轼诗学思想体系化的潜在特性。本书即在这样的思考下架构全文,从"道"、"意"、"物"、"言"四个层面,对苏轼的诗学思想进行了细致而深入的梳理和阐释。以下,我们将以简短的篇幅总结本书所得的结论。

首先,我们认为,"道"是苏轼人生追求的终极所在,也是他衡量诗文价值的终极尺度。对苏轼之"道"理解,是对其诗学思想阐释的基础和前提。为此,我们从苏轼所赋予"道"的不同含义出发,揭示出苏轼集儒道佛精华而熔成一家之言的论"道"特点。而以儒道释现有理论去分解阐释的模式,忽略了对苏轼作为个体生存的整体研究,存在明显不足。通过辨析苏轼对儒道佛的批判,我们赢获了苏轼思考的视角和批判的立场:实用。"实用"立场的坚守,使苏轼获得了一个游刃于儒道佛三家而不滞、驰骋百氏而不拘的思想视野。在苏轼看来,所谓"实用",既是实际在世之用,又是应世变化之用;在根本的意义上,"实用"就是人生在世之用,即人之生存之用。"实用"所标识的立场,是苏轼思想所从出和终极的"基底",它所敞开的正是生存论的视域。不是从超验的抽象规定性出发,而是基于人的实际生存,是苏轼思考问题的特点所在。苏轼立足于人的生存之域,采取从在场到不在场横向超越的思维方式,运用由所从出推至所终极的思维策略,敞显出"道"的本真属性:隐匿性、非对象化和非现成识度。苏轼理解的"道",既不是抽象的概念,也不是超验的"实体",它超越了思维的现成规定,突破了思想的固有体系,在人的感性生存活动中保持了其境域构成的原发势态。"学道"、"致道"、"存道",不能以现成化的手段予以执守,只能在原发构成的生存境域中当场生成。这就为"道"在艺术中的生成和显现赢得了生存论的根基,苏轼将"文"与"道"、"艺"与"道"联结在一起,原因正在于此。"道大如天不可求,修其可见致其幽",只有在艺术中,"道"才能得到本真的创建、寄寓而有所显现、逗留。因而，在苏轼的生存视野中，艺术是人生最重要的"致道"方式之一，是"学道"、"成道"最本真的生存方式。诗人，作为生存着的个体存在，首先总是寄寓于世而有所作为，立足并投身于生存活动，关注现实世界，是诗人生存的本然状态；其次诗人又要超越尘外，不计穷达、不务虚名，不为世俗营营思虑所缚，摆脱外物之桎梏与常人的拘役，尽本己之性，适自我之意；最后以无所用心、无所执守的生存领会，去筹划本真本己的生存方式，走向审美化、诗意化的人生之路。"道"与"文"（"艺"）在人的生存视域中得到了完美的融合，艺术在人的实际生存中扎根、开花、结果，正是"道"在人之生存境域中的隐现与持存。

其次，我们认为，"道"作为文学艺术的终极追求，具有隐匿不显、无法现成化为具体对象的特点，这样，"意"就成为文学艺术最直接的动力和本源。把"意"理解成为基于自身生存而对人之在世本己的领会，正是生存本体论的理论贡献。"意"所展开是人在世界中具体而实际的生存状态，在这个状态的整体呈现中，物与我、人与世界是原初地关联着的。在"意"的展开状态中，人成其人，物成其物，物我融合为一个完整的世界。这个世界是生存的世界，也是审美和诗意的世界。这才是苏轼提出"以意为主"诗学本体论的理论基础。而如果仅仅把"意"预设为主体的某种心理素质或内容，则势必遮蔽了"意"的生存论根基，造成其存在论意义的丧失。这也许正是在从"言志"到"缘情"的历史演进中，"意"被诗学本体论所搁置的认识论原因。从生存的领会到诗意的言说，"意"作为生存论建构的重要环节，是在实际的生存境遇中生成的。"意"的生成性特征，即"向来我属"、"即物而生"、"先行组建"、"整体性构成"以及"境域化逗留"，展现出"意"之为"诗意"的动态构成环节，揭示出文学艺术"以意为主"的理论奥秘与审美价值。只有在生存论的视域中，才能澄清"意"作为诗学本体论的依据，这是传统的主客二分的认识论思维模式所无法做到的。尤其是对"即物而生"、"成竹于胸"和"境与意会"的生存论阐释，不仅使对"意"的内涵有了深层的和源始的把握，更是把对这些传统诗学观念的理解推到一个崭新的层面，使其获得更为合理、更有张力的解释，彰显出理论生发的潜在价值。

再次,把苏轼对"物"的理解置于生存论的视野中予以考察,同样可以弥补和救正传统诗学理论所造成的缺憾与误区。"物"作为客观存在的外物,一向被排挤出诗学范畴的行列,或者作为被主体所设定的对象,改头换面,成为文学描写的主观化的对象。以"心"为主导,以"物"为媒介,正是主客二分思维模式的典型做法,它不仅使"心物交融"、"物我合一"成为宣扬主体性的托辞与借口,而且在根源处就遮蔽了艺术存在的本质和美的特性。澄清物之为物的生存论根基,对于理解艺术与美的存在与显形具有重要意义,对于艺术创作也具有指导作用。在生存论的根基处,人与物的存在是原初关联的,他们同生共在,处在一个世界之中。"留意"于物"祸",源于人对物有贪欲之"心"。"物"不能尽其理,是人"有心于其间"的缘故。苏轼认为,物性的遮蔽与人性的丧失,是互为关联的,"物"之澄明,是"意"返璞归真的前提与境界。"静故了群动,空故纳万境",既是心境,也是物境,更是艺术创作的审美之境。"形"、"神"、"理"作为浑然合一的物之本然状态,一向在传统认识论的逻辑构架中被扭曲为事物的三种相互分立的属性,在分立的预设前提下进行调谐统一,被证明是一种相当尴尬的举措。而在生存论的视域中,它们的关系得到了本真的领会。"形"是"物"之可见的标识,它将事物出场状态和在场状态显现出来,同时它也将物化之玄机遮蔽起来。"神",就是在"形"的显明中隐蔽着的"道"生万物、阴阳交合之神妙。而"理",则是在生存境域中,"形"、"神"各当其处时,"物"自行开显的本然状态。如是,在生存论根基处,它们原本就是冥合不分的,而不是由分立走向调和。"形神兼备"、"形理两全"以及"以形传神"或"离形得神"的艺术理论,只有在生存论的领会中才能得到合理的解释,才能真正地指导艺术实践,并在创作中以"写物之功"臻达"传神"之境。更重要的是,在人的生存境遇中通达"物"的本然状态,是诗意人生和艺术创作最本己的道路。"物"以其所是的方式敞开其自由自在的状态,也就意味着人进入了与"物"和谐共在的、自由而审美的境界。所谓的"寓意于物"、"身与竹化",无非描述的就是这样一种"意与物合"、"物我共生"的艺术境界。这个境界是在"物"的引领下现身并通达的,而这种现身和通达,必须在生存论的视域中才能开启和澄明。

最后,作为一种语言的艺术,文学是以语言言说的方式存在的。艺术家对"物"的通达,对"意"的展开,以及对"道"的领悟,都必须在语言的道说中才能实现。语言是文学赖以本身的家园,只有在语言中并且只能在语言中,文学才成为文学。从这个意义上说,把语言看作是文学存在唯一的本体是有一定道理的。苏轼对言(辞)的思考,是其诗学思想的不可或缺的组成部分。显然,与把语言仅仅看作是一种表达的工具或媒介相比,把苏轼的言辞观置于生存论的视域中进行阐释,无疑更能揭示语言在其诗学潜体系中的"本体"地位和它本身所具有的审美价值。通过研究,我们发现,苏轼把(诗的)语言看作是对人的本然生存状态的言说与展现。这种言说源出于人对自身生存的本真感悟,它与"意"相结,与"物"相联,具有言说的自我性,并通向对大道化生的道说。在(诗意的)言说中,敞显的是人的本真之"意"、事物的了然之"理"以及世界的整体意蕴。因而,苏轼对语言的规定,必然不是语言自身的华美与雕琢,而是强调在寻常中返求生存的本真言说,在平淡中回应大化流行的天籁之声。

苏轼基于人生思考和艺术实践,围绕"道"、"意"、"物"、"言"四个核心范畴所进行的沉思,几乎蕴含了苏轼对艺术本质的全部思考。"道"、"意"、"物"、"言",在生存论的根基处有着深度的内在关联,在艺术作品的存在形态中又有着相互勾连的逻辑结构,基本上可以构成相对完整的诗学体系。苏轼诗学思想的这种潜在的整体性,只有在生存论的现象学阐释中才能得到本己的显现。否则,只能是一些没有关联的观点的罗列,或者是一些预设的现有理论版块的拼贴。因而,植根于生存论视域的阐释,不仅挖掘和揭示出苏轼诗学思想的内在特性和深层意蕴,绽露出苏轼诗学思想体系化的整体趋势,推进了苏轼文论研究的进程,而且对中国古代文论的现代阐释和范畴体系化的研究有一定的启发和借鉴作用,对突破主客二分的研究模式、避免对现有理论框架的直接套用也提供了研究的可能范例。

需要指出的是,苏轼基于人的生存对艺术所做的思考,还只是一种自发的和朦胧的选择,尚没有达到自觉的理论追求的程度。他的许多概念和不少的命题,多是沿用前人的说法,在没有进行认真廓清和严格界定的情况下,就在不同的场合使用,以发表自己的评说和见解。这样,在一定程度上就会产生意义未分,甚至涵义混乱的状况,造成理解上的困难。这也是本书之所以没有对这些范畴进行严格定义的原因所在。然而,我们研究古代文论,主要目的不在于以今人去苛求古人,而是应当首先尽可能地理解他,以展现其理论思索的原貌,获取更多的可供生发与创新的理论资源。苏轼从人生思考出发,结合创作实际,在继承前人的基础上,道出了自己对艺术的原初的领悟,自说自说、自成一家,确有超越前人的创新之处,对当时和后世产生了不小的影响。因而,在明确苏轼理论缺点的情况下,在相对宽泛的语境和更源始的理论视野中,把概念的诸多含义包容起来,探求这些含义所从出的原发构成境域,无疑是一种更为明智的研究方法。

本书运用生存论的理论成果,围绕四个核心范畴对苏轼诗学思想进行阐释,目前尚是一种探索与尝试。无论是核心范畴的遴选,还是生存论理论自身的完善,都还存在不少可商榷之处,尤其是范畴与范畴之间关系的系统化阐释、苏轼诗学思想的整体评判以及理论的体系化建设,还有待于进一步的深入研究与刻苦探索。但是,把苏轼诗学思想置于生存论的原发构成境域进行研究,较之于主客二分的认识论研究模式,对于中国古代文论研究与当代文论的建设,无疑都是一项值得继续探索、又富有挑战的研究工作。

参考文献

苏轼:《东坡乐府》,上海古籍出版社,1979年版。
苏轼:《东坡易传》,东方龙吟点校,吉林文史出版社,2002年版。
苏轼:《苏轼文集》,孔凡礼点校,中华书局,1986年版。
苏轼:《苏轼词编年校注》,邹同庆、王宗堂校注,中华书局,2002年版。
苏轼:《苏轼诗集》(全八册),王文诰辑注,中华书局,1982年版。
苏轼:《苏东坡全集》(上下),中国书店,1986年版。
《东坡诗论丛》,四川人民出版社,1983年版。
《东坡研究论丛》,四川文艺出版社,1986年版。
《纪念苏轼贬儋八百九十周年学术讨论集》,四川大学出版社,1991年版。
《论苏轼岭南诗及其他》,广东人民出版社,1986年版。
包兆会:《庄子生存论美学研究》,南京大学出版社,2004年版。
蔡钟翔、成复旺、黄保真:《中国文学理论史》,北京出版社,1987年版。
陈伯海:《中国诗学之现代观》,上海古籍出版社,2006年版。
陈迩冬校点:《谈龙录、石洲诗话》,人民文学出版社,1981年版。
陈鼓应:《庄子今注今译》,中华书局,1983年版。
陈嘉映:《海德格尔哲学概论》,生活·读书·新知三联书店,1995年版。
陈嘉映:《语言哲学》,北京大学出版社,2003年版。
陈良远:《中国诗学批评史》,江西人民出版社,1995年版。
陈良运:《中国诗学体系论》,中国社会科学出版社,1992年版。

陈中浙:《苏轼书画艺术与佛教》,商务印书馆,2004年版。
成复旺:《神与物游——论中国传统美学方式》,中国人民大学出版社,1989年版。
程伯安:《苏东坡民俗诗解》,中国书籍出版社,1994年版。
程相占:《文心三角文艺美学》,山东大学出版社,2002年版。
崔在赫:《苏轼文艺理论研究》,国立政治大学2003年博士论文。
丁福保辑:《历代诗话续编》,中华书局,1983年版。
方智范等:《中国古典词学理论史》,华东师范大学出版社,2005年版。
风山精也:《传媒与真相:苏轼及其周围士大夫的文学》,上海古籍出版社,2005年版。
冯友兰:《中国现代学术经典·冯友兰卷》,河北教育出版社,1996年版。
弗朗索瓦·于连:《圣人无意——或哲学的他者》,商务印书馆,2004年版。
弗洛姆:《占有还是生存》,生活·读书·新知三联书店,1988年版。
副岛一郎:《气与士风——唐宋古文的进程与背景》,上海古籍出版社,2005年版。
伽达默尔:《哲学解释学》,上海译文出版社,2004年版。
伽达默尔:《真理与方法:哲学诠释学的基本特征》,上海译文出版社,2004年版。
高尔基:《论文学》,人民出版社,1978年版。
高津孝:《科举与诗艺——宋代文学与士人社会》,上海古籍出版社,2005年版。
葛兆光:《禅宗与中国文化》,上海人民出版社,1986年版。
葛兆光:《中国思想史》,复旦大学出版社,2001年版。
顾易生、蒋凡、刘明今:《宋金元文学批评史》,上海古籍出版社,1996年版。
郭绍虞:《中国历代文论选》,上海古籍出版社,1980年版。
郭绍虞:《中国文学批评史》,百花文艺出版社,1999年版。
郭绍虞编选:《清诗话续编》,上海古籍出版社,1983年版。

郭绍虞辑:《宋诗话辑佚》,中华书局,1980年版。
海德格尔:《存在与时间》,陈嘉映、王庆节译,三联书店,2006年版。
海德格尔:《荷尔德林诗的阐释》,商务印书馆,2000年版。
海德格尔:《林中路》,孙周兴译,上海译文出版社,2004年版。
海德格尔:《路标》,商务印书馆,2004年版。
海德格尔:《面向思的事情》,孙周兴译,商务印书馆,1996年版。
海德格尔:《尼采》,孙周兴译,商务印书馆,2002年版。
海德格尔:《形式显示的现象学:海德格尔早期弗赖堡文选》,同济大学出版社,2004年版。
海德格尔:《演讲与论文集》,孙周兴译,生活·读书·新知三联书店,2005年版。
海德格尔:《在通向语言的途中》,商务印书馆,2004年版。
韩经太:《理学文化与文学思潮》,中华书局,1997年版。
何薳撰:《春渚纪闻》,张明华点校,中华书局,1983年版。
何文焕辑:《历代诗话》,中华书局,1981年版。
洪亮:《放逐与回归——苏东坡及其同时代人》,百花洲文艺出版社,1993年版。
胡塞尔:《生活世界现象学》,上海译文出版社,2005年版。
胡塞尔:《现象学的方法》,上海译文出版社,2005年版。
胡晓明:《中国诗学之精神》,江西人民出版社,1991年版。
胡仔:《苕溪渔隐丛话》,人民文学出版社,1962年版。
黄鸣奋:《论苏轼的文艺心理观》,海峡文艺出版社,1987年版。
黄生撰、黄承吉事按:《字诂义府合按》,中华书局,1984年版。
黄药眠、童庆炳:《中西比较诗学体系》,人民文学出版社,1991年版。
黄宗羲撰:《宋元学案》,中华书局,1986年版。
蒋述卓等编著:《宋代文艺理论集成》,中国社会科学出版社,2000年版。
蒋述卓等著:《二十世纪中国古代文论学术研究史》,北京大学出版社,2005年版。
蒋寅:《古典诗学的现代诠释》,中华书局,2003年版。
今道友信:《存在主义美学》,辽宁人民出版社,1987年版。

金景芳、吕绍纲:《周易全解》,上海古籍出版社,2005年版。
靳希平:《海德格尔早期思想研究》,上海人民出版社,1995年版。
静、筠禅僧编:《祖堂集》,张华点校,中州古籍出版社,2001年版。
孔凡礼:《苏轼年谱》,中华书局,1998年版。
孔令宏:《宋代理学与道家、道教》,中华书局,2006年版。
拉尔夫·科恩:《文学理论的未来》,中国社会科学出版社,1993年版。
莱斯特·恩布里:《现象学入门——反思性分析》,北京大学出版社,2007年版。
莱辛:《拉奥孔》,朱光潜译,人民文学出版社,1979年版。
冷成金:《苏轼的哲学观与文学观》,学苑出版社,2004年版。
黎德清编:《朱子语类》,中华书局,1986年版。
李春青:《宋学与宋代文学观念》,北京师范大学出版社,2001年版。
李春青:《在审美与审美意识形态之间:中国当代文学理论研究反思》,北京大学出版社,2006年版。
李春青:《在文本与历史之间:中国古代诗学意义生成模式探微》,北京大学出版社,2005年版。
李慈铭:《越缦堂读书记》,辽宁教育出版社,2001年版。
李昉等:《文苑英华》,中华书局,1966年版。
李赓扬、李勃洋:《苏轼禅学》,实学社出版股份有限公司(台湾),2004年版。
李清良:《中国阐释学》,湖南师范大学出版社,2005年版。
李贞慧:《苏轼"意"、"法"观与其"古文"创作发展之研究》,台湾大学2002年博士论文。
李贽:《李贽文集》,北京燕山出版社,1998年版。
李壮鹰:《中国诗学六论》,齐鲁书社,1989年版。
凌琴如:《苏轼思想探讨》,台湾中华书局,1997年版。
刘国珺:《苏轼文艺理论研究》,南开大学出版社,1984年版。
刘若愚:《中国文学理论》,杜国清译,江苏教育出版社,2006年版。
刘熙载:《艺概》,上海古籍出版社排印本,1978年版。
吕晴飞主编:《唐宋八大家散文鉴赏辞典》,中国妇女出版社,1991

年版。

罗根泽:《中国文学批评史》,上海古籍出版社,1984年版。

马克思、恩格斯:《马克思恩格斯选集》人民出版社,1995年版。

敏泽:《中国文学理论批评史》,人民出版社,1981年版。

敏泽:《中国文学思想史》,湖南教育出版社,2004年版。

缪钺:《诗词散论》,上海古籍出版社,1982年版。

那薇:《道家与海德格尔相互诠释》,商务印书馆,2004年版。

奈斯克等编:《回答——马丁·海德格尔说话了》,江苏教育出版社,2005年版。

倪梁康:《自识与反思——近现代西方哲学的基本问题》,商务印书馆,2002年版。

潘菽:《心理学简札》(卷一),人民教育出版社,1984年版,第5页。

皮朝纲:《审美与生存》,巴蜀书社,1999年版。

钱钟书:《管锥编》,中华书局,1986年版。

钱钟书:《宋诗选注》,人民文学出版社,1958年版。

钱钟书:《谈艺录》,中华书局,1984年版。

钱钟书:《钱钟书散文》,浙江文艺出版社,1997年版。

浅见洋二:《距离与想象:中国诗学的唐宋转型》,上海古籍出版社,2005年版。

申骏编著:《中国历代诗话词话选粹》,光明日报出版社,1999年版。

四川大学中文系唐宋文学研究编:《苏轼资料汇编》,中华书局,1994年版。

苏珊·朗格:《艺术问题》,中国社会科学出版社,1983年版。

苏轼研究学会编:《东坡词论丛》,四川人民出版社,1982年版。

孙周兴:《说不可说之神秘》,上海三联书店,1994年版。

唐玲玲、周伟民:《苏轼思想研究》,文史哲出版社(台湾),1996年版。

陶文鹏:《苏轼诗词艺术论》,上海古籍出版社,2001年版。

童庆炳:《现代诗学问题十讲》,中国海洋大学出版社,2005年版。

瓦叶哈利泽夫:《文学学导论》,周启超、王加兴等译,北京大学出版社,2006年版。

汪涌豪:《范畴论》,复旦大学出版社,1999年版。
汪裕雄:《意象探源》,安徽教育出版社,1996年版。
王纯菲:《诗——生存体验的世界》,辽宁大学出版社,2002年版。
王逢振:《意识与批评——现象学、阐释学和文学的意思》,漓江出版社,1988年版。
王国维:《王国维文集》,姚淦铭、王燕编,中国文史出版社,1997年版。
王力:《汉语史稿》,中华书局,1980年版。
王世德:《儒道佛美学的融合:苏轼文艺美学思想研究》,重庆出版社,1993年版。
王树人、喻柏林:《传统智慧再发现——常青的智慧与艺魄》,作家出版社,1997年版。
王树人:《回归原创之思:"象维"视野下的中国智慧》,江苏人民出版社,2005年版。
王水照、朱刚:《苏轼评传》,南京大学出版社,2004年版。
王水照:《苏轼研究》,河北教育出版社,1999年版。
王文龙编撰:《苏轼诗话全编笺注》,西南师范大学出版社,1996年版。
王元化:《文心雕龙创作论》,上海古籍出版社,1979年版。
王岳川:《艺术本体论》,中国社会科学出版社,2005年版。
王运熙、顾易生:《中国文学批评通史》,上海古籍出版社,1996年版。
王振复主编:《中国美学范畴史》,山西教育出版社,2006年版。
威廉·巴雷特:《非理性的人》,杨照明、艾平译,商务印书馆,1995年版。
吴晓明、王德峰:《马克思的哲学革命及其当代意义》,人民出版社,2005年版。
伍蠡甫:《伍蠡甫艺术美学文集》,复旦大学出版社,1986年版。
夏之放:《论块垒——文学理论元问题研究》,人民出版社,2007年版。
夏之放:《文学意象论》,汕头大学出版社,1993年版。
萧驰:《佛法与诗境》,中华书局,2005年版。

萧华荣:《中国古典诗学理论史》,华东师范大学出版社,2005年版。
肖驰:《中国诗歌美学》,北京大学出版社,1986年版。
徐岱:《基础诗学——后形而上学艺术原理》,浙江大学出版社,
    2005年。
徐复观:《中国文学精神》,上海书店出版社,2004年版。
徐复观:《中国艺术精神》,华东师范大学出版社,2001年版。
徐友渔等:《语言与哲学》,三联书店,1996年版。
徐中玉:《论苏轼的创作经验》,华东师范大学出版社,1981年版。
许总:《宋明理学与中国文学》,百花洲文艺出版社,1999年版。
雅斯贝斯:《生存哲学》,上海译文出版社,2005年版。
颜中其:《苏东坡轶事汇编》,岳麓书社,1984年版。
颜中其:《苏轼论文艺》,北京出版社,1985年版。
杨存昌:《道家思想与苏轼美学》,济南出版社,2003年版。
叶秀山:《叶秀山文集》,重庆出版社,2000年版。
游倍利:《苏轼的文学理论》,台湾学生书局,1981年版。
余敦康:《内圣外王的贯通:北宋易学的现代阐释》,学林出版社,
    1997年版。
袁行霈等:《中国诗学通论》,安徽教育出版社,1994年版。
约瑟夫·科克尔曼斯:《海德格尔的〈存在与时间〉》,商务印书馆,
    1996年版。
曾枣庄:《三苏文艺思想》,四川文艺出版社,1985年版。
曾枣庄:《苏轼评传》,四川人民出版社,1981年版。
曾枣庄:《苏轼研究史》,江苏教育出版社,2001年版。
曾枣庄主编:《苏诗汇评》,四川文艺出版社,2000年版。
张伯伟编撰:《全唐五代诗格校考》,陕西人民教育出版社,1996
    年版。
张岱年:《中国古典哲学概念范畴要论》,中国社会科学出版社,1987
    年版。
张法:《中西美学与文化精神》,北京大学出版社,1994年版。
张方:《中国诗学的基本观念》,东方出版社,1999年版。
张海明:《经与纬的交结——中国古代美学范畴论要》,云南人民出

版社,1994年版。

张弘:《西方存在美学问题研究》,黑龙江人民出版社,2005年版。

张惠民、张进:《士气文心:苏轼文化人格与文艺思想》,人民文学出版社,2005年版。

张立文:《宋明理学研究》,中国人民大学出版社,1985年版。

张隆溪:《道与逻各斯——东西方文学阐释学》,江苏教育出版社,2006年版。

张汝伦:《海德格尔与现代哲学》,复旦大学出版社,1995年版。

张少康、刘三富:《中国文学理论批评发展史》,北京大学出版社,1995年版。

张少康:《古典文艺美学论稿》,中国社会科学出版社,1988年版。

张世英:《进入澄明之境——哲学的新方面》,商务印书馆 1999年版。

张世英:《天人之际:中西哲学的困惑与选择》,人民出版社,1995年版。

张世英:《新哲学讲演录》,广西师范大学出版社,2004年版

张世英:《哲学导论》,北京大学出版社,2002年版。

张曙光:《生存哲学:走向本真的存在》,云南人民出版社,2001年版。

张思齐:《宋代诗学》,湖南人民出版社,2000年版。

张文喜:《颠覆形而上学:马克思和海德格尔之论》,中国社会科学出版社,2004年版。

张祥龙:《从现象学到孔夫子》,商务印书馆,2001年版。

张祥龙:《海德格尔传》,河北人民出版社,1998年版。

张祥龙:《海德格尔思想与中国天道——终极视域的开启与交融》,生活·读书·新知三联书店,1996年版。

张祥龙:《思想避难:全球化中的中国古代哲理》,北京大学出版社,2007年版。

张毅:《宋代文学思想史》,中华书局,1995年版。

张志扬:《门——一个不得其门而入者的记录》,同济大学出版社,2004年版。

章启群:《意义的本体论:哲学诠释学》,上海译文出版社,2001年版。

赵翼:《瓯北诗话》,人民文学出版社,1963年版。
郑燮:《郑板桥集》,上海古籍出版社,1979年版。
中国人民大学中文系编:《中国苏轼研究》(1—3辑),学苑出版社,2004、2005、2006年版。
中国社会科学院文学研究所编:《中国文学史》,人民文学出版社,1998年版。
钟来因:《苏轼与道家道教》,台湾学生书局,1990年版。
周煇撰:《清波杂志校注》,刘永翔校注,中华书局,1994年版。
周民锋:《走向大智慧:与海德格尔对话》,四川人民出版社,2002年版。
周裕锴:《宋代诗学通论》,巴蜀书社,1997年版。
周裕锴:《中国古代阐释学研究》,上海人民出版社,2003年版。
朱东润:《诗三百篇探故》,上海古籍出版社,1981年版。
朱恩彬、周波:《中国古代文艺心理学》,山东文艺出版社,1997年版。
朱刚:《唐宋四大家的道论与文学》,东方出版社,1997年版。
朱光潜:《朱光潜全集》,安徽教育出版社,1987年版。
朱靖华:《苏轼论》,京华出版社,1997年版。
朱靖华:《苏轼新论》,齐鲁书社,1983年版。
朱靖华:《朱靖华古典文学论集》,吉林文史出版社,2003年版。
朱自清:《朱自清古典文学论文集》,上海古籍出版社,1981年版。
朱自清:《朱自清序跋书评集》,生活·读书·新知三联书店,1983年版。
邹诗鹏:《生存论研究》,上海人民出版社,2005年版。
邹诗鹏:《实践—生存论》,广西人民出版社,2002年版。

A. C Graham, *Studies in Chinese Philosophy & Philosophical Literature*, Singapore: The Institute of East Asian Philosophies, 1986.

A. R. Davis, *On such a Night: A Consideration of the Antece-dents of the Moon in Su Shin's Writings*, Journal of the Oriental Society of Australia (1977.12, P.69—87.

Andraw Lee March, *Self and Landscape in Su Shih*, Journal of the American Oriental Society(1966.4), P.377—396.

Beata Grant, *Mount Lu Revisited: Buddhism and the Life and Writings of Su Shih*, Hawaii University Press, 1994.

Benjamini I. Schwartz, *The World of Thought in Ancient China*, Massachusetts: The Belknap Press of Harvard University Press, 1985.

Chang Chung-Yuan, *Creativity and Taoism: a Study of Chinese Philosophy, Art, & Poetry*, New York: The Julian Press, inc. 1963.

Chen Youshi, *Change and Continuation in Su Shih's Theory of literature: A Note on His Ch'ih-pi-fu*, Monumenta Serica 31 (1974—1975), P.375—392.

Cyril Drummond Le Gros Clark, *Select Works of Su Tung-p'o; Selections from the Works of Su Tung-po*, London: Jonathan Cape, Ltd, 1931.

Lin Yutang, *the gay Genius: The Life and Times of Su Tungp'o*, London: John Day Co, 1947.

Ronald C. Egan, *Word, Image and Deed in the Life of Su Shi*, Harvard-Yenching Monograph Series, No.39, 1994.

Xu Long, *Su Shih: Major Creative Critical Insight and Theories*, Nebraska University Press, 1986.

（期刊论文略）

后记

本书是在博士学位论文基础上修改而成的。从2008年6月通过博士论文答辩到现在已过去6个年头了,回想当时选择苏轼诗学阐释作为研究课题,今天仍心有余悸。苏轼诗学研究虽然只是个案研究,但关涉的却是中国古代文论、乃至中国传统思想的当代性研究的大课题。古与今、还原与阐释的矛盾在研究中始终存在,难以权衡,就连"中国古典诗学的现代阐释"这样的命题也常常受到质疑与挑战。虽然有学者提出"视域融合"、"古今对话"等现代阐释学的理论予以调和、弥补,但一涉及具体的研究,"度"的把握仍然是个难题。兼之是明确地表明以海德格尔的基本理论为视域去阐释中国古代诗人的文学思想,更容易给人生拉硬拽的口实。这些困难不仅在当时,即便是今天,也难以解决得很理想。然而,路总要有人去走,学术研究也要不断去尝试,即使交上去的是一份并不令人满意的答卷,对于别的研究者来说,也算是一种有益的借鉴。正是抱着这种多少有些悲壮的心理,投入到课题的研究之中。

写作过程的艰苦自不待言。时间流逝,如今留在记忆里的只有对青灯黄卷生活的美好回味:静谧的夜晚、堆满书籍的斗室、书桌上始终鲜艳如初的水竹,千佛山上如期绽放的灿烂桃花……最难忘却的还有导师夏之放先生"一樽酒"、"细论文"的场景。读博士之前,我已工作多年,拜入先生门下,先生以"亦师亦友"的态度待我,不仅让我受宠若惊,也让我多少有些恃宠而骄。每次去家中拜见先生,师母丁玉珍女士都会备好菜肴,摆上好酒,然后师徒对饮,品酒论文。从选题的筛选、提纲的拟定,到观点的透析、字句的斟酌,先生耳提面命,循循善诱,严格要求之际又大加鼓励,让我每每酒足饭饱之后又静心祛躁、倍增许多信心。毕业之后,先生一再催促早日将论文出版。如今付梓之际,先生又为本书拨冗作序,褒扬溢于言表,足见先生舐犊情深。师母更是把我当自己的孩子,每次先生稍稍语重,师母就赶忙打圆场,像母亲一样呵护着,不让我受一点委屈。海德格尔曾经说过,他的老师胡塞尔对他的影响是"决定性的,因而是难于表达的"。对于先生和师母,我也有同样的感受。师恩浩荡,没齿不忘,借本书的出版,我想对他们衷心地说一声"谢谢"!

山东师范大学文艺学教研室的李衍柱教授、杨守森教授、周均平教授、杨存昌教授、周波教授以及孙书文博士在论文开题、预审以及论文撰写过程中,给予了悉心的指导和帮助,提出了不少建设性的意见,让我在研究中少走了不少的弯路。在论文盲审中,四川大学马德富教授、华东师范大学朱志荣教授对论文总体评价为"优秀"。论文最后以"优秀"等级顺利通过了以山东大学曾繁仁教授为主席,山东大学陈炎教授、谭好哲教授,山东师范大学杨守森教授、周均平教授、周波教授、杨存昌教授为委员的答辩委员会的答辩。各位专家对论文的肯定给了我极大的信心与鼓舞,他们提出的宝贵意见直到今天仍然是我努力的研究方向。在此,对各位专家的指导和帮助表示诚挚的感谢。

本书是江苏省高校哲学社会科学研究基金项目[编号:2012SJD750018],研究期间得到了学校领导和科研部门的支持;本书的出版得到了学林出版社李晓梅女士、王后法先生的大力支持,在此一并表示谢忱。我的家人这些年来一直默默地支持着我枯燥无趣的书斋生活,任劳任怨。在这里,我也要对他们说声"谢谢"。

书稿要出版了,这是一件令人高兴的事。"文章千古事,得失寸心知。"我自知才疏学浅,所作的思考也只能算是浅尝辄止,不能让人满意。但不管如何,这是我的第一本个人专著。我愿意以此为起点,在读书求知的路上继续前行,交出更理想的答卷。虽然如此,我仍然怀着惴惴不安的心情等待着专家和读者的批评。

最后,我想对本书的正标题作一点简单的说明。"筑造"一词,是借用孙周兴先生翻译海德格尔《筑·居·思》中的译名。海德格尔在文中说道:"筑造乃是真正的栖居"、"筑造的本质是让栖居。筑造之本质的实行乃是通过接合位置的诸空间而把位置建立起来。唯当我们能够栖居,我们才能筑造。"在我看来,苏轼是一名深谙生命真谛、懂得享受生活的伟大诗人。套用海德格尔的意思来说,苏轼是诗意的栖居者,也是诗意的筑造者,他用语言编织、建立起一座赖以栖居的文学家园。今天,苏轼所筑造的这个家园,让我们仍然可以诗意地栖居着——

  野水参差落涨痕,疏林欹倒出霜根。
  扁舟一棹归何处?家在江南黄叶村。(苏轼《书李世南所画秋景》)

孟宪浦
2013 年 9 月 23 日

www.ingramcontent.com/pod-product-compliance
Lightning Source LLC
Chambersburg PA
CBHW070757230426
43665CB00017B/2394